KB121868

지정학적 알파

GEOPOLITICAL ALPHA
: An Investment Framework for Predicting the Future

부와 권력, 미래를 결정하는 지리의 모든 것

지정학적 알파

마르코 파픽 지음 | 김정수 옮김

GEOPOLITICAL
ALPHA
MARKO PAPIC

여의도
책방

무엇보다도 마르코 파픽은 예리한 전략가다. 그는 세계가 단극체제에서 다극체제로 옮겨 갔기 때문에 투자자에게 지정학이 그 어느 때보다 중요하다는 것을 이해한다. 이 책의 핵심 주제인 '정책입안자들이 직면한 물질적 제약의 힘을 과소평가하지 말라'는 간결하지만 강력하다.

- 존 J. 미어셰이머(John Mearsheimer), 시카고대학의 R. 웬들 해리슨 수훈 교수,
『강대국 국제정치의 비극』 저자

마르코 파픽은 『지정학적 알파』에서 한발 앞서 현재 상황에 대해 생각하고, 전략지정학적 사건을 예측하는 프레임워크를 제공한다. 게다가 그의 문체는 유익한 동시에 재미있다.

- H.R. 맥매스터(H.R. McMaster), 퇴역 미국 육군 중장, 전 백악관 국가안보좌관,
『전쟁터: 자유국가를 지키기 위한 싸움(Battlegrounds: The Fight to Defend the Free World)』 저자

『지정학적 알파』는 벤저민 그레이엄의 고전인 『증권분석』이 주식 선택에 대해 논한 것처럼 매크로 투자에 대해 설명한다. 이 책은 미디어나 시장에서 수군거리는 숨 가쁜 내러티브를 전하는 대신 탄탄한 프레임워크와 분명한 사고에 따른 결과에 집중해 초과 수익을 창출하는 도구를 제공한다. 마르코 파픽은 젊은 피의 새로운 문제 해결 능력과 베테랑의 전략적인 역

사 관점을 잘 섞어 영리하고 중요한 책을 엮어 냈다. 신중한 투자자라면 모두 이 책을 읽을 것이다.

- 스콧 베센트(Scott Bessent), 키스퀘어그룹(Key Square Group) 최고운용책임자

『지정학적 알파』는 모든 선호가 제약에 달려 있다는 개념을 풀어낸다. 나는 이 책을 읽고 투자 연구를 보는 관점을 바꿨고, 나 자신의 편견과 선호에 대해서도 돌아보게 되었다.

- 파울라 볼렌트(Paula Volent), 보든 칼리지(Bowdoin College) 최고운용책임자

우리 일생을 통틀어 처음으로 이제는 지정학이 시장 및 장기 수익의 가장 큰 동력이 될 것임이 분명해졌다. 새로운 세상에서 성공하기 위해서는 지정학을 이해해야 하고, 마르코는 내가 아는 최고의 지정학 전략가다. 목표 수익률에 도달하고 싶다면 이 책을 읽어라.

- 라파엘 아른트(Raphael Arndt), 호주퓨처펀드(Future Fund of Australia) 최고경영자

『지정학적 알파』는 매력적이고 재미있으며 가독성이 좋다. 마르코 파픽은 매크로 투자 결정을 돕는 명확한 프레임워크를 통해 지정학과 금융시장 사이의 상호 관계를 독특하고 강렬하게 풀어낸다.

- 제레미 C. 스타인(Jeremy C. Stein), 하버드대 경제학과 모이스 Y. 사프라(Moise Y. Safra) 교수,
전 미국 연방준비제도이사

많은 이가 젊은 세대에게 즈비그뉴 브레진스키나 헨리 키신저가 누구냐

고 묻는다. 이 질문은 오늘날의 위기와 기회에 대해 국제적인 관점을 제시할 만한 교육을 받고, 경험과 배경을 가진 이가 많지 않음을 가정한다. 돌아가신 나의 아버지인 브레진스키와 키신저는 해외에서 자라며 외국어를 배웠고 제2차 세계대전으로 인해 미국으로 이주한 부모 밑에서 자랐다. 이들은 이러한 특별한 경험과 교육을 바탕으로 전통적인 국가 대 국가의 관점이 아닌 당시 상황에 보다 잘 맞는 힘의 균형이라는 관점에서 미국의 역할을 재정의했다. 그리고 여기 마르코 파픽이 있다. 파픽은 동남부 유럽에서 태어나 캐나다에서 교육을 받았으며 지금은 미국에서 투자자들을 위해 지정학적 리스크를 연구한다. 파픽은 정치 리스크 분석가들이 분석과 전략 계획에 능숙하지 않음을 보았고 『지정학적 알파』라는 훌륭한 책을 썼다. 『지정학적 알파』는 국제 투자와 미국의 리더십에 관심이 있는 사람이라면 반드시 읽어야 한다.

- 마크 브레진스키(Mark Brzezinski), 전 미국 대사

『지정학적 알파』는 말 그대로 글로벌 시장 내 새로운 패러다임의 시작을 알린다. 과거 패러다임에서는 투자자들에게 거시경제와 중앙은행이 중요했다면 이제는 지정학이 그만큼 중요하다.

- 앨런 하워드(Alan Howard), 브레반 하워드 자산관리(Brevan Howard Asset Management) 설립자

마르코 파픽은 『지정학적 알파』를 통해 투자와 정책 결정 사이에서 영리하고 재미있는 번역가 역할을 톡톡히 했다. 다음 거래를 찾는 트레이더나 더 나은 정책을 만들려는 정책입안자 모두 이 책을 통해 세계가 어떻게 움

직이는지 이해하고, 어떻게 이해한 바를 조작화할지 배울 수 있다.

마르코 파픽은 이 책의 첫 장부터 무엇을 하지 말아야 할지 말해 준다. 그는 '니콜로 마키아벨리가 틀렸다'고 단언하며 '군주가 아니라 그가 직면한 제약에 대해 연구하라'고 말한다. 파픽은 사상가인 칼 마르크스부터 정부 분석의 구루인 리차드 J. 휴어를 언급하며 정치적인 알파를 창출하는 제약 기반 프레임워크에 대해 펼쳐 나간다.

이 책은 많은 것을 시사하는 지정학적 개론서이며, 무질서한 세계의 미래를 논할 때 반드시 고려되어야 한다. 오직 최고의 책들만이 열렬히 찬사받기도 하고 비난받기도 한다. 마르코 파픽은 찬사와 비난을 받을 기초를 닦아 놨다. 그러니 이 책을 읽어라!

테틀록과 가드너의 걸작 『슈퍼 예측, 그들은 어떻게 미래를 보았는가』처럼 마르코 파픽의 『지정학적 알파』도 예측 과학 분야에서 중요한 책이다. 파픽의 제약 프레임워크는 투자자들에게 새롭고 강력한 무기가 된다.

마르코는 주요한 통찰력과 농담을 함께 담은 유용하고 실용적인 프레임워크를 통해 지정학에 생명력을 불어넣었다.

- 스티븐 길모어(Stephen Gilmore),
뉴질랜드노령연금기금(New Zealand Superannuation Fund) 최고운용책임자

마르코의 접근법은 시의적절하다. 그가 언급한 대전환은 실제 상황이고, 우리 같은 기관투자자에게 지대한 영향을 미친다. 실제로 지금 대전환에 대해 올바른 관점을 갖는 것이 미래의 성공과 실패를 가를 것이다.

- 지아드 힌도(Ziad Hindo), 온타리오 교직원연금(Ontario Teachers' Pension Plan) 최고운용책임자

마르코는 체스 게임 같은 침착한 논리를 펼치며 쉴 새 없이 에너지를 내뿜는 스타일이다. 그는 아는 것이 많고, 가차 없는 결론을 내리며 재미있게 설명한다. 그는 투자자에게 가장 중요하고, 전문가들이 자꾸 복잡한 불확실성 뒤에 숨어 버리는 질문을 공략한다. 마르코는 뛰어난 전략가이자 작가다. 그는 방법론을 가르치며, 멸망한 유고슬라비아부터 금융계의 정점에 이르기까지 평생의 지적인 여정에 대한 재미있는 이야기를 더했다. 『지정학적 알파』는 이제 시장 관련 지정학 연구를 대표하는 책이다.

- 맷 게르켄(Matt Gertken), BCA리서치(BCA Research) 지정학전략 부문 수석전략가

목차

PART 1 **조립 발판**

PART 3 **조작**

미래를 결정하는
보이지 않는 장벽을 보고 싶다면

2017년 2월, 몬트리올. 눈 폭풍이 몰아치는 춥고 어두운 밤이었다. 나는 저녁 식사 자리에서 마르코 파픽을 처음 만났다. 우리는 그가 적극 추천한 식당에서 만났는데 식당은 어둡고 텅 비어 있었다. 식당에는 바텐더와 웨이터와 식당 매니저와 구석에 혼자 앉은 손님 한 명뿐이었다. 나는 예의를 차리되 일찍 자리를 파해야겠다고 생각했다. 하지만 음식과 음료는 매우 훌륭했고 우리는 다양한 주제에 대해 즐거운 대화를 나눴다. 결국 늦게까지 식당에 머물렀다. 이날은 마르코가 정확하고 독보적인 의견을 내는 모습을 처음으로 지켜본 날이었다.

나는 마르코가 독특한 사람임을 금세 알아챘다. 나는 다른 건 몰라도 쓰레기 더미에서도 좋은 것을 찾아내고 그것을 곁에 두는 데 소질이 있다. 기관투자자 고객들을 위해 자금을 관리할 매니저를 찾거나 영리한 투자자들을 모아 거래를 성사시키거나 새로운 금융 기술기업 창업자들을 돕거나 어느 먼 장소에서 열리는 이벤트에 세상에서 가장 흥미로운 사람들이 모이도록 하는 일에 능하다. 나는 또한 독특한 능력을 가진 사람들을 찾아내고 그들을 설득해 클락타워 그룹에 입사시키기도 한다.

나는 때마침 수석전략가를 찾고 있었다. 나는 농구팀의 센터 포지션 선수처럼 중간에서 팀원들을 이어 줄 사람을 찾았다. 우리 회사가 보유한 독특하고 독점적인 정보를 아울러 논리적인 형태로 고객에게 제공할 수 있는 사람 말이다. 나는 먼저 전형적인 경제학자들을 찾아 나섰다. 지난 40여 년 동안은 채권시장과 중앙은행과 재무장관들이 시장과 세계를 주도해 왔다. 금융의 제왕[1]과 세계구원위원회[2]는 시장을 조종했고, 이들의 다음 움직임을 정확히 예측하면 시장 수익이 발생했다.

그사이 2016년이 되었다. 브렉시트가 영국 국민투표에서 가결되고 도널드 트럼프가 미국 대통령에 선출되면서 거시적으로 엄청난 변화가 찾아왔다. 선진국에 포퓰리즘이 찾아들자 경제학자와 금리 예언가의 시대는 저물었다. 트럼프와 브렉시트 이후의 시대에는 다른 무엇보다도 지정학이 중요했다. 당분간 마이너스 금리가 지속될 것으로 보이는 가운데 금융의 제왕들과 세계구원위원회는 이에 맞설 무기가 없었다.

그러므로 클락타워의 수석전략가는 완벽한 이력서에 박사 학위나 CFA나 MBA 같은 의미 없는 간판을 내건 아이비리그 대학 출신의 경제학자일 필요가 없었다. 클락타워에 필요한 사람은 연방준비제도의 움직임에 얽매이지 않고 국내외 정책에 집중할 수 있는 사람이었다. 오늘날 그리고 앞으로는 트럼프 대 시진핑, 영국 대 유럽, 푸틴 대 전 세계, 모하메드 빈 살만, 아르헨티나의 마크리 대통령, 브라질의 자이르 보우소나루 대통령 간의 전투가 이어질 것이었다.

지정학 전문가인 마르코 파픽은 무너져 가는 유고슬라비아에서 들개 무리에 쫓기며 자랐다. 이후에 그는 이라크, 요르단, 스위스를 거쳐 텍사스로 옮겨 와 텍사스 출신의 여자와 결혼하고 캐나다에 자리를 잡았다. 마르코의 시장 관점에 모든 사람이 동의하지는 않았으며, 고객 및 잠재 고객들은 비정통적인 지정학자의 의견에 귀 기울이지 않기도 했다. 하지만 마르코는 틀릴 때보다 맞을 때가 많았고, 많은 이가 허무주의자이며 세르비아인인 마르코를 가장 선호하는 전략가로 꼽았다. 마르코는 국경에 얽매이지 않고 선입견 없이 열정적으로 독특한 아이디어를 창출해 냈다. 이것이 바로 산타 모니카에 있는 클락타워 그룹의 글로벌 매크로 팀에 필요했다.

나는 일 년 동안 마르코의 관점을 주시했고, 몇몇 고객의 상황에 그의 관점을 대입해 테스트했다. 그리고 나서 2018년에 마르코에게 캘리포니아 남부의 해변이 몽트랑블랑의 산비탈보다 낫지 않겠느냐고 물었다. 2018년 12월, 마르코는 캘리포니아의 클락타워 그룹에서 수석전략가로 일하기 시작했다. 그리고 그는 2019년에 엄청난 활약을 했다. 2020년 1월에 나는 마르코에게 "정말 대단했어. 그런데 이제 보조 바퀴를 떼어 내자"며 이 책을 쓰라고 권했다. 당시 나는 두 권의 글로벌 거시 투자에 대한 책을 썼고 나의 3부작의 완결편이 될 세 번째 책을 집필 중이었다. 집필계약서에 사인을 했고 목차가 완성되었으며 선수금도 지급되었다. 그런데 그러던 와중에 세상이 바뀌었다. 경기장 가운데에 있는 센터 선수에게 공을 넘겨야 할 시점이 온 것이었다.

마르코는 공을 받아 달렸다. 마치 지금은 영면에 든 어린 시절의 영웅인 코비 브라이언트처럼 그는 미친 듯이 이 책에 몰두했다. 그는 내가 읽는 속도보다 더 빠르게 책을 써 내려갔다. 마르코는 이 책을 쓰는 동안 리포트를 작성하고 고객, 잠재 고객, 창립자, 파트너와도 상담했다. 그는 무릎인대가 파열된 와중에 COVID-19 때문에 재택근무를 하며 세 자녀의 홈스쿨링도 해야 했다. 그야말로 맘바 스타일[3]이었다.

마르코는 정치와 지정학을 중심으로 돌아가는 새롭고 용감한 세상에 대해 할 말이 많다. 클락타워의 고객과 친지들뿐만 아니라 미래를 결정하는, 보이지 않는 장벽을 보고 싶은 사람이라면 누구나 마땅히 그의 이야기를 들어야 한다. 마르코는 이 책에서 탄탄한 연구에 바탕을 둔 제약에 기초한 프레임워크로 예측하는 방법을 보여 준다. 그리고 그는 독자들에게 지정학적 트렌드에 대한 통찰과 함께 재미있는 이야기와 역사적인 예를 선물처럼 전해 준다. 마르코가 짚어 갈 지정학적 트렌드는 미국과 중국 간의 갈등, 유럽의 미래, COVID-19 팬데믹의 시사점, 미국 선거, 기타 국제시장을 이끌어 갈 분열 상황을 포함한다. 모쪼록 독자들이 이 책을 통해 즐거운 배움의 시간을 갖길 바란다.

2020년 3월

스티븐 드로브니(Steven Drobny)[4]

나의 예측은 여전히 유효하다

나는 팬데믹 와중에 책 쓰는 것을 좋아하지 않는다. 나는 이 책의 초고를 2020년 4월 말에 마무리 지었는데, 그 당시에 시장 강세와 경제 회복을 점치는 데는 상당한 무모함과 자신감이 필요했다. 그러한 예측이 가능했던 것은 이 책의 핵심이기도 한 논리적인 프레임워크 덕이었다.

암울했던 2020년 3월 내가 만난 헤지펀드 매니저들은 대부분 2009년의 경험에 얽매여 있었다. 2009년에 미국 정부는 경제 대침체를 완화하기 위해 별다른 재정지출을 감행하지 않았다. 하지만 나는 『지정학적 알파』를 통해 '이번에는 정말 다르다'고 실시간으로 주장했다. 그리고 실제로 정책입안자들은 대규모 재정 및 통화부양책을 내놓았다.

내가 2020년 내내 고수한 논리는 정치적 대응의 중심에 중위투표자가 있다는, 제약에 기반을 둔 이론이었다. 정책입안자들은 워싱턴 컨센서스에 따른 재정 정책이 아닌 부에노스아이레스 컨센서스로 대변되는 비정통적인 정책을 펼칠 것이었다. 도널드 트럼프 대통령 당선과 브렉시트 같은 폭발적인 포퓰리스트 움직임 이래로, 정치인들은 유권자들이 들고 일어서는 동안 그저 잠자코 앉아 있지는 않을 것이었다. 그 대신 정치인들은 과감한 정책을 내세워 위기(팬데믹)에 적극적으로 대응할 것이었다.

그러면 이제 어떻게 될 것인가? 당신이 읽을 이 책에는 몇 가지 예측이 실렸다. 그러나 이 책은 예측에 대한 책이 아니다. 어떻게 예측하고 미래에 대해 사고해야 하는지에 대한 책이다. 그러므로 내가 이 책에서 소개하는 도구들, 즉 제약에 기반을 둔 프레임워크와 중위투표자 이론과 지정학적 다극체제야말로 이 책의 주역이다.

나는 몇몇 예측을 이 책 곳곳에 숨겨 뒀다. 예를 들어 나는 워싱턴 컨센서스의 정통성을 대체하는 부에노스아이레스 컨센서스가 경제와 시장에 지속적으로 영향을 미칠 것으로 예측했다. 미국은 정통성을 버렸다. 그러나 내가 이 서문을 쓰는 2021년 9월 시장은 아직도 미국이 얼마나 비정통적으로 나올지 알아차리지 못한 듯하다. 투자자들을 설득하는 데는 시간이 더 필요하다. 나는 연방준비위원회가 향후 12~24개월 내에 어떤 충격에든 남은 정통성마저 포기할 것으로 본다. 이는 원자재와 같은 주기적인 가치 중심 자산과 이머징마켓에 유리한 소식이다.

변종 바이러스 발생 여부와 무관하게 이제 팬데믹은 종점을 향하고 있다. 이 책을 편집하던 2020년 6월 나는 대중이 무감각해질 것이라는

'무감각 이론'을 과신했다. 2020년 내내 COVID-19가 시장과 경제에 영향을 미쳤음은 분명했다. 그러나 2021년에도 베타 및 델타 변종이 발생함에 따라 나의 '무감각 이론'은 무색해졌다. 하지만 이 이론은 여전히 유효하다. 나는 지금 이 서문을 출장지인 런던에서 쓰고 있는데 여기에서는 아무도 마스크를 쓰지 않는다. 영국 국민들은 감염이나 확진자 수에는 신경을 쓰지 않고, 병원 입원률에 집중하고 있다. 다른 나라에서는 아직 요원한 일이지만 곧 그렇게 될 것이다.

미국과 중국에 대해서는 국가 간의 경쟁 관계가 심화될 것이라고 자신 있게 전망한다. 그러나 전 세계를 양극단으로 갈랐던 냉전이 발발하지는 않을 것이다. 미국과 중국의 경쟁 관계는 2019년 이래로 투자와 무관한 일이었다. 중국 내 부동산 위기가 심화되고 있는 현재, 중국이 미국의 공격에 적극적으로 대응하기에는 국내에 문제가 너무 많다.

이와 관련하여 중요한 점은 두 국가가 모두 국제적인 다극체제 아래 놓여 있다는 것이다. 그리고 두 국가 모두 자국의 이익을 위해 동맹국들을 결집시킬 수 없다. 최근에 발표된 호주-영국-미국 간의 3국 안보 동맹 관계가 그 좋은 예다. 미국은 파이브 아이즈Five Eyes의 나머지 국가인 캐나다와 뉴질랜드를 안보 동맹 관계에 놓는 데 실패했다. 또한 미국은 호주의 국방력을 강화하는 과정에서 700억 달러 규모의 깜짝 잠수함 거래를 맺어 프랑스를 분노케 했다.

미국과 중국 간의 긴장 관계는 계속될 것이고 투자자들은 이에 주목해야 할 것이다. 그러나 구조적인 제약과 국내 문제 때문에 이들의 긴장

관계는 실제 시장에 영향을 미치지 않을 것이다. 오늘 내가 내놓는 예측은 이 책이 출판됐던 2020년과 다를 바 없다. 실제로 미국과 중국이 국내 정치 문제에 휘말릴수록 이들이 상대국을 주시할 여력은 없다.

이는 한국 투자자들에게 매우 중요한 예측이다. 한국은 다른 어느 국가보다도 가장 큰 무역 상대국과 지정학적 동맹국 사이에서 방향을 잘 잡아야 한다. 다극체제 아래서 한국은 양자택일을 하지 않아도 된다는 호사를 누린다. 말 그대로 '두 마리 토끼를 잡을 수 있다'는 말이다. 냉전으로 대표되는 양극체제였다면 한국은 경제적 안위와 국가 안보를 두고 양자택일을 해야 하는 끔찍한 상황에 놓였을 것이다. 나는 그럴 일은 없을 거라고 본다. 다극체제는 미국과 중국을 압박하지만 한국에는 자유를 부여한다. 한국의 지도자들이 이 상황을 어떻게 이용할지 이해한다면 말이다.

나는 당신이 『지정학적 알파』에 실린 제약에 기반을 둔 프레임워크를 통해 최고의 투자자가 되기를 바란다. 내가 꼭 방문하고 싶은 한국에서 이 책이 출판된다니 몹시 신난다. 한국 친구들을 만날 수 있기를 고대한다. 그때까지 이 책을 재미있게 읽고, 질문이 있다면 산타 모니카에 있는 나에게 언제든지 연락하라!

2021년 09월
마르코 파픽

독일 대통령 사임은
투자와 무관했다

"독일 대통령이 방금 사임했다. 우리는 모든 것을 매도한다."

2010년 5월 31일 호르스트 쾰러 독일 대통령이 사임했다. 나는 매일 아침에 받아 보는 수백 건의 뉴스 메일 중 이 뉴스 속보를 봤고 무시했다. 나는 이 뉴스가 중요하지 않다고 생각했고 그날 받은 대부분의 기삿거리와 함께 메일함에서 정리했다.

몇 시간 후 나는 나의 첫 직장인 텍사스 오스틴에 있는 스트랫포[5]의 회의실 가운데에 놓인 폴리콤 전화기를 바라보고 있었다. 그 뉴스를 무시한 덕분에 직장을 잃을지도 모를 참이었다. 가슴이 답답했다. 전화선 맞은편에는 코네티컷의 대형 헤지펀드 고객이 있었고 담당 영업 직원은 나를 뚫어져라 쳐다봤다. 마치 '못 살아. 이 어린 외국인이 이걸 감당할 수 있을까?'라고 말하는 것 같았다. 나는 독일 대통령이 사임한 까닭을 전혀 몰랐고 이 뉴스가 왜 헤지펀드에 중요한지도 몰랐다. 나는 애초에 헤지펀드에 대해 아는 바가 없었거니와 독일 대통령이 누구인지도 몰랐다.

2010년 5월 유로존의 국가 부채위기는 한창 진행 중이었다. 서구 경제권이 2008년의 신용 위기에 따른 경기침체로 인해 몰락한 것은 아니지만 시장은 여전히 불안했다. 사람들은 아직 올 것이 오지 않았다고 생각했다. 2009년 10월 게오르기오스 파판드레우 신임 그리스 총리는 전 정권이 적자예산을 대폭 축소 발표했다고 밝혔다. 6.7%가 아닌 12.7%가 맞는 수치였고 이마저도 추후에 15.4%로 정정되었다. 드디어 올 것이 왔다. 2009년 12월 대공황 이래 가장 심각한 선진국발 경제 위기가 시작된 것이다.

하지만 회사에서 이 문제를 신경 쓰는 사람은 아무도 없었다. 경영진 문제가 아니었다. 그저 회사가 금융시장에 맞춰 설계되지 않았다. 지난 30년간 투자와 지정학은 서로를 이해하지 못한 채 별다른 교류 없이 지내 왔다. 두 분야 모두 지나치게 전문화되어 중세 시대의 길드처럼 높은 진입 장벽을 치고 직업 안정성을 유지해 왔다.

스트랫포는 유로존 위기가 시작되었을 때 여기에 너무 많은 시간과 노력을 들이지 말라고 지시했다. 대신 나는 유럽 내 미국 탄도미사일 방어 시스템과 미국 정부나 관련자들이 아니라면 관심을 두지 않을 다른 지정학적 문제에 집중해야 했다. 스트랫포는 자본시장에 특화된 회사가 아니었다. 회사 내 일부 애널리스트들은 자신의 신용카드 전표를 읽을 수 있기는 했지만 말이다. 하지만 나는 유럽 애널리스트였고 복잡한 시국을 무시할 수 없었다. 내 메일함은 무서운 제목의 뉴스와 고객들의 메일로 넘쳐났고, 나는 일생일대의 커리어 기회가 왔음을 직감했다.

2010년 초반 나의 커리어는 채 시작도 되기 전에 멈춰 버린 것 같았다. 나는 그해에 오스틴의 텍사스대학교에서 박사 학위를 마쳤다. 정치과학 교과과정과 연구는 쉬웠지만 흥미롭지는 않았다. 나는 평생 정치과학101 수업을 하며 살 수 있었다. 하지만 사회과학 박사 노동시장은 공급과잉 상태에 있었고 나는 어떤 일이든 닥치는 대로 해야 했다. 가족이 잘 알지 못하는 학문적 식민지 같은 곳으로 이주해야 한다 해도 말이다.

나는 오스틴에 있다는 이유로 스트랫포에서 일하기로 했다. 운이 좋았다. 스트랫포는 빠르고, 젊고, 무자비했다. 나는 쓸모없는 말을 하지 않고 정보를 빨리 소화하며 지식을 쌓는 지름길을 찾았다. 하지만 누군가의 인생을 변화시킬 만한 일을 한다는 느낌은 들지 않았다. 내가 느끼는 갈증은 나의 업무가 내놓은 결과물에 기인했다. 유럽은 2010년대 초반까지 25년간 지정학적 리스크와는 거리가 멀었다. 베를린장벽의 붕괴와 소련의 해체와 세계 최대 무역 연합의 탄생은 엄청난 사건이었다. 이러한 사건들은 모두 국제경제에 순풍으로 작용했고 유럽의 역사는 장클로드 융커[6]를 마지막으로 방점을 찍은 듯했다. 이 시기에 스트랫포는 나를 유럽 애널리스트로 고용했다. 스트랫포는 '지정학적 강대국'에 집중했고 회사 내에서 나의 위치는 스위스 해군 대장과 같았다.[7] 스트랫포에서 열리는 전체 회의는 대부분 토마호크 미사일, 자동차 폭탄, 지하드에 대한 것이었다. 회사에는 중동 지역이나 대테러 작전이나 동아시아 애널리스트들이 처리하지 못하고 남긴 업무가 있었는데, 나는 이를 두고 아프리카 애널리스트와 서로 갖겠다고 싸웠다. "하지만… 리스본 조약이…"라며 말을 할라 치면 진짜 애널리스트들이 비웃는 소리가 들리는 듯했다. 결국 내가 하는 유럽 업무는 이들이 벌어 온 돈으로 유지되는 것이었다.

　내 커리어를 생각하면 다행이지만 4억 명의 유럽 시민에게는 슬프게도 유로존에 위기가 찾아왔다. 비록 나는 신용카드 전표는 잘 보지 못하지만 지금이 나를 증명할 순간임을 직감했다. 하지만 2010년 5월 31일 아침에는 이 모든 것이 불분명했다. 회사의 금융 관계를 담당하는 영업 직원이 나를 회의실로 안내했다. 나는 관련 고객들이 어떤 일을 하는지 잘 몰랐다. 대부분의 고객은 스트랫포의 서비스를 수동적으로 사용했다. 고객들은 우리가 온라인으로 올린 분석을 읽고 약간의 피드백을 제공했다. 나는 어떤 고객이 내 글을 읽었는지조차 알지 못했다. 하지만 앞으로 다가올 12개월 동안 나는 인생에서 가장 치열한 회사 생활을 할 참이었다. 내가 작성한 연구지의 독자 대다수가 실제로 금리가 어떻게 작용하는지 잘 이해하고 있었던 것이다.

　"독일 대통령이 방금 사임했다. 우리는 모든 것을 매도한다."

　나는 폴리콤을 바라봤다. 나는 얼버무리며 대화를 마무리 지을지, 아니면 입을 다물고 있을지를 선택해야 했다. 전화기 너머에서 들리는 억양에 두려움이 스몄다. 롱아일랜드 억양 같았지만 확실치 않았다. 나는 이제 겨우 미국에 온 지 4년 된 세르비아인이었다. 미국에 오기 전에 내가 미국에 대해 아는 것이라고는 몇 편의 영화와 〈심슨 가족〉뿐이었다. 얼버무려서는 안 된다는 직감이 들었다. 그는 알아차릴 테니까. 나는 깊은 숨을 들이쉬고 자백했다.

"이봐요, 저는 독일 대통령이 누구인지도 몰라요."

적막이 흘렀다. 불행히도 오랫동안. 나는 영업 직원을 쳐다봤다. 그녀는 실시간으로 이력서를 고쳐 쓰고 있었다. 내 상사가 다음 전체 회의에 바로 이 회의실 책상 위에서 내 목을 치는 장면이 떠올랐다.

"그게 무슨 말이에요? 당신이 유럽 전문가 아니었나요?"

어쩌면 좋단 말인가! 롱아일랜드 사람은 화가 났다. 서비스 요금을 지불한 고객이 마땅한 서비스를 받지 못했으니 이해할 만하다. 그때 내 안의 세르비아인이 튀어나왔고 나는 이유 없는 자신감에 가득 찼다.

"죄송합니다. 오해하게 말씀드렸네요. 저는 유럽 전문가가 맞습니다. 그리고 제가 독일 대통령이 누구인지 모른다면…"

전화기 반대편에서는 아무 말도 없었다. 공세를 취할 시간이었다.

"… 그건 중요한 뉴스가 아니라는 거지요. 독일 대통령은 엘리자베스 여왕 같은 존재입니다. 그가 하는 일은 리본을 자르고, 아기들에게 키스하고, 공항에서 악수를 하는 거예요. 저는 그가 왜 사임했는지는 모르겠지만 이 뉴스는 당신의 업무와 연관성이 전혀 없습니다."[8]

위험한 행동이었다. 대통령의 사임은 유로존 위기와 관련 있을 수도 있었다.

당시에는 독일이 EU 회원국을 구제하지 않을 것이라는 전망이 우세했다. 독일은 재정건전성 및 인플레이션 리스크와 '스와비안 주부는 한 푼도 허투루 쓰지 않는다the Swabian housewife saved every pfennig'는 문구에 집착했다. 독일 대통령은 그리스처럼 낭비가 심한 유로존 동료를 구제하는 것에 반대하는 현금 애호가였는지도 모른다. 또한 독일 대통령은 유로존 위기가 '모든 것을 청산할 기회'라고 여겼을지도 모른다. 거의 단독으로 심각한 경기침체를 대공황으로 이끈 앤드류 멜론 전 미국 재무성장관이 말한 것처럼 말이다.

사실 내가 이 뉴스를 무시한 데는 이유가 있다. 나는 프레임워크를 바탕으로 일했는데 나의 프레임워크에 따르면 당분간은 EU 회의론에 반대해야 했다. 이러한 유럽에 대한 전망은 성공적인 투자 테마가 될 것이고 내가 개발한 프레임워크는 앞으로 내가 열정을 쏟아붓는 전문 분야가 될 것이었다.

이 책은 정치인들이 직면한 현실적 제약에 중점을 둔 프레임워크를 다룬다. 나의 프레임워크에 따르면 마키아벨리는 틀렸다. 군주가 아무리 훌륭한 비르투(능력)를 갖췄더라도 포르투나(운명)를 거스를 수는 없다. 그러니 군주 대신 그가 직면한 제약에 대해 연구해야 한다.

다시 2010년. 롱아일랜드 고객은 나를 도발했고 나는 도박을 하기로 했다. 매우 지적인 도박 말이다. 롱아일랜드 고객은 오직 이 뉴스가 연관성이 있는지만 알고 싶었다. "그래서 어쩌라는 말입니까?"라는 질문에 나는 얼버무리지 않기로 했다. "한편으로는 이렇지만 다른 한편으로는 저렇다"라든가 "가능성을 예측하기 어렵다"고 말하는 대신 투자에 관련한 전망만 제공하기로 했다.

"독일 대통령이 사임한 것은 연관성 없는 뉴스입니다. 그냥 돌아가서 원래 하던 대로 돈을 버세요."

"아… 그렇군요. 고마워요. 다음에 또 통화합시다."

딸깍. 휴우. 나는 몸을 펴고 영업 직원을 처다보며 "어때요?" 하고 물었다. 나는 통화 내내 자신만만했던 것처럼 표정을 지었다. 물론 사실이 아니지만 말이다.

"이 사람들은 자기가 무슨 일을 하는지 몰라요."

영업 직원은 천천히 끊어 말했다. 마치 〈제리 맥과이어〉 영화에 나오는 장면 같았다. 이 상황이 만화였다면 내 머리 위에서 전구가 번쩍 빛나다가 펑 하고 터졌을 것이다. 나는 이렇게 답했다.

"그들은 멍청하지 않아요. 나는… 말 그대로 평생 그들의 아이들에게 과외를 해 주며 살 수도 있어요. 그들이 멍청한 게 아니에요. 그들은 그저… 바쁠 뿐이에요."

사람들은 지나치게 전문화되었다. 하지만 투자 전문가가 되기 위해서는 여러 주제에 통달해야 한다. 그 와중에도 정치과학에 대한 기본적인 이해는 해당 사항이 아닌 경우가 많다. 투자자들이 갑자기 국제 정세나 역사에 대해 무지해졌기 때문이 아니다. 1985년 이래로 정치과학에 대한 이해는 대부분의 투자자에게 중요한 문제가 아니었다.[9]

나는 이러한 상황을 이용해 실제 세계에 바탕을 둔 지정학적 예측 프레임워크를 만들기로 결심했다. 막후 협상실에서 똑똑한 사람들이 나누는 대화나 지리와 역사에 기초한 좁고 편협한 관점이 아니라 실제 연구와 기본 원칙에 기초한 프레임워크 말이다. 이러한 프레임워크는 사용하기 쉽고, 미래에 대한 통찰력을 찾는 이들이 반복적으로 활용할 수도 있다.

내가 독일 대통령의 사임이 투자와 무관한 사안이라고 자신 있게 선언한 데는 두 가지 이유가 있다. 첫째, 독일 대통령은 독일의 헌법상 무관계성이라는 제약에 묶여 있다. 둘째, 나는 이미 독일 정치인들과 유권자들이 유로존 위기를 받아들일 수밖에 없다는 프레임워크를 가지고 있었다. 비록 대통령 사임이라는 뉴스에 대해 잘못된 결정을 내렸더라도 나는 유로존 위기에 대한 구조적이고 거시적인 전망을 가지고 있었고, 대통령이 사임한다고 해도 이 전망은 바뀌지 않을 것이었다. 이 책의 4장과 5장에서 설명하겠지만 유로존 위기의 실질적 제약은 정치인뿐만 아니라 유권자에게도 어떻게 영향을 미치는지 보여 준다. 유럽 통합은 지속될 것이었고, 향후 십여 년간의 시대적 제약은 이를 가속화할 것이다.

제약에 기반을 둔 프레임워크를 알고 나면 독자들은 더 이상 뉴스에 의존해 시장분석을 하지 않을 것이다. 배가 닻을 내려 바닷가에서 떠내려가지 않듯이 영리한 투자자들은 제약을 닻 삼아 현실 세상에 바탕을 둔 객관적인 가능성에서 멀어지지 않는다.

나는 프레임워크를 설명하는 데 이 책의 한 장을 할애했다. 내용의 핵심만 짚자면 투자자와 정책을 예측하는 데 관심이 있는 사람들은 정치인들이 선호하는 바가 아닌 현실적인 제약에 집중해야 한다. **선호는 선택적이며 제약 조건에 따라 달라진다. 하지만 제약은 선택적이지도 않고 선호에 따라 달라지지도 않는다.**

지정학에 대한 무지의 시대는 끝났다. 투자자들과 기업인들이 정치를 모르고도 성공할 수 있던 시대는 역사의 주석에나 적힐 것이다. 이 책의 1장에서는 이러한 패러다임 전환에 대해 간단히 살펴볼 것이다. 패러다임 전환을 자세히 다루지 않은 이유는 이 책을 쓸 당시 '이곳은 더 이상 캔자스가 아니다'라는 사실이 명백했기 때문이다. 모든 사람이 서둘러 정치과학 수업에 등록할 필요도 없다. 제약 프레임워크는 정치를 이해하는 데 충분한 도구이며 잘 작동한다. 나는 정치 문제를 알아야 하는 전문가들이 이 프레임워크를 지름길 삼아 복잡하고 과학적인 방법으로 지정학적 예측을 하기 바란다.

이 책의 나머지 장에서는 프레임워크 자체에 대해 논한다. 나는 투자자들이 지정학을 이해하도록 돕고 그 과정에서 돈을 벌 수 있도록 프레임워크를 만들었다. 또한 제약 프레임워크는 고위 임원들이 장기 투자 결정을 내리는 데도 유용하다. 언론인들은 제약 프레임워크를 통해 적절한 질문을 던지며 인터뷰를 진행할 수 있고, 유권자들은 정치에 대해 더 많은 정보를 얻을 수 있다.

2장에서는 제약 프레임워크에 영감을 준 것들에 대해 설명한다. 여기에는 정치과학, 정치 이론, 정보분석, 사회심리가 포함된다. 미신이나 경험도 여기에 들어간다. 프레임워크 자체에 대한 설명 외에 다른 내용은 왜 알아야 할까? 프레임워크 자체에 대해 아는 것도 중요하지만 실제로 이를 어떻게 활용하는지 아는 것도 중요하기 때문이다. 초보자에게 스키를 탈 때는 균형을 잡는 것과 지형을 읽는 것이 중요하다고 알려 주는 것과 같다. 멋지지 않은가! 이제 가장 난이도 높은 코스에서 스키를 타고 내려올 시간이다. 나는 프레임워크를 축으로 삼고 최근에 발생한 지정학적이고 정치적인 사건을 활주로로 삼는다.

이 책의 마지막 장에서는 제목이기도 한 '지정학적 알파'를 얻기 위해 어떻게 프레임워크를 조작하는지를 설명한다. 여기서 말하는 알파는 금융 용어로 벤치마크와 비교한 투자수익을 지칭한다. 어느 모임의 리더나 근육질의 알파맨을 지칭하는 것이 아니다.

이 책에서는 다음 세 가지 내용을 다루지 않는다. 첫째, 이 책은 세상에 대해 가르쳐 주지 않는다. 능숙하게 제약 프레임워크를 다루기 위해서는 알아야 할 것이 많다. 예를 들어 '독일 대통령=엘리자베스 여왕'이라는 공식 말이다. 모르는 것은 전문가에게 문의해야 한다. 이 책은 이러한 잠재적 지식의 부재라는 문제를 고려해서 어떻게 전문가의 의견을 활용해야 하는지에 대한 내용을 포함한다. 둘째, 이 책은 미래를 예견하지 않는다. 이 책은 방법서다. 내가 제약 프레임워크에 대해 책을 쓴 이유는 이 프레임워크가 투자 전문가들에게 유용하기 때문이다. 하지만 나는 예언자가 아니며 누군가를 예언자로 만드는 제약 사항을 논하지도 않을 것이다. 나는 단순히 나에게 유용했던 내용을 공유한다. 다른 투자 전략가들에게 더 잘 맞는 프레임워크라면 다른 곳에 얼마든지 있다. 셋째, 이 책은 발생 가능성이 있는 어떤 일에 대해 언급하지 않는다. 나는 전혀 상관하지 않는다. 이 책에서도, 내 전문 분야에서도 말이다. 나는 전문적인 허무주의자다. 만약 당신이 정치분석을 업으로 삼는다면—특히 투자자에게 수탁자로서의 의무를 진다면—당신 또한 허무주의자가 되어야 한다. 나의 프레임워크를 능숙하게 사용하려면 당신이 가진 편견에 대해 숙고하고 냉담해져야 한다. 그럴 자신이 없다면 당신은 금융계에 종사해서는 안 되고, 예측하는 일을 해서도 안 된다.

PART 1

조립 발판

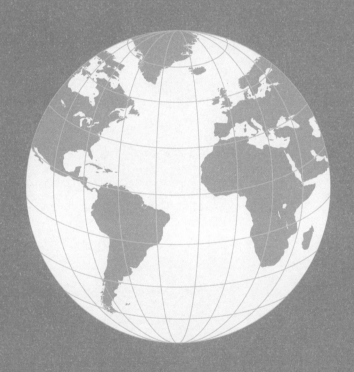

Chapter 1

우리는 오즈의 세계에
떨어졌다

전 세계적으로 정치, 지정학, 세대, 기술과 같은 다양한 측면에서 패러다임 전환이 진행 중이다. 이 책은 패러다임 전환에 따른 변화나 파급 효과에 대해서는 다루지 않는다. 그 대신 나는 지난 10년간 세상을 이해하는 데 도움이 된 프레임워크를 제시하고자 한다. 모쪼록 이 프레임워크가 앞으로 다가올 패러다임 전환을 헤쳐 나가는 데 도움이 되기를 바란다.

내가 '프레임워크'라는 용어를 쓴 이유는 '이론'보다는 덜 결정론적이며, '방법'처럼 규범적이지는 않기 때문이다. 프레임워크는 복잡하고, 모순으로 가득하며, 과학보다는 예술에 가깝다. 프레임워크는 지정학과 정치를 예측하는 데 잘 어울린다. 예측하는 일 또한 복잡하기 때문이다. 내가 제시하는 제약 프레임워크는 간단명료하지 않다.

지난 25년간 지정학과 정치는 세계경제와 시장에 순풍처럼 불어오다가 역풍으로 방향을 틀었다. 산업계와 금융계에 종사하는 많은 사람은 순식간에 고립무원의 신세가 된 듯했다. 나는 그 기분을 잘 안다. 내가 8살 때 그런 일이 바로 우리 가족에게 닥쳤기 때문이다.

오즈로 향하는 노란 벽돌 길에서 밀려나다

1986년 36세였던 나의 아버지는 유고슬라비아에서 최고로 꼽히는 제넥스에서 일했다. 아버지에게 있어서 제넥스는 1950년대 미국의 IBM과 같았다. 아버지는 해냈다. 아버지와 나의 인생은 카이막[10]처럼 환상적일 것이었다. 아버지는 영국 지사에서 4년 동안 근무하고, 505평방피트의 콘도로 이사를 하고, 2기통 이상의 엔진을 단 차를 살 수 있었다. 크로아티아의 달마티안 해변에 집도 사고 외국 대학에서 한 해를 보내기도 했을 것이다. 그리고 사회주의 체제의 상위 계급에 오르는 것으로 정점을 찍고, 다시는 프롤레타리아 계급으로 미끄러져 내려가지 않을 것이었다!

제넥스가 얼마나 대단했느냐 하면 1989년 말에 유고슬라비아 국제무역의 12, 13%를 좌지우지하고 세르비아 전체 국제무역의 3분의 1을 차지하는 대기업이었다.[11] 제넥스는 아무것도 생산하지 않고 아무 서비스도 제공하지 않았다. 제넥스가 생산한 것은 순전히 지정학적 알파였다.

소비에트는 무역 적자를 허용하지 않았다. 그래서 매년 소비에트 연합국들은 물물교환을 할 만한 물품들의 명단을 만들었다. 유고슬라비아는 난잡한 공산주의 국가였고 냉전 중에 공산주의와 자본주의 양측에 함께 섰다. 이때 제넥스는 소련에 유고슬라비아 물품과 외국산 물품을 팔고, 그 대가로 소련이 수출하고자 하는 물품—주로 원자재—을 받았다. 소련의 원자재를 받은 제넥스는 이를 국제시장에 팔아 경화[12]로 수익을 두둑이 챙겼다.

1989년 11월 9일 제넥스에게는 안 된 일이지만 전 세계 모든 이에게는 다행히도 베를린장벽이 무너졌다. 그리고 2년 후에 소련은 해체되었다. 지정학적으로 유리한 시기는 끝났고 제넥스도 끝물에 들어섰다. 제넥스의 기업 전략은 온전히 지정학적 상황에 달린 것이었다. 실제로 나의 고향은 냉전에 기대고 살았다. 지정학적 바람의 방향이 바뀌자 제넥스와 유고슬라비아에 어둠이 밀려왔다.

1990년대 유고슬라비아는 엄청난 지정학적 패러다임의 전환과 방만한 국정 운영에 힘입어 재레드 다이아몬드가 쓴 『문명의 붕괴』의 한 장을 차지할 만한 상황에 처했다. 완벽에 가까웠던 우리 가족의 인생도 몇 주 만에 지옥으로 전락했다. 유고슬라비아의 통화인 디나르Dinar는 7년 사이에 18배나 하락했고, 본래 화폐가치에서 0이 22개나 지워졌다.[13] 1994년 1월에 월별 인플레이션률은 3억 1300만 %까지 치솟아 당시 세계에서 두 번째로 높은 인플레이션률로 기록되었다.[14] 1992년 2월부터 1994년 1월 사이에 유고슬라비아의 물가는 3.6×1022배만큼 올랐다.[15]

1986년에 나의 고향인 베오그라드는 1992년 하계올림픽 개최지 선정 투표에서 4위에 올랐다. 하지만 1992년이 되자 베오그라드는 〈워킹 데드〉에 나올 만한 곳으로 전락했다. 1994년 5월 우리 가족은 짐 가방 두 개를 들고 베오그라드를 떠났다. 목적지는 요르단의 암만이었다. 다행히도 나의 아버지는 앞날을 예견하고 제녁스가 무너지기 몇 년 전에 회사를 그만뒀다. 아버지는 어느 직판 회사에서 일자리를 얻어 냄비를 팔았다. 그야말로 가짜 IBM에서 타파웨어Tupperware로 옮겨 간 것이다. 나중에 내가 성적이나 학교에 대해 걱정할 때면 아버지는 이렇게 말했다.

"걱정 마라, 스트레스받을 것 없다. 마르크스나 엥겔스가 직판에 대해 아는 게 있을 것 같으냐? 없다. 내가 치른 모든 대학 시험이나 경력은 내가 지금 하는 이 빌어먹을 일에 하나도 소용이 없단 말이다."

당신이 기관투자펀드의 최고운용책임자이거나 자산운용사에서 일하는 포트폴리오 매니저이거나 기업 내 고위 임원이라면 분명 지정학적 패러다임 전환에 직면할 것이다. 패러다임 전환은 최선의 경우에는 당신을 시험에 들게 하는 선에서 그칠 것이고, 최악의 경우에는 나의 아버지에게 그런 것처럼 당신의 세상도 무너뜨릴 것이다. 투자자들은 모두 아버지가 36살에 겪은 것과 같은 곤경에 처했다. 지난 35년간의 교육과 자격증과 경력에도 불구하고 서구권의 금융 및 기업계는 현재진행형의 패러다임 전환에 맞설 준비가 되어 있지 않았다.

딱 좋던 시대는 끝났다

정치와 지정학은 수 세기 동안 투자 및 기업에 대한 의사결정에 지대한 영향을 미쳐 왔다. 니얼 퍼거슨은 유명한 저서인 『로스차일드』에서 지정학 분석에 정통한 로스차일드 가문이 어떻게 19세기에 가장 부유하고 강력한 가문으로 성장했는지를 묘사했다. 애덤 스미스는 경제학 경전이라고 일컬어지는 저서의 제목을 『국부론』이라고 지었다. 사람도 회사도 기업도 아닌 국가의 부를 제목으로 삼은 것이다. 또한 『고용, 이자, 화폐의 일반이론』으로 잘 알려진 존 메이너드 케인스는 『평화의 경제적 결과』에서 천재성을 발휘하며 좌파 포퓰리즘과 제2차 세계대전과 EU까지 정확하게 예측했다.[16]

수 세기 동안 성공적인 기업 및 투자 활동에는 수학적 해결 능력과 정치 및 지정학적 변화에 대한 민감성이 필요했다. 그런데 오늘날 대부분의 MBA 프로그램과 CFA의 전체 과정은 정치 및 지정학적 변화에 대한 민감성을 간과한다. 1985년에서 2008년 사이 대부분의 대규모 시장에서 선거 결과가 자산 가격이나 기업 수익에 미친 영향은 미미했다.[17] 대부분의 투자자에게 정치나 지정학은 연초에 한 시간짜리 회의를 배정하거나 연구 및 컨설팅 예산으로 적은 비용을 할당하는 것 이상으로 주의를 기울일 만한 일이 아니었다. 정치와 지정학은 투자라는 항해에서 순풍처럼 부수적인 역할을 맡았고, 중대한 사건과 패러다임 전환은 다국적 기업과 금융계의 손에 의해 펼쳐졌다. 이러한 골디락스[18] 시대를 지나며 숫자에 치중한 투자자들이 나타났고, 연륜 있는 투자자들과 그들이 남긴 교훈은 점차 잊혀져 갔다.

소련의 붕괴 이후 미국 중심의 헤게모니에서 전쟁은 르완다, 아르메니아, 아제르바이잔, 몰도바, 소말리아, 보스니아, 헤르체고비나, 레바논 등 투자와 무관한 나라에서 발생하는 일이었다. 전쟁이 발발한다 해도 1차 걸프 전쟁이나 NATO의 1999년 세르비아 공습처럼 재빨리 종결되었다. 내가 금융계에 발을 들인 2011년 즈음에는 대부분의 고객과 동료가 지정학을 바탕으로 의사결정을 내리지 않았다. 국제적으로 저명한 정치 리스크 컨설팅 연구소인 유라시아 그룹은 사명을 통해 재계의 주변부를 중점적으로 살필 것임을 드러냈다. 유라시아 그룹의 창립자이며 정치 리스크 분석계의 선지자인 이안 브레머에게 있어서 유라시아는 전 소련의 프런티어 마켓[19]을 의미했다. 1988년 브레머는 정치 리스크 분석이 스탄 국가[20]와 몇몇 다른 국가들에게만 의미 있다고 생각했다. 그 이유는 무엇일까?

답은 미하일 고르바초프의 1985년 레닌그라드 연설에 있다. 고르바초프는 이 연설에서 소비에트 리더십을 맹렬히 비난하고 페레스트로이카라고 불리는 개혁을 시작했다.[21] 1970년대 후반에 이르자 소련은 경제적 병폐에 빠졌다. 1970년대 내내 생활수준은 개선될 기미가 보이지 않았고 기술 발전 부문에서도 미국에 뒤처졌다. 고르바초프는 국가 계획경제와 자유시장경제 사이에서 항복을 선언했다. 고르바초프가 소련 공산주의의 패배를 인정하자 전 세계의 공산주의가 흔들렸다. 전 세계에서 제3의 민주화 물결이 일어났고, 자유시장 정책이 도입되었다. 고르바초프의 레닌그라드 연설이 있은 지 10년 이내에 자유시장 자본주의는 선택 가능한 유일한 이념이 되었고, 20년 내에는 전 세계 인구의 90% 이상이 자본주의 아래서 살게 되었다(〈그림 1.1〉).

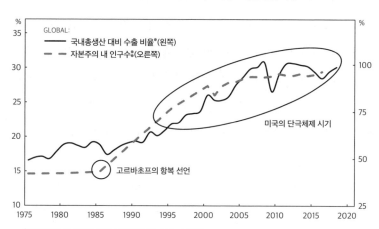

〈그림 1.1〉 **페레스트로이카가 시작한 대규모 공급 중심 혁명**

*아웃라이어를 배제한 비율. 월드뱅크(World Bank) 자료
‡세계 인구 중 프레이저 인스티튜트(Fraser Institue)의 경제자유 지수가 5 이상인 국가에 사는 인구의 비율. 프레이저 인스티튜트와 월드 뱅크 자료
BCA리서치의 출판 허가를 받은 자료

미국이 소련에 맞서 얻은 전략적 승리는 자유시장의 이념적 승리로 귀결되었다. 소련이 해체되자 미국은 전 세계 국가에 행동 규범을 강제할 수 있는 유일한 슈퍼 파워로 등극했다. 미국은 당시 상황을 위협하던 이라크의 사담 후세인이나 유고슬라비아 및 세르비아의 슬로보단 밀로세비치가 이끄는 보복주의 정권을 압박했다. 또한 국제경제기구들이 '워싱턴 컨센서스'라는 거시경제개혁 방침을 도입하여 새로운 자본주의적 전통을 만들어 갔다. 1980년대에는 수요 중심 정책이 대처-레이건

혁명에 패하며 소비에트 붕괴와 궤를 같이했다. 1960, 70년대 선진국에는 방만한 재정 정책과 정치화된 통화정책과 융통성 없는 규제를 도입한 정권이 엄청난 인플레이션을 초래했다. 이러한 상황은 1973년의 욤 키푸르 전쟁에 이은 석유파동으로 더욱 악화되었다.[22]

이러한 경제적 부침에 대응해 마거릿 대처 영국 수상은 신자유주의적 충격요법을 선보였다. 대처의 충격요법 초기에는 시장이 침체되고 실업률도 늘었지만 1980년 후반에 이르자 경기가 회복되었다. 대처가 실시한 세금 절감과 사유화와 탈규제 방침은 워싱턴 컨센서스와 자유방임주의 경제를 뒷받침하는 기둥이 되었으며, 다른 선진국과 개발도상국에도 도입되었다.

공급 중심주의 혁명을 거부한 국가도 있다. 바로 프랑스다. 1981년 영국과 미국에서는 우파가 우세했지만 프랑스에서는 사회주의자인 프랑수아 미테랑이 대통령으로 선출되었다. 미테랑은 '프랑스를 위한 110가지 공약'이라는 지극히 좌파적인 정책을 펼쳤다. 미테랑의 개혁 정책에는 가격 조정, 산업 재규제, 최저임금 인상, 공공사업 프로그램, 대규모 공공 부문 직업 프로그램, 주요 산업체의 국유화, 근무시간 단축, 부유세, 무역 노조권력 강화가 포함되었다. 미테랑이 깜짝 당선되고 1년 후 프랑화의 가치가 두 번이나 대폭락했고, 프랑스는 IMF의 원조를 고려해야 하는 수치스러운 상황에 놓였다.

이념의 전쟁에서 대처-레이건의 공급 중심 자유방임주의 정책은 미테랑의 수요 중심 통제경제를 상대로 크게 승리했다. 선진국의 유권자와 정책입안자들은 대처-레이건의 승리를 인정하고 이를 정책에 반영했다.[23] 1980년대 중반에 이르자 자유방임경제와 미국의 지정학적 헤게모니라는 순풍 덕분에 투자자들과 고위 경영진 모두 궁극적으로 골디락스 상태의 시나리오를 누리게 되었다. 찰스 킨들버거가 말한 것처럼 지정학의 전면에는 '헤게모니적 안정성Hegemonic Stability'이 만연했다.[24]

조지 부시 1세와 빌 클린턴 행정부는 다른 국가들과의 외교 관계에서 이러한 안정성을 강제했다.[25] 미국의 외교정책 기관에는 냉전을 경험한 전쟁 옹호자가 많았다. 이들은 활동적이고 긴밀한 외교정책을 선호했으며, 경제적 세계화가 원활하게 진행되는 데 필요한 값비싼 국제적인 공공재를 지속적으로 제공하도록 했다.

캔자스에 불어닥친 토네이도

헤게모니는 스스로 쇠락의 길로 들어선다. 미국이 채택한 정책은 다른 국가들의 경제적 독립성을 강화했다. 미국은 안정성을 강조하고 세계화를 도입해 다른 국가들이 미국의 헤게모니에 도전하는 대신 경제 개발에 집중하도록 했다. 하지만 경제성장을 이룬 경쟁국들은 결국 헤게모니를 두고 미국에 도전하기에 이르렀다. 안정은 필연적으로 몰락을 낳는다는 제국의 흥망성쇠에 대한 이야기가 된 것이다.[26]

2008년 대침체 이후에는 복잡다단하고 다극화된 세계가 미국의 헤게모니를 대체했다. 다극체제는 정치과학 용어로 어느 한 국가(단극체제) 혹은 두 국가(양극체제)가 무정부 체제에서 규율을 제정할 만큼의 우세한 권력을 지니지 않는 상황을 의미한다. 다극체제 아래서는 다수의 국가가 독립적으로 각국의 이익을 추구한다. 예측가들에게 역사나 정치과학 이론을 통해 잘 알려졌다시피 이러한 방식은 높은 지정학적 변동성을 야기한다(〈그림 1.2〉).[27]

〈그림 1.2〉 **다극체제가 야기한 불안정 상태**

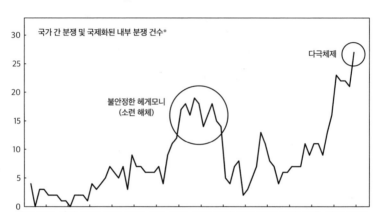

*두 가지 유형의 조합 사이에서 발생한 갈등의 횟수: 두 국가 사이에 발생하는 갈등과 한 국가와 다른 국가가 지원하는 조직 사이에서 발생한 국제화된 내부 갈등
ⓒBCA리서치
BCA리서치의 출판 허가를 받은 자료

2014년 러시아의 크림반도 점령과 2012년 이후 중국의 지속적인 남중국해 군사화를 떠올려 보라. 미국이 국제 무대에서 힘의 균형을 맞추려던 냉전 직후에는 생각조차 못한 일이다.

세계화는 지난 10년 동안 행동 강령을 강제하는 단일 헤게모니가 부재한 와중에 정점에 이르렀다. 이러한 일련의 사건들을 보면 포퓰리스트가 당선되는 것은 당연한 일이다. 탈세계화는 구조적인 문제이고 돌이키기 어렵다. 세계화가 지속되기 위해서는 적어도 하나 혹은 몇몇 국가가 많은 비용을 들여 국제적인 공공재를 유지해야 한다. 공공재를 유지하는 데는 교역로 방어, 국제경제정책 조율, 최종소비자 역할 수행, 국가 자주권 보전 및 내정 불간섭과 같은 지속적인 행동 강령을 보전해야 한다. 2010년대에는 이러한 역할을 수행할 나라를 떠올리기가 쉽지 않았고 이는 향후 10년간에도 마찬가지다.

마침내 자유방임주의적 경제 시스템은 2008년의 대침체와 선진국 내 소득 불평등 확산으로 인해 약화되었다. 세계화로 수십억의 세계 인구가 빈곤에서 벗어나기는 했지만 국제 노동 공급이 증가하자 선진국 내 중산층의 임금이 하락했다(〈그림 1.3〉).[28] 임금 정체는 선진국이 직면한 유일한 병폐는 아니지만 심각한 문제임에는 틀림없다.

선진국들은 제각각 다른 정치적 반응을 보였다. 미국과 영국은 1980, 90년대에 자유방임주의를 가장 열성적으로 도입했기 때문에 강하게 반발했다. 자유방임주의에 기초한 정책은 이들 국가의 중산층을 2008년 이후 가장 많이 노출시켰다.

2010년대는 미국 헤게모니의 종말, 다극체제, 정점에 이른 세계화, 자유방임주의 경제의 쇠락으로 정의할 수 있다. 이러한 추세는 이머징 마켓과 프런티어 마켓에 한정되어 원자재 가격에만 영향을 미치던 정치 및 지정학적 리스크에도 근본적인 변화를 가져왔다.

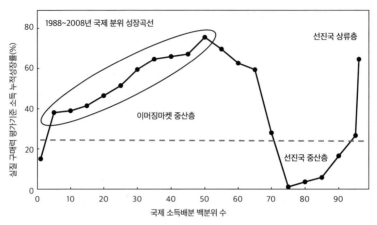

〈그림 1.3〉 세계화로 인해 정체된 선진국의 중산층

참고: Y축은 인구수 가중 분위 수 평균소득의 성장률(2005년 미국 달러 구매력 평가기준)을 나타낸다. 분위 성장은 20분위 그룹(즉 하위 5%)을 기준으로 측정되었으며 상위 20분위는 상위 p95와 p99 사이에서 1%와 4%로 나뉜다. 가로선은 24.34%의 평균 성장률을 나타낸다.
©BCA리서치
BCA리서치의 출판 허가를 받은 자료

코로나가 아니었어도 판은 바뀌었다

역사학자들이 2020년을 돌아본다면 COVID-19가 서구권에 엄청난 영향력을 발휘해 워싱턴 컨센서스[29]에 결정타를 날리고, 부에노스아이레스 컨센서스[30]라는 돌연변이를 낳았다고 말할지도 모른다. 하지만 나는 이러한 의견에 완전히 반대한다. 2010년대에 시작된 지정학적 다극 체제와 탈세계화와 앵글로색슨 자유방임주의 컨센서스의 종말이라는 패러다임 전환은 COVID-19 팬데믹으로 인해 그저 가속화되었을 뿐이다.

2020년 2월 COVID-19로 인한 매도세가 시작되었을 때 나는 마이애미에서 열린 한 행사에서 유명한 거시 전문가들과 만났다. 일부 전문가들은 정책입안자들이 과거에 그랬던 것처럼 팬데믹에 극적으로 반응해 기업에 무제한 신용을 제공하고 대규모 양적 완화를 도입할 것이라고 예상했다. 심지어는 헬리콥터 머니[31]를 통해 재정 적자를 감안하고서라도 대중에게 현금을 내줄 것이라고도 예상했다. 하지만 행사 참가자 대부분은 민주당 소속 미 하원의장인 낸시 펠로시가 트럼프 대통령의 재선을 막기 위한 정치 게임을 벌여 경기부양책의 진행 속도를 늦출 것이라고 입을 모았다. 이들에 따르면 정책입안자들은 한발 늦을 것이었다.

과거에 정책입안자들이 한발 늦지 않게 통화 및 재정부양책을 펼쳤던 이유는 위기 상황의 본질과는 거의 관련이 없다. 정책입안자들은 이미 지난 10년간의 패러다임 전환, 특히 워싱턴 컨센서스에 반하는 변화에 대해 전례 없는 조치를 취할 준비가 되어 있었다. 재정건전성에 누가 신경이나 쓴단 말인가? 미국은 이미 경기 주기의 정점에 있던 트럼프 행정부 아래에서 대규모 적자예산을 기록했다. 벌써 돌이킬 수 없는 수준에 이른 부양책의 규모를 걱정할 사람은 아무도 없다. COVID-19가 사태를 가속화하기는 했지만 미국이 자유방임주의 경제에서 통제경제로 돌아선 지는 이미 꽤 되었다.

따라서 지정학 분석은 그 어느 때보다 투자자와 기업에게 중요하다. 시장을 정확하게 이해하려면 가치 평가나 이자율이나 수익만큼이나 정치와 지정학에 대해서도 알아야 한다. 그럼에도 불구하고 금융 전문가

들의 지식 공동체는 이러한 새로운 패러다임을 헤쳐 나갈 프레임워크를
갖추지 못했다.

거시경제와 시장에만 집중했던 투자자들

1985년부터 2010년까지는 투자자에게 우호적인 시기였다. 지정학과
정치가 자동조종장치에 의해 움직이는 상황에서 기업 경영이나 투자
포트폴리오 운용은 반복적이고 수학적이며 틀에 박힌 일이었다. 이러
한 골디락스 시대에 투자업계는 전례 없는 방향으로 전문화되었다. 하
지만 금융 분석 기술만으로는 제대로 정치분석을 할 수 없다. 자기 선택
[32]이 가능했던 지난 25년 동안 인사 담당자들은 퀀트[33] 모델링과 엔지니
어링에 친숙한 지원자들을 선호했다. 그 결과 2010년의 금융계를 포함
한 기업계 전반은 다가올 패러다임 전환에 적합하지 않은 직원으로 가
득 찼다.

2010년 금융계는 지정학 및 정치적 패러다임 전환을 맞아 다음과 같
은 세 가지 약점을 보인다.

1 퀀트에 대한 집착

20세기 말에는 정치를 잘 알지 못하는 학생도 정치과학 박사 학위를 받을
수 있었다. 나는 나보다 몇 살 많은 텍사스대학교의 젊은 교수를 만나고 나
서 학계에서 일하는 것이 나와 안 맞는다는 것을 깨달았다. 그는 NATO 전

문가라고 했지만 군사동맹국 간의 의사결정 방법에 대한 기본 지식도 없었다. 그는 정치 문제를 깊이 있게 이해했기 때문이 아니라 수학적으로 훌륭한 논문을 썼기 때문에 정치학 박사가 되었다. 1990년대 경제학은 사회과학 분야에서 우세한 학문으로 우뚝 섰다. 경제학은 학계를 지배했고 정치과학은 더 이상 정책입안자나 기업인이나 투자자가 주목하는 연구 결과를 내놓지 못하게 될 지경이었다. (못 믿겠는가? 주요 학술지인《국제기관International Organization》을 읽어 보라.)

정치와 지정학이 골디락스 시대에 갇혀 있는 동안 금융 전문가들은 거시경제와 시장 요인에 기초한 모델링으로 눈을 돌렸다. 왜냐하면 선거나 전쟁 같은 외부 요소들이 주요 시장에 별다른 영향을 미치지 않았기 때문이다.

② 자기 선택

투자 결정은 점차 공학적인 문제가 되었고, 투자업계는 엔지니어로 가득 찼다. 나는 이러한 고용 추세를 '뉴턴 투자자의 진격'이라고 부른다. 뉴턴 투자자는 수학적 규칙을 더 잘 이해하고 활용해 동료들보다 한발 앞서 나가는 금융 전문가다. 이들은 뉴턴의 물리법칙을 적용해 가장 튼튼한 다리를 짓는 엔지니어와 같다. 하지만 경제법칙은 물리법칙과는 달리 고정적이지 않고, 패러다임이 전환되면 다른 모든 것과 함께 바뀌고 만다.

③ 이념

1980년대에 수요 중심 정책이 선거에서 패배하자 자유방임주의는 금융계에서 신화적이고 종교적인 힘을 발휘했다. 투자 전문가들은 일련의 정책에 이념적으로 반응했다.

자유방임주의 이념은 정부와 정치를 무시하고 정치분석 행위 자체를 폄하한다. 진정한 투자 전문가란 《월스트리트저널》을 읽되 격이 떨어지는 정치에 대해서는 신경 쓰지 않는 사람을 의미했다. 그러나 다른 이들의 자산을 관리하는, 수탁의무를 지는 이들은 투자와 정치에 비이념적이며 허무주의적으로 접근해야 한다.

투자자들은 지정학이 순풍의 역할만 하던 골디락스 시대를 거치며 거시경제와 시장에 지나치게 집중했다. 물론 여전히 퀀트를 이용하고 과학적인 접근 방식을 고수해야 하지만 정치도 중시한다면 도움이 될 것이다. 칵테일파티에서 정치인들과 어울리지 않더라도 경험에 기반을 둔 프레임워크를 이용해 정치를 분석할 수 있다.

투자자들은 대체로 자신이 정치에 무지하다는 모순을 직시하지 못한다. 정치와 지정학은 인플레이션이 잦아들고 경제 변동성이 줄어든 대안정기에 중요한 역할을 했다. 하지만 금융계는 정치의 중요성을 인정하는 대신 이자율을 조정한 학계를 입을 모아 칭송했다. 실제로 대안정기를 뒷받침한 것은 세계화, 국제 노동력의 대규모 공급 확대, 자유방임주의 정책, 미국 헤게모니 강제라는 관점은 이단으로 치부된다. (이쯤 되면 대부분의 경제학 박사는 이 책의 책장을 덮을 것이다.)

2020년 금융계 종사자 대부분은 여기가 캔자스가 아님을 분명히 알고 있다. 연방준비제도의 회의록을 읽고, 공급자관리협회(the Institute of Supply Management, ISM)의 자료를 기다리고, 《파이낸셜타임스》를 읽는 것만으로는 더 이상 일을 할 수가 없다. 학자와 달리 투자자는 유연해야 한다. 게다가 투자자들의 성과는 실시간으로 평가된다. 금융계는 경제와 시장에 대한 이해와 더불어 정치분석도 필요함을 깨달았고, 그 결과 최신 지정학 예측에 대한 수요가 증가하고 있다.

소음과 진짜 신호를 구분하라

나는 이 책에서 거시적이고 하향식이며 프레임워크를 이용한 접근법으로 정치를 분석할 것이다. 지정학 분석에는 다양한 접근법이 있고, 시기와 장소에 따라 다른 방법을 사용할 수 있다. 나의 접근법은 투자자들이 각자의 시간과 자원에 맞춰 제약 프레임워크를 사용할 수 있다는 점에서 다르다. 실제로 펀더멘털[34]과 시장에 능숙한 투자자라면 제약 프레임워크로 노련한 정치분석가보다 더 나은 분석을 할 수도 있다.

정치분석을 상업화하는 것은 새로운 일이 아니다. 1982년 헨리 키신저는 국정에서 물러나고 얼마 되지 않아 키신저 어소시에이츠를 설립했다. 앞서 언급한 유라시아 그룹도 1998년에 설립되었고, 내가 커리어를 시작했던 스트랫포도 1996년에 설립되었다. 내 경험에 의하면 정치 컨설팅 산업은 '정보모델' 옹호자들이 장악했다. 주요 컨설팅사들은 전 기술 관료를 고용한다. 그리고 때때로 전 정책입안자가 컨설팅사에 입사하기도 한다.

국제 문제에 대해 충분한 배경 설명을 제공하기는 하지만 그렇다고 이들을 분석가나 연구자라고 볼 수는 없다. 몸소 연구를 수행하지는 않기 때문이다. 게다가 정치 컨설팅사에 고용되는 순간 전 직장에서 혜택을 누리던 기밀 정보에 대한 접근권을 잃는다. 또한 COVID-19 팬데믹을 다루는 전염병 전문가처럼 자신의 전문성을 과대평가하기도 하고, 정책입안자들이 이런 위기 상황에 어떻게 반응할지를 두고 잘못 이해하기도 한다.

정보모델에는 두 가지 약점이 더 있다. 우선 통계적 유의성의 문제다. 공공(정부) 정보국은 적절한 예측이나 총괄평가를 수행하기 위해서 전자적 혹은 인간적 신호(데이터)에 의지해 통계적으로 유의미한 정보와 자료를 수집한다. 이러한 대량 정보 수집은 정치 컨설팅사가 감당할 만한 범주의 일이 아니다. 정치 컨설팅사는 영리기업이고, 영리기업은 정보 수집을 위해 계속해서 국가 자원에 의지할 수 없기 때문이다. 그래서 투자자들은 종종 대량의 정보 대신 전성기를 지나고 은퇴할 시기에 임박한 기술 관료를 영입한다. 기술 관료는 회의실 건너편에 앉아 최선의 경우에는 특정 사건에 대해 유용한 배경지식을 제공하지만, 최악의 경우에는 《월스트리트저널》이나 《파이낸셜타임스》에 나온 논평을 반복한다.

정보모델의 두 번째 약점은 오늘날의 지정학 및 정치 리스크는 더 이상 프런티어나 이머징마켓 투자에만 국한되지 않는다는 점이다. 정보원에 중점을 둔 정치분석은 주요 의사결정자에 대한 접근권만 있으면 되는 간단한 정치 시스템 아래에서는 잘 통할 수도 있다. 합법적으로 정책 정보원을 고용해 특정 법안에 대한 문제를 살피는 것이 수익으로 이어질 수도 있다. 하지만 정치 시스템이 복잡한 미국, 중국, EU, 인도 및 대규모 이머징마켓 국가에서는 권력에 대한 접근성이 있다고 해서 통찰력을 얻을 수는 없다. 왜냐하면 권력이 분산되어 있고, 헌법 및 관료주의적 제약 아래 놓여 있기 때문이다.

3장에서 정치분석의 공급과 전문가와 의사소통하는 방법에 대해 자세히 설명할 것이다. 투자자에게 정치분석업계—전문가와 정치 컨설턴트를 포함한—는 매우 중요하다. 이 책의 핵심은 정치 연구지 구독을 끊거나 능숙한 분석가를 업계에서 몰아내는 것이 아니다. 2020년 투자 의사결정을 내리는 유일한 방법은 정치분석을 투자 과정의 일부로 보는 것이다. 외부 전문가에게 정치분석 업무를 위탁하는 것만으로는 충분하지 않다. 투자와 관련한 정치 및 지정학적 분석은 전 국방부 유럽 및 유라시아 담당 부차관보에게 위임할 일이 아니다. (이들은 자신의 주택담보대출 명세서도 잘 이해하지 못할 것이다.)

이 책의 목적은 나에게 제법 잘 맞았던 간단한 법칙을 공유하는 것이고, 당신은 계속해서 신문을 읽고 외부 정치분석 자료도 봐야 한다. 이 프레임워크를 사용하면 당신은 외부 의견과 연구를 보다 잘 활용하게 될 것이며, 뉴스를 접할 때 무엇이 소음이고 진짜 신호인지도 알게 될 것이다.

여기서 몇 가지 명확히 해야 한다. 일단 나, 마르코 파픽이 금융계에 종사한다는 점을 분명히 하고 싶다. 내가 취득한 대학 학위 4개는 금융이나 경영, 경제, 수학과학과는 관련이 없다. 8년간 대학에서 공부하면서 마지못해 수학을 공부하는 데 쓴 시간은 40시간 정도일 것이다. 자연과학을 전공한 친구들은 내가 대학원에서 배운 수학을 수학이라고 인정조차 하지 않는다. 내가 배운 것은 그저 통계일 뿐이다. 내가 현재 대체 자산운용사에서 수석전략가로 재직 중이라는 사실은 금융계에 불길한 신호다. 이는 골디락스 시대가 끝났음을 의미한다. 미국 헤게모니와 세계화의 순풍으로 투자자들이 복잡다단한 국제 지정학 정세를 무시해도 되던 그 시대 말이다.

정치 및 지정학이 수량화하기 어렵다고 해서 이를 미신처럼 여겨서는 안 된다. 나는 투자자들이 정책입안자들의 선호 사항이나 믿음을 나타내는 덧없는 말보다 실재하는 제약의 세계에 집중해야 한다고 믿는다. 이러한 믿음은 이 책에서 다루는 제약 프레임워크의 핵심이다. 선호와 달리 제약은 측정 가능하며 수량화할 수 있다. 또한 제약은 궁극적으로 예측 가능하고, 행동 가능하며, 수익을 창출한다.

다음 문구가 항상 진하게 적히는 데는 이유가 있다. **선호는 선택적이며 제약 조건에 따라 달라진다. 하지만 제약은 선택적이지도 않고 선호에 따라 달라지지도 않는다.**

Chapter 2

제약 프레임워크를
떠받치는 세 기둥

2020년 금융계에 정치는 중요한 문제다. 그러나 투자자들은 여전히 정치 연구를 통해 보다 나은 투자 성과를 얻을 수 있다고 생각하지 않는다. 이들 중 일부는 정치 연구에 회의적이고, 나머지는 지정학을 저조한 투자 성과에 대한 변명으로 사용할 뿐이다.[35] 내가 가장 자주 듣는 비판은 "정치분석은 있으면 좋지만 반드시 필요한 것은 아니다"라는 말이다. 정치분석은 의사결정 과정에서 미미한 역할을 하며, 외부 사건이 전략 결정에 위협이 될 때나 유용할 뿐이다. 달리 말하자면 이렇다.

"일이 잘못되어 예측이 빗나가면 지정학 탓으로 돌리겠다."

그러면 나는 이렇게 답할 것이다.

"신경 쓸 것 없다. 일이 잘못되면 그냥 다 사들여라."

제2차 세계대전 이후 1973년의 욤 키푸르 전쟁을 제외하고는 지정학적 사건이 시장에 재앙을 불러일으킨 적은 없다(《그림 2.1》). 따라서 이 책은 블랙스완[36]이나 곧 다가올 종말에 앞선 금 사재기에 대해 다루지 않는다.[37]

과거 10년 주기 추세를 보면 왜 지정학인지 보인다

2011년 나는 세계에서 가장 오래되고 명망 있는 독립 투자 연구단체인 BCA리서치에서 일하기 위해 몬트리올에 도착했다. BCA리서치는 1949년부터 펀더멘털을 정확히 이해하는 것이 개별 주식을 선택하는 것보다 더 효과적이라는 흥미로운 제안을 해 왔다. 1950년대에는 이처럼 큰 그림을 보는 접근법이 새로웠다. 내가 매크로 투자에 대해 아는 모든 것은 BCA리서치와 회사 동료들이 가르쳐 준 것이고 나는 이들에게 큰 빚을 졌다.

BCA리서치의 성공 뒤에는 신용 주기 분석이라는 매크로 유전자가 있다. 신용 주기를 정확히 파악하는 것은 매크로 투자에 있어서 여전히 가장 중요한 덕목이다. 투자자 대부분은 신용 주기를 주의 깊게 살핀다. 1600억 달러 규모의 거대 헤지펀드인 브리지워터와 같은 곳들은 신용 주기를 이용해 큰돈을 벌기도 했다.

BCA리서치에 입사했을 때 나는 신용 주기에 대해 아는 것이 없었고, 금융이나 경제도 잘 이해하지 못했다. BCA가 나를 고용한 이유는 간단했다. 최고경영자가 패러다임 전환의 기미를 알아챘고 관련 분야에서 일할 직원을 뽑은 것이었다. BCA의 최고경영자는 지정학이 중요하다는 선견지명을 가졌지만 비용에 민감했다. 그래서 그는 29살짜리 애송이를 고용해서 리스크를 낮췄다.

BCA리서치의 동료들이 나에게 거시경제와 시장의 기초에 대해 가르쳐 줬다. 그들은 아마도 내가 가치 평가나 할인율이나 블룸버그 터미널 로그인 같은 기본 개념을 이해하지 못하고 끙끙거릴 때 죽고 싶었을 것이다.[38]

〈그림 2.1〉 일이 잘못되면 그냥 눈을 감고 사들여라

사건	날짜	S&P 500 지수 감소 폭	1개월 후	3개월 후	6개월 후	12개월 후
헝가리 혁명	1956-10-23	-10.78%	-2.12%	-2.71%	-1.02%	-11.69%
쿠바 미사일 위기	1962-10-16	-10.52%	5.40%	13.30%	21.13%	27.84%
프라하의 봄	1968-01-05	-10.04%	-4.24%	-2.76%	5.18%	8.39%
베트남 구정 대공세	1968-01-30	-9.31%	-3.80%	5.06%	5.22%	10.40%
닉슨 쇼크	1971-08-15	-9.38%	4.26%	-4.05%	9.76%	17.11%
욤 키푸르 전쟁, 1차 석유파동	1973-10-06	-16.10%	-4.45%	-9.97%	-15.33%	-43.25%
이란혁명, 2차 석유파동	1979-01-16	-6.32%	-0.79%	1.67%	3.30%	11.65%
소련의 아프가니스탄 침공	1979-12-25	-10.86%	5.53%	-7.87%	8.42%	26.21%
톈안먼사건	1989-06-04	-2.32%	-1.93%	8.67%	7.95%	12.87%
베를린장벽 붕괴	1989-11-09	-10.23%	3.60%	-0.88%	1.87%	-6.78%
1차 걸프 전쟁	1990-08-02	-19.92%	-8.23%	-11.28%	-2.40%	10.16%
대고르바초프 쿠데타	1991-08-19	-3.62%	2.95%	0.78%	8.44%	11.08%
소련 해체	1991-12-26	-0.23%	2.63%	0.75%	-0.34%	8.63%
미국의 베오그라드 중국대사관 공습	1999-05-07	-5.97%	-0.78%	-3.32%	1.88%	6.52%
미국과 중국 항공기 충돌	2001-04-01	-19.69%	9.14%	5.52%	-10.50%	-1.19%
911	2001-09-11	-23.10%	0.45%	4.05%	6.93%	-16.76%
조지 부시 2세의 유엔 연설	2002-09-12	-25.11%	-5.82%	1.66%	-9.33%	14.85%
이라크 자유 작전, 2차 걸프 전쟁	2003-03-20	-8.96%	2.05%	13.71%	18.34%	26.73%
마드리드 테러 공격	2004-03-11	-6.36%	2.94%	2.68%	1.55%	8.43%
우크라이나 오렌지 혁명	2004-11-22	-1.72%	2.75%	0.59%	1.02%	7.13%

런던 테러 공격	2005-07-07	-2.09%	2.38%	-0.16%	7.31%	5.64%
레바논 전쟁	2006-07-12	-6.88%	0.65%	8.28%	13.68%	22.97%
북한의 첫 번째 핵실험	2006-10-09	-0.24%	2.05%	4.55%	6.96%	15.88%
리먼 브라더스 파산	2008-09-15	-44.68%	-23.88%	-27.18%	-36.57%	-11.74%
인도 뭄바이 테러 공격	2008-11-26	-42.85%	-1.68%	-15.19%	2.55%	25.12%
유럽 부채위기	2010-01-13	-7.87%	-6.12%	4.51%	-4.39%	12.05%
한국 천안함 폭침	2010-03-26	-10.54%	3.90%	-7.70%	-1.54%	12.62%
센카쿠 희토류 통상 금지	2010-09-08	-2.56%	6.03%	11.78%	20.29%	7.92%
아랍의 봄, 이집트 무바락 대통령 하야	2011-02-11	-5.44%	-1.87%	0.97%	-11.78%	1.01%
북대서양조약기구의 리비아 공습	2011-03-19	-5.78%	2.61%	-0.60%	-5.87%	10.21%
2011년 미국 부채한도 초과	2011-08-02	-19.25%	-6.39%	-1.29%	5.70%	8.85%
네타냐후의 이란 금지선 설정	2012-09-27	-7.67%	-2.43%	-2.01%	8.00%	16.90%
미국 2013년 재정 위기	2013-01-01	-2.41%	6.10%	9.53%	13.24%	29.60%
시리아 구타 지역 화학무기 공격	2013-08-21	-4.63%	4.09%	9.32%	11.78%	21.28%
부채한도 초과 및 정부 셧다운	2013-10-01	-4.06%	3.93%	9.05%	11.24%	14.82%
중국의 남중국해 방공식별구역(ADIZ) 설치	2013-11-23	-3.48%	1.29%	1.74%	5.31%	14.34%
크림반도 침략	2014-02-27	-2.08%	-0.28%	3.11%	7.86%	13.49%
이슬람 국가(IS)의 모술 점령	2014-06-04	-0.95%	2.99%	3.62%	7.47%	8.71%
그리스 구제금융 국민투표	2015-07-05	-12.35%	1.11%	-4.32%	-2.89%	0.57%
러시아의 시리아 군사개입	2015-09-30	-9.78%	8.30%	7.46%	7.50%	12.93%
파리 테러 공격	2015-11-13	-13.31%	-0.53%	-7.82%	1.17%	6.99%
북한 핵실험	2016-01-06	-13.31%	-5.54%	3.84%	5.50%	14.41%
브렉시트 국민투표	2016-06-23	-5.60%	2.92%	2.43%	7.12%	15.38%
북한 핵실험	2016-09-09	-4.79%	1.22%	6.19%	11.14%	15.68%
트럼프 대통령 당선	2016-11-08	-2.31%	4.98%	7.25%	12.14%	21.26%
북한 화성-14 미사일 테스트	2017-07-04	-1.78%	1.97%	4.48%	12.14%	11.70%
트럼프의 무역전쟁 선포	2018-03-01	-10.13%	-1.37%	2.13%	8.36%	4.71%
미국 중국 간 무역전쟁 심화	2018-05-29	-3.47%	1.06%	8.33%	1.78%	3.46%
미국의 대이란 제재	2019-05-02	-6.84%	-5.67%	0.50%	5.12%	-2.98%
미국 중국 간 무역전쟁 심화	2019-08-01	-6.12%	-0.92%	3.84%	9.21%	10.75%
이란의 사우디아라비아 정유시설 공격	2019-09-14	-4.57%	-1.37%	5.37%	-9.85%	
미국의 이란 솔레이마니 암살	2020-01-03	-31.32%	0.43%	-23.07%	-3.24%	
코로나 바이러스 발생	2020-01-20	-32.80%	1.31%	-15.21%	-2.34%	
러시아와 사우디 간 유가 전쟁	2020-03-08	-33.92%	-7.48%	8.75%		
평균 수익 및 손실		-10.67%	0.06%	0.70%	3.51%	9.46%
중앙값 수익 및 손실		-7.28%	1.09%	1.94%	5.31%	10.92%

* 해당 사건 발생 전후 최대 3개월 동안 최고 및 최저 시장 수익률을 기초로 계산되었다.
BCA리서치의 출판 허가를 받은 자료

나는 BCA에 입사하고 첫 6개월 동안 매우 많은 것을 배웠는데, 가장 놀라운 경험은 회사 내 도서관과 자료실을 돌아보는 것이었다. 2011년에도 BCA리서치에는 학술지와 도서가 산적했고 그중에는 100년이나 된 것도 있었다. 도서관 사서에게 BCA리서치 리포트 모음을 달라고 부탁한 적이 있었는데 그중에는 1950년대에 적은 메모가 달린 것도 있었다. 나는 천천히 시대를 거슬러 올라갔다. 고고학자가 되어 잊힌 문명의 기록을 들여다보는 기분이었다. 과거의 주요 테마가 10년 단위로 구체화되었고, 곧 다가올 패러다임 전환의 기미가 눈에 들어왔다.

수습 기간이 끝나는 날, 나는 멘토인 점잖은 신사와 함께 자리했다. 이제 나만의 전략을 팔아 일자리를 얻어야 할 시간이었다.[39] 나는 수백 권의 BCA 리포트과 수천 장의 인베스토피아[40] 자료를 읽었고 어떻게 지정학 및 정치분석을 회사의 업무 과정에 포함시킬지에 대한 아이디어를 많이 가지고 있었다. 하지만 나의 멘토가 제시한 사업 계획은 실망스러웠다.

"일이 터질 때마다 재빨리 연구 자료를 만들어 내야 해. 회사의 주요 자산배분에 대한 관점을 뒤집을 수 있는 '블랙스완'에 집중하도록 해."

나는 대부분의 블랙스완 사건이 무관하다고 직감했고 이 느낌은 나중에 양적 연구를 통해 확인되었다. 나는 제리 맥과이어처럼 제안서를 가지고 BCA에 왔다. 2010년 유로존의 국가 부채위기는 지정학적 분석이 시장의 움직임을 앞서 예측하고 지속적인 알파를 만들어 낸다는 것을 증명했다. 나는 이에 대한 증거를 가지고 있었다. 무엇보다도 나는 겨울 내내 BCA리서치의 자료를 읽었다.[41] 나의 비경제적인 관점에서 보건대 BCA의 자료는 지정학이 지난 50년간의 주요 경제 추세에 필수 요소였음을 웅변했다.

"하지만 그 말은 제가 회사 업무 과정에서 부수적인 역할에 머물 것이라는 뜻인데요…."

나의 멘토는 차갑게 답했다.

"아, 그렇지. 하지만 이게 여기서 월급을 받는 방식이야. 결국 너의 연구 결과가 팔려야 하지. 그렇지 않다면…."

그는 끝맺지 않았지만 나는 그가 무슨 말을 할지 알았다. 지금 생각해도 그때 "아니요"라고 말하길 잘했다 싶다. 그러니까 나는 금융계에 들어섰다. 영광스러운 블로거로 일하고 학계의 막다른 길에 있다가 승진한 것이었다. 이들은 블랙스완 사건에 대한 연구를 원하는데 소란을 피울 필요가 있겠는가? 나에게 주어진 일은 단순했다. 동료들의 시장에 대한 관점을 기정사실로 받아들이고, 다양한 지정학적 리스크 중 개연성 있는 것을 골라 적용하면 될 일이었다.

회사에서 경제성장에 낙관적인 전망을 보이면 투자자들에게 단기 거래—예를 들어 장기 채권 매도—를 추천한다. 여기에 내가 무엇을 더해야 할까? 아, 알았다. 급작스런 팬데믹은 회사의 전망에 위협 요소다. 왜냐하면 국제 성장 리스크 때문에 미국 국채 수요가 증가할 것이기 때문이다. 다 했다. 이제 월급을 받고 집에 가서 아이들이 크는 걸 보기만 하면 된다! 하지만 BCA의 자체 자료에 의하면 보다 정교한 접근법이 필요했다. 과거 10년 주기의 연구 내용을 돌아보면 요동치는 거시경제 분석의 중심에는 무언의 지정학적 요인이 있었다.

1 1945년부터 1961년[42]

제2차 세계대전 직후 거의 연속적으로 다섯 번의 경기침체가 이어졌다. 대공황과 이로 인한 심각한 재정 문제는 정책입안자들의 마음에 생생히 남았다. 그래서 정책입안자들은 경기가 악화될 때마다 민간 부문에서 부채를 늘려 문제를 해결했다. 민간 부문에 대한 지나친 의존은 부채 슈퍼사이클[43]로 이어졌다. 부채 슈퍼사이클은 BCA리서치에서 고안한 용어인데, 이 현상은 2008년까지도 끝나지 않았다.[44]

2 1960년대

구조적 장기 침체의 시기였다. 인플레이션이 낮은 실업률에 별다른 반응을 보이지 않자 이에 안주한 정책입안자들은 지나치게 관대한 재정 정책을 도입했다. 베트남전쟁과 존슨 대통령의 '위대한 사회' 사업[45]에 드는 비용을 감당하느라 제2차 세계대전 이후부터 경기침체기가 끝난 다음까지도 재정 적자가 계속되었다. 어디선가 들어 본 이야기 같은가? 2020년 오늘날은 마치 1960년대의 재방송 같다. COVID-19 팬데믹은 워싱턴 컨센서스와 이의 핵심 기조인 재정건전성에 결정타를 날렸다.

3 1970년대

1960년대의 수요 중심 정책은 1970년대의 스태그플레이션으로 이어졌다. 그렇다. 1973년의 석유파동―주요 지정학적 블랙스완의 드문 예―은 인플레이션을 야기했다. 하지만 1970년대의 경제난에 가장 큰 영향을 미친 것은 블랙스완이 아니라 1960년대에 내린 정치 및 지정학적 결정이다. 디플레이

선 중 석유 가격 상승은 단기적으로 영향을 미쳤을 뿐이다.

4 1980년대

1970년대의 재앙에 가까운 수요 중심 정책은 1980년대 말 정치혁명으로 이어졌다. 1장에 언급했다시피 레이건과 대처는 공급 중심 정책을 펼쳤고, 학계가 운영한 중앙은행은 대중적인 정치 정책을 펼쳐 인플레이션을 낮췄다.

5 1990년대

소련이 해체되며 찾아온 지정학적 패러다임 전환은 1980년대의 공급 중심 정치혁명에 일조했다. 이러한 일련의 사건들로 인해 1990년대에는 세계화와 미국 헤게모니라는 순풍이 형성되었다. 순풍에 힘입어 인플레이션은 조정되었고 노동자와 자본가 사이의 정치 균형도 유지되었다. 이렇게 대안정기가 찾아왔다.

6 2000년대

2001년 경기침체에도 불구하고 파티는 계속되었다. 정책입안자들은 911 테러 공격으로 인해 소비자 신뢰도가 낮아질까 염려해 열정적으로 부채 슈퍼 사이클의 규모를 늘렸다. 하지만 소득 불균형의 확대[46]로 가계 부채가 엄청나게 늘어났다. 가계 부문에서는 중산층 재화의 가격이 전례 없이 오른 가운데, 주변 사람들에 걸맞게 살거나 현재의 소비 수준을 유지하기 위한 과잉 소비가 이어졌다(〈그림 2.2〉).[47]

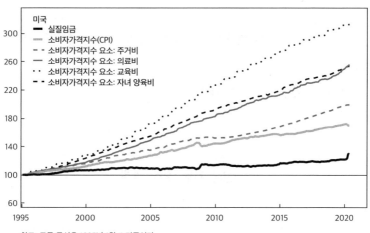

〈그림 2.2〉 중산층 재화 가격 인상

미국
- 실질임금
- 소비자가격지수(CPI)
- 소비자가격지수 요소: 주거비
- 소비자가격지수 요소: 의료비
- 소비자가격지수 요소: 교육비
- 소비자가격지수 요소: 자녀 양육비

참고: 모든 곡선은 1995년 1월=1 기준이다.
ⓒ매크로본드(Macrobond)
BCA리서치의 출판 허가를 받은 자료

나는 위에 언급한 과거 10년 주기 추세를 통해 정치 및 지정학을 시장 외부 요소로 취급하는 것은 옳지 않다는 결론을 내렸다. 지정학을 내부에 적용하는 유일한 방법은 지정학의 광범위한 영향력을 인정하는 것이다. 지정학은 시장 요인부터 지정학을 연구하는 개인에 이르기까지 모든 것에 영향을 미친다.

나는 나의 투자 관점과 이를 뒷받침하는 정치적 가정이 정확한지를 알아봐야 했다. 그래서 멘토가 요청한 사업 계획을 거절하고 이렇게 제안했다.

"우리는 정책입안자들이 원하는 바가 아니라 물질적 현실을 고려했을 때 그들이 해야 할 것을 바탕으로 시장 거래를 하고 예측해야 합니다."

멘토는 나무 위에서 앨리스를 내려다보는 체셔 고양이처럼 나를 쳐다봤다.

"그래서 어떻게 그렇게 할 건가?"

첫 번째 기둥, 물질 세계

니콜로 마키아벨리의 『군주론』은 현대 정치 이론의 기초다. 마키아벨리는 통치 행위는 포르투나와 비르투의 상호작용이라고 상정한다. 포르투나는 강과 같다. '강이 분노하면 평야는 물에 잠기고 나무와 건물은 무너지고 강둑은 다른 곳으로 쓸려가 버린다. 모두가 강이 범람하기 전에 달아나거나 저항도 못하고 굴복한다.' 하지만 아직 희망은 있다. 만약 군주가 홍수에 대비해 '맑은 날 둑을 쌓아 범람하는 물길을 잡아 줄 대비책'을 만든다면 군주는 포르투나를 극복할 수 있다.[48]

마키아벨리는 포르투나와 비르투가 동등하다고 봤다. '우리에게 자유의지가 있는 한 운명은 우리 행동의 절반만을 관장하고 나머지 절반은 우리 스스로 결정할 수 있다.'[51] 군주는 운명을 조종할 수 있는 자유의지를 갖는다.

『군주론』은 정치 및 지정학 예측에 대한 논문이 아니라 권력을 쟁취하고 보전하는 것에 대한 방법서다. 『군주론』의 원문에서는 비르투를 중요하게 다룬다. 하지만 나는 비르투를 예측에 적용하는 데 의문을 품었다. 게다가 커리어 초기에 국제적인 사건들을 짚어 본 바에 의하면 훌륭한 정책입안자들조차도 포르투나의 물질적 현실에 굴복했다. 반대로 무능력한 정책입안자들도 시장과 경제와 정치적 제약에 묶여 종국에는 옳은 일을 했다. 경제학자인 허브 스테인이 말한 것처럼 지속 가능하지 않은 것은 멈추게 되어 있었다.[51]

『군주론』을 처음 읽은 25년 전부터 마키아벨리의 포르투나와 강에 대한 비유를 마음에 품어 왔다. 만약 예측가가 강의 흐름을 예상할 수 있다면 정책입안자의 행동을 예측하는 길도 절반 넘게 온 것이 아닐까?

언덕 위에서 커다란 맥주잔을 든 거인을 상상해 보라. 거인이 맥주잔을 기울이면 맥주가 쏟아져 내린다. 만약 내가 그 언덕에 대해 알고 있다면 나는 맥주가 어떻게 흘러갈지 예측할 수 있다. 맥주는 언덕의 지형이라는 물질적 현실에 영향을 받을 것이고, 저항이 가장 적은 길을 따라 흐를 것이다.

마키아벨리의 주장처럼 최종 결정을 할 때 포르투나의 흐름이 군주의 비르투만큼 중요할 수 있다. 그러나 예측은 정책입안자들의 반응이 아닌 지형, 즉 포르투나에서 시작하는 것이 합당하다. 정책입안자들이 포르투나에 보이는 반응은 홍수의 파생품이고, 홍수를 이해하기 위해서는 반드시 지형을 이해해야 한다.

칼 마르크스는 지형을 잘 이해한 사상가로 포르투나가 흐르는 지형을 분석하는 데 탁월한 스승이다. 나는 그의 분석을 제약 프레임워크의 첫 번째 기둥으로 삼았다.[51] 마르크스는 『자본론』에서 산업혁명 이후에 세계가 어떻게 작동하는지를 설명한다. 그는 복잡하고 다소 애매모호한 개념인 자본주의를 가장 기본적인 단위로 나눈다. 그는 이때 유물론적 접근법을 사용했고 관념에 대한 질적인 연구는 거의 하지 않았다. 그는 9장을 할애해 자본주의를 성분과 재료와 요소로 분해했다. 이 과정에서 마르크스는 가격, 돈, 노동, 생산수단과 같은 자본주의를 뒷받침하는 물질적 현실에 집중한다. 마지막으로 그는 자본주의 체제에 모순이 있음을 밝히고 위기가 닥쳐올 것이라는 예측으로 『자본론』을 결론짓는다.

이 흥미로운 결론을 두고 많은 이가 잉크와 피를 쏟아 가며 논쟁했다. 하지만 제약 프레임워크와 관련한 것은 『자본론』의 결론이 아니라 결론에 동력을 제공하는 엔진, 바로 유물론적 변증법이다. 마르크스의 변증법은 흔히 '정반합'이라 불리는 헤겔의 변증법과는 반대된다. 두 변증법 모두 인간의 역사와 사회가 진리를 정의하는 방식을 이해하고자 하지만 헤겔은 인간의 사상, 즉 관념으로부터 진리 탐구를 시작한다. 헤겔은 마키아벨리와 마찬가지로 행위자를 소유자로 본다. 헤겔의 세계관에 따르면 강력한 소수와 대중의 이념적 선호가 역사에 영향을 미친다. 존 케인스의 명언을 빌려 설명하면, "경제학자와 정치 철학자의 생각이 옳건 그르건 이들은 일반적으로 이해되는 것보다 훨씬 강력한 영향력을 발휘한다. 진정 세상은 소수에 의해 지배된다. 어떤 지적 영향력으로부터든 자유롭다고 여기는 실용적인 사람들은 대개 죽은 경제학자들의 노예다."[52]

마르크스의 『자본론』은 관념이 인간의 역사를 만든다는 개념을 뒤집었다는 점에서 혁신적이다. 마르크스와 그의 협력자인 프리드리히 엥겔스는 관념이 아닌 물질적 세상이 연구의 시작점이 되어야 한다고 역설했다.

유물론적 변증법을 어떻게 설명할까? 마르크스 사상에서 물질적 세상—사회의 생산수단—은 모든 사상, 규범, 가치, 제도를 궁극적으로는 떠받치는 튼튼한 기초다.[53] 마르크스에 의하면 유럽의 봉건제도는 인간의 사유가 아니라 중세 시대에 존재했던 생산수단에 의해 탄생했다. 봉건주의 사회의 모든 비물질적인 요소, 즉 문화는 물질적인 생산수단을 위해 만들어진 사유의 헤게모니를 강화한다. 헤겔의 이론은 달걀이라는 관념이 닭보다 먼저 존재한다고 보는 반면, 마르크스의 이론은 달걀을 낳을 관념을 가진 것은 물질적인 닭이라고 반박한다.

독자들이 잠들면 안 되니 변증법에 대한 토론은 짧게 마치겠다. 게다가 변증법에 대한 나의 설명은 정치 이론 대학원 과정의 기준에도 전혀 미치지 못한다. (나의 전 교수님과 전 세계의 학계 종사자에게 진심으로 사죄한다.) 단 핵심은 유물론적 변증법이 제약 프레임워크를 구성하는 주요 기둥이라는 것이다. 제약 프레임워크는 관념적인 세상이 아니라 물질적 세상에서부터 분석을 시작한다. 인간의 현실은 물질적 조건에 의해 만들어진다. 사상 체제—철학, 종교, 정치 정당 등—는 이러한 물질적 조건을 중심으로 발전한다. 그러므로 사상 체제는 물질적 조건의 파생품이라 할 수 있다. 이는 물질적 제약을 헤쳐 나가기 위해 그저 '생각'하거나 '선호'할 수는 없다는 뜻이다.

프롤레타리아혁명에 대한 예측에서 마르크스가 완전히 틀린 것은 아니다. 그는 설득력 있게 자본주의를 묘사했는데, 특히 근로자의 소득과 고용자의 누적 소득 사이의 긴장 상태와 이것이 경제 내 총수요 수준에 미치는 영향에 대해 훌륭하게 묘사했다. 실제로 (나를 포함한) 어떤 이들은 경제에서 기업이 얻는 수익과 노동자가 얻는 수익 사이의 격차가 지속 불가능할 정도로 지나치다고 말한다(〈그림 2.3〉).

마르크스는 물질적 세상에 집중해 20세기를 지배한 혼동을 예측했다. 그렇다. 그의 예측은 틀렸고, 그는 절망적일 만큼 권위적이었다. 하지만 그는 노동자들이 거의 보호받지 못하고 정치력도 없던 19세기의 상황이 지속되지 않을 것임은 정확하게 고찰했다.

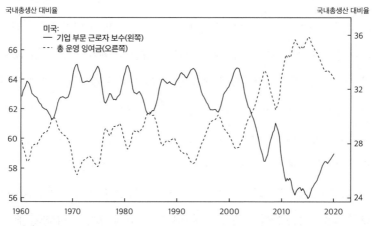

〈그림 2.3〉 지속 불가능한 것은 멈출 것이다

ⓒ매크로본드
BCA리서치의 출판 허가를 받은 자료

두 번째 기둥, 제한적인 정보에 대한 진단

수량화에 익숙한 투자자는 물질적 세계에 맞춰진 초점을 환영할 것이다. 제약은 관찰 가능하며 실증적이다. 이러한 제약을 찾으려면 투자자들은 실제 세계를 최대한 관찰해야 한다. 그렇지 않겠는가? 내 대답은 아니다. 관찰 가능한 데이터가 모두 동등하게 만들어지지는 않으며, 정보를 더 많이 가지고 있다고 해서 항상 더 나은 예측 결과를 얻는 것도 아니다. 이때 중요한 것은 데이터의 양이 아니라 질이다. 완전한 데이터를 얻을 수 없는 상황에서는 더욱 그렇다.

CIA의 매뉴얼인 『CIA 심리학』의 저자 리처즈 휴어 주니어는 일생 동안 정보분석가의 판단력 향상을 위해 일했다. 휴어는 판단력에 대해 이렇게 말했다.

"분석가들은 지식의 공백을 메우기 위해 판단력을 활용한다. 판단은 주어진 정보를 넘어서는 행위이며, 판단력은 불확실성에 대처하는 주요한 수단이 된다."

그는 또 이렇게 덧붙였다.

"정보 수집의 최종 목표는 완전한 지식이지만 실제로 이 목표에 도달하는 일은 거의 없다."[54]

휴어는 거의 50년간 CIA에서 일하며 정치분석과 예측에 대해 연구했다. 그는 불확실성과 질 좋은 정보가 부족한 상황과 개념 중심 분석—데이터 중심과 반대 개념—에 능했다. 그는 정보국에서 일하며 분명하고 양적인 하드 데이터와 반대되는 애매하고 질적인 소프트 데이터에 의존해야 했다. 휴어는 이러한 어려움을 회피하거나 질적인 데이터를 양적인 데이터에 억지로 끼워 맞추는 대신 정보분석에 대한 체계적인 접근법을 개발했다.

휴어는 물질적 제약에 대해 직접적으로 언급하지는 않지만, 정보국에서 완전한 정보를 바탕으로 분석을 수행하는 경우는 거의 없다고 단언한다. 휴어는 이와 관련해 모든 정치 및 지정학 분석가가 명심해야 할 두 가지 개념을 소개한다. 첫째, 더 많은 정보를 가지고 있다고 해서 반드시 분석에 도움되는 것은 아니다. 정보가 많으면 보다 확신에 찰 수는 있겠지만 그렇다고 예측의 정확성이 높아지지는 않는다. 둘째, 데이터의 질이 중요하다. 그리고 질을 결정하는 중요 요인은 제약 프레임워크의 두 번째 기둥인 진단성이다. 진단성은 '분석가가 대립가설Alternative hypothesis의 상대적인 예로 들어, 가능성을 결정하는 데 어떤 증거가 기여한 정도'다.[55]

휴어는 열이 나는 환자로 이를 설명한다. 38도 이상의 체온을 유발하는 질병은 여러 가지이므로 열이 난다는 사실의 진단성은 제한적이다. 정보 부족과 정보 진단성은 투자자들과 정부가 지원하는 정보국에 접근할 수 없는 이들에게 중요한 개념이다. 거의 무제한의 예산과 위성사진과 거대한 감시망과 전 세계 웹 접근성이 없는 아웃사이더 정보원들은 항상 제한된 정보를 가지고 일한다. 따라서 어떤 정보가 실제로 진단성이 있는지를 이해하는 것은 매우 중요하다. 진단성은 개연성이 낮거나 경쟁 관계에 있는 가설을 제외하는 데 도움이 된다. (이를 경합가설 분석이라 한다.) 이때 비진단 변수는 가설을 제외하는 데 도움이 되지 않는 변수다.

선호는 선택적이기 때문에 진단 변수가 아니다. 정책입안자들은 그들의 선호를 행동으로 옮길지 선택할 수 있다. 선호 같은 변수가 비진단적인 이유는 결과에 전혀 영향을 미치지 않을지도 모르는 변수를 바탕으로 가설을 제외하는 것은 불가능하기 때문이다. 이와 반대로 제약은 선호가 결과에 영향을 미칠지를 결정하는 문지기와 같다. 제약의 진단성은 매우 높다. 왜냐하면 선호에 바탕을 둔 결과는 제약에 따라 달라지기 때문이다.

트럼프는 왜 오바마 케어를 폐지하지 못했나?

오바마케어, 즉 건강보험개혁법 폐지에 대한 도널드 트럼프 대통령의 선호는 어떠한지 알아보자. 2017년 분석가들은 트럼프의 선언문에서 그가 오바마케어 폐지를 선호하고 있음을 쉽게 감지했다. 하지만 이를 둘러싼 트럼프의 진실성, 헌신도, 통증 역치[56]에 대해 판단하는 것은 불가능했다. 게다가 오바마케어는 정부의 재정지원 혜택이다. 미국 역사상 정책입안자들이 재정지원 혜택을 폐지한 사례는 많지 않다.

트럼프가 오바마케어를 폐지하고자 하는 선호에는 대중의 지지를 잃을 위험과 부족한 의회 의석수라는 물질적 제약이 있었다. 트럼프가 이끄는 공화당은 2017년에 상원의원에서 과반수를 차지했고, 이로써 오바마케어를 폐지할 수적 우세를 갖췄다.[57] 하지만 과반수라 해도 의석수

차이가 크게 나지는 않았다. 트럼프에 적대적인 존 매케인 같은 온건파 공화당 상원의원이 불러온 정치적 리스크 때문에 오바마케어 폐지안은 49대 51로 상원의회를 통과하지 못했다.

공화당은 오바마케어가 시작된 2010년부터 2017년 여름까지 70회나 이를 폐지하고자 했다. 하지만 공화당이 상원의원 과반수를 차지하고 트럼프가 대통령직에 오르는 조건이 모두 구비되었음에도 불구하고 오바마케어 폐지에 실패했다. 오바마케어를 폐지하고자 하는 트럼프 대통령과 공화당의 선호를 고려했을 때, 이는 많은 투자자에게 놀라운 결과였다. 투자자들은 선호의 중요성을 과대평가하고 진단성을 고려하지 않아 잘못된 계산을 했다. 휴어가 말했다시피 정책입안자의 성향만 고려해 가설을 제외하는 것은 매우 어려운 일이다.

반면에 물질적 제약은 진단성 수준이 매우 높다. 선택할 수 있는 것이 아니기 때문이다. 2017년 트럼프 대통령이 오바마케어에 대한 자신의 마음을 바꿀 수는 있어도, 온건 공화당 의원인 수전 콜린스와 리사 머코스키와 존 매케인을 사라지게 할 수는 없었다. 게다가 공화당이 마침내 오바마케어를 폐지할 수 있을 만큼 정치자본을 확보했던 2017년 중반에는 오바마케어가 대중적으로 인기를 얻었다. 공화당이 의료보험시스템을 재고한 2018년 무렵에는 중간선거가 시작되었고 오바마케어에 대한 지지가 치솟았다(〈그림 2.4〉).

진단성은 제약 프레임워크의 두 번째 기둥이다. 휴어는 제약 프레임워크의 세 번째 기둥에 대해서도 짧게 언급했다. 그는 저서의 후반부에 이렇게 적었다.

〈그림 2.4〉 오바마케어에 대한 대중의 지지가 물질적 제약이 되었다

ⒸKFF(카이저가족재단)
클락타워 그룹의 출판 허가를 받은 자료

"사람들은 다른 이의 행동을 관찰할 때 개략적인 성격이나 기질이 행동을 결정한다는 추론에 지나치게 의지한다. 사람들은 또한 다른 상황에서도 성격이나 기질이 행동을 결정할 것이라고 생각한다. 다른 이들의 행동 선택에 영향을 미치는 외부 환경에 대한 고려가 부족하다."

세 번째 기둥, 사람이 아닌 상황을 믿어라

제약 프레임워크를 구성하는 세 번째 기둥은 사회심리학 분야에서 차용한 기본적 귀인 오류다. 이 내용의 대부분은 사회심리학자인 리 로스와 리처드 니스벳의 『사람일까 상황일까』에서 가져왔다.

로스와 니스벳은 사회심리학 실험을 통해 많은 통찰력 있는 결과를 도출했는데, 그중에서 물질적 제약 프레임워크를 가장 잘 설명하는 것은 프린스턴 신학대학 실험이다. 1970년대 초반, 행동과학자인 존 달리와 다니엘 뱃슨은 매우 흥미로운 실험을 구상했다.[58] 실험이 행해진 곳은 프린스턴 신학교였고, 실험 대상은 성직자가 될 신학생이었다. 신학생들은 캠퍼스 건너편에 있는 강의실에서 설교를 해야 했고, 학과 선배들이 이를 평가할 것이었다. 신학생들에게는 설교를 준비할 시간이 주어졌다. 그리고 준비 시간이 끝났을 때 3분의 1의 학생들에게는 그들이 매우 늦었고 선배들이 벌써 기다리고 있으니 즉시 출발해야 한다고 말했다. 다른 3분의 1의 학생들에게는 곧 출발하지 않으면 늦을 것이라고 말했고, 나머지 3분의 1의 학생들에게는 서두를 것 없이 천천히 가도 된다고 말했다.

달리와 뱃슨은 시간 제약이 행동에 어떤 영향을 미치는지 시험하기 위해 이 실험을 구상했다. 각각의 학생들은 설교를 하러 가는 길에 도움이 필요한 환자를 마주쳤다. 시간에 쫓겨 스트레스를 받은 학생 집단에서는 10%의 학생이 환자를 돕기 위해 멈춰 섰다. 시간에 쫓기되 스트레스를 받지 않은 학생 집단에서는 45%가 환자를 도왔다. 마지막으로 서두르지 않았던 학생 집단에서는 63%의 학생이 도움을 주기 위해 멈춰 섰다.

여기서 기억해야 할 점은 모두 신에게 헌신하기로 한 젊은이고, 따라서 이들은 착한 사마리아인처럼 될 성향이 있다는 것이다. 신학생들의 성격과 선호를 고려했을 때 이들은 캠퍼스에서 낯선 이를 도울 것이었다. 신학생들이 준비해야 했던 설교의 주제는 무엇일까? 바로 신약성서 누가복음 10장 29~37절에 나오는 착한 사마리아인의 이야기였다. 신학생들은 정확히 '옳은 일'을 하도록 준비되었다.

로스와 니스벳은 상황이 사람보다 더 나은 지표라는 것을 예시와 연구를 통해 여러 차례 증명했다. 개인이 처한 상황은 성격, 배경, 종교, 양육 환경보다 행동에 더 많은 영향을 미친다. 신학생들의 진로를 고려했을 때 실험 대상의 대부분은 어려운 상황에 놓인 사람을 도와주고 싶었을 것이다. 게다가 갓 설교를 준비했으니 착한 사마리아인이 되어야 한다는 것도 잘 알고 있었을 것이다. 하지만 시간이라는 물질적 제약 앞에서 그들의 선호는 굴복하고 말았다.

로스와 니스벳은 신학생 실험 및 다른 사례를 통해 기본적 귀인 오류라는 개념을 도입했다. 기본적 귀인 오류는 분석가가 현실 세계에서의 결과물이 개별 행위자의 성격과 기질과 기분에 기인한다고 볼 때 범하는 실수다. 이때 개인의 심리적 양상은 외부 상황보다 중시된다. 즉 사람이 상황보다 우월한 위치를 점하는 것이다.

정치분석을 할 때 기본적 귀인 오류에 빠지기 쉽다. 이는 뉴스 미디어에서 사건을 의인화하고 상황 대신 사람에 대한 이야기를 전하는 일이 잦기 때문이다. 하지만 연기자가 없으면 이야기의 상업성이 떨어진다. 저널리스트들은 그저 독자들이 원하는 것을 제공하는 것이고, 독자들은 사람이 중요하며 결정론적 상황에서 사람이 승리함을 재확인하고 싶어 한다. 하지만 지정학 분석가는 이런 변명을 해서는 안 된다.

지정학 분석의 잘못된 사례, 북한 김정은

기본적 귀인 오류의 예는 미디어와 가짜 지정학 분석에서 찾아보기 쉽다.

■ 김정은은 와일드카드다

2013년 초 미국 미디어는 북한과 미국의 대치 가능성에 강박적으로 사로잡혔다. 당시에는 북한의 젊은 지도자인 김정은에 대해 알려진 바가 거의 없었고, 분석가들은 김정은이 리더십을 강화하기 위해 극적인 행동을 취할까 염려했다. 평양발 선전물은 이러한 불확실성에 불을 붙였고, 인물 중심 분석을 뒷받침했다.

하지만 당시 상황을 들여다보면 김정은의 선호가 무엇이든 그의 앞에는 상당한 제약이 놓여 있었다. 2013년 북한이 보유한 탄도미사일 기술은 제한적이었다. 또한 북한의 재래식 군사력은 포병력을 제외하고는 미약한 수준이었다. (현재도 마찬가지다.) 북한의 명목상 동맹군인 중국도 동일하게 제약을 보내왔다. 중국은 한국과의 대치에 반대했고 앞으로도 그럴 것이다. 한반도에서의 대치 상황은 미국이 동북아시아 주둔군을 늘릴 명분을 제공할 것이었다. 게다가 한국의 지리와 인구구조를 고려했을 때 어떤 분쟁 상황이든 빠르게 확대될 것이고 따라서 한국과 북한이 일시적인 군사 분쟁에 휘말리기는 매우 어렵다. 이러한 상황에서는 긴장 상태가 전쟁으로 이어지지는 않을 것이다. 왜냐하면 서울이 사실상 북한의 재래식 포병대의 공격에 노출되어 있기 때문에 한국은 분쟁의 기미가 보이면 바로 북한을 선제공격해 북한 김

씨 왕권에 종지부를 찍으려 할 것이기 때문이다.

2017년 트럼프 대통령과 김정은 사이에서도 같은 논리와 제약이 펼쳐졌다. 미디어에서는 쉴 새 없이 트럼프 대통령이 불장난을 한다고 비난했지만 백악관의 허세는 궁극적으로 정확하게 맞아떨어졌다. 왜냐하면 김정은은 결코 무력을 사용하거나 그가 선호하는 바나 잠재적인 비이성을 추구하지도 않았기 때문이다. 궁극적으로 김정은은 제약 상황을 극복할 수 없었던 것이다.

2 이스라엘 강경파가 이란을 공격하려 한다

적어도 2011년 이후 이스라엘의 일방적인 이란 공격은 시장 내 가장 큰 꼬리 위험[59]이었다. 2012년 초반에 미디어는 이스라엘의 선전 문구를 강조해 보도했고 석유 시장은 상당한 리스크 프리미엄을 보였다. 투자자들이 이스라엘의 선전 문구를 액면가 그대로 받아들인 것이다. 투자자들은 벤자민 네타냐후 이스라엘 총리가 이란의 핵 프로그램을 실재 위협으로 간주하는 강경파로 돌아섰다고 생각했다. 이 상황을 지켜보던 사람들은 네타냐후 총리와 아마디네자드 이란 대통령의 성격에 대해 크게 떠들었다. 이들은 네타냐후 총리는 이스라엘의 존재를 위협하는 지역 경쟁 구도를 용납하지 않을 것이고, 아마디네자드 대통령은 세상에 종말을 야기하고 마흐디[60]의 재림을 서두른다고 말했다.[61]

투자자들은 이스라엘과 이란의 선전 문구를 지나치게 강조한 나머지 제약이 되는 상황을 간과했다. 이스라엘에는 전략 폭격기가 없었고—현재도 마찬가지다—이란을 향한 군사 공격 문제는 복잡해졌다. 그리고 아랍의 봄에서 탄생한 군사력이 궁극적으로 시리아 내전과 이슬람 국가의 탄생으로 귀결되었다. 시리아와 이슬람 국가는 비논리적인 이란의 핵 위협보다 이스라엘에 근접한 위협이었다. 마지막으로 이란은 묵시적 핵보유국이 되었다. 2011년 12월 이란은 이스라엘이 침범할 수 없는 포르도Fordow 지하 핵 시설을 완공했다. 이 시점에서 이스라엘이 이란을 공격한다면 이란은 결국 핵무기를 고안하고 말 것이었다.

❸ 블라디미르 푸틴이 소련을 재건하려 한다

지난 10년을 돌아봤을 때 기본적 귀인 오류의 가장 명백한 예는 블라디미르 푸틴 대통령의 전략적 사고에 대한 일반적인 분석이다. 그중에서도 가장 잘못된 의견은 1999년에 권력을 잡은 푸틴 대통령이 공산주의 왕국을 재건하려 한다는 것이다. 이러한 의견을 피력하는 사람들은 소련의 2008년 조지아 침공과 2014년 크림반도 점령과 뒤이은 전 소련 국가들에 대한 내정간섭을 증거로 삼는다. 이들에 따르면 다음 차례는 발트해 연안 국가일 것이었다.[62]

푸틴 대통령이 소련에 대한 향수를 바탕으로 정책을 수립한다 해도 러시아는 다양한 제약에 직면해 있다. 주요 제약은 러시아와 유럽의 상징적인 경제 관계다. 대부분의 전문가는 러시아가 유럽과의 관계에서 우위를 점한다고 보지만 사실 러시아가 유럽 내 송유관을 유지하는 데는 독일의 입김이 크게 작용한다. 2019년 최소 80%의 러시아산 천연가스가 유럽으로 향했고 그중 절반은 독일로 갔다. 이러한 상황에서 대유럽 수출을 멈추는 것은 경제적 자살행위에 가깝다.[63]

또 다른 비교적 덜 제약적인 상황은 러시아의 군사력이다. 1990년대 이후 러시아는 군사력을 개선하기는 했지만 광활한 영토의 국경을 지키기 위한 역량은 갖추지 못했다. 러시아는 돈바스에도 겨우 개입했는데, 우크라이나 군대가 러시아 용병과 비공식 민병대들을 저지했다. 참고로 우크라이나군은 장비나 사기 면에서 유럽에서 가장 낮은 수준이다.

제약 프레임워크의 세 번째 기둥은 기본적 귀인 오류를 인지하고 회피하는 것이다. 분석가는 정치와 지정학을 예측하기 위해 기본적 귀인 오류를 피하고, 사람이 아닌 상황에 집중해야 한다.

제약 프레임워크의 세 기둥 정리

제약 프레임워크는 과학적이거나 양적이지는 않지만 나는 이를 통해 세상을 이해했다. 나의 제약 프레임워크는 유물론적 변증법과 정보방법론과 사회심리학을 종합한다. 그리고 약간의 주술도 더했다! 나는 나의 프레임워크가 불확실하고 정밀하지 않음을 계속 경고할 것이다. 엄청난 발명을 했다고 떠벌린다는 오해는 받고 싶지 않으니 말이다.

하지만 그렇다고 해서 제약 프레임워크가 하늘에서 뚝 떨어진 것은 아니다. 이 프레임워크는 미친 듯이 철학적(유물론적 변증법)이고 실재(가설 검증하며)하며 경험적인(사회심리) 방법을 포함한다.

제약 프레임워크의 세 가지 기둥을 요약하자면 다음과 같다.

1 유물론적 변증법

지정학 분석의 시작점은 항상 물질세계에 뿌리내려야 한다. 현실이 마르크스가 강조한 것처럼 생산수단일 필요는 없지만 경험적이어야 한다. 투자자들은 항상 어느 상황에서든 불변의 실재, 즉 제약을 추구해야 한다. 경제적 제약이 항상 가장 중요한 것은 아니다. 경제적 제약 외에 다른 유형의 제약도 있다.

2 진단성

투자자와 정치 예측을 하는 이들은 정보가 부족하고 데이터의 질이 낮은 상황에서 누군가의 머릿속에 담긴 경험적 데이터가 아니라 사실에 근거한 반복적인 데이터에 집중해야 한다. 가설이 틀렸음을 적절하게 증명하기 위해서 투자자들은 진단성이 높은 데이터에 집중해야 한다. 정책입안자의 선호는 진단성이 낮고, 제약은 진단성이 높다.

3 사회심리

사회심리학자들은 인간의 행동은 사람이 아니라 배경과 상황에 의해 결정된다고 강력하게 주장한다. 그러므로 투자자들과 지정학적 통찰력을 얻고자 하는 이들은 선호가 아닌 제약에 초점을 맞춰야 한다.

위의 세 가지 기둥은 영원히 진한 글씨로 강조될 아래 문구를 뒷받침한다.

'선호는 선택적이며 제약 조건에 따라 달라진다. 하지만 제약은 선택

적이지도 않고 선호에 따라 달라지지도 않는다.'

수학적으로 본 제약 프레임워크

예측에 대한 어떤 책도 수학을 피해 갈 수는 없다. 금융계와 학계가 때때로 지나치게 수학적인 상황에서 나는 나의 프레임워크에 과학이라는 가짜 장식을 더하고 싶지도 않다. 하지만 동료 예측가들과의 신념을 지키기 위해 이 책에도 공식적인 논리를 포함해야 한다는 의무감이 든다. 그래서 나는 이 책의 한 부분을 할애해 수학 할당량을 채울 것이고[64] 위에서 언급한 문구를 공식화할 것이다.[65] 선호모델에서 의사결정자인 X가 선호하는 결과를 얻을 확률은 Y이며 이를 $P(Y)$라 한다. 이때 $P(Y)$를 구하는 방정식은 다음과 같다.

$$P(Y)=p_x(y)p_y(Y)$$

$P_x(y)$는 X가 행동 y를 선호하는 확률이고 $P_y(Y)$는 행동 y를 취했을 때 X가 선호하는 결과인 Y가 나올 확률이다. 나는 이 방정식을 '선호모델'이라고 부르는데, 이는 의사결정자가 그의 행동 y를 통제할 수는 있지만, 행동이 결과를 결정하는 직접적이고 유일한 변수는 아니기 때문이다. 이때 행동뿐만 아니라 의사결정자의 선호도 행동에 영향을 미쳐

결과를 결정한다.

한편 '제약모델'은 의사결정자의 행동 y에 제약을 두는 변수를 도입한다. 이러한 제약 변수는 Z라 한다. 예를 들어 '비'라는 제약 Z는 '달리기를 한다'는 운동선수의 선호 행동 y에 영향을 미칠 것이다. 행동 $P_y(Y)$에 단일 선호도 $P_x(Y)$를 적용하면 운동선수의 결정에 영향을 미칠 날씨와 같은 숨은 변수를 무시하게 된다.

선호모델에 의해 움직이는 세상은 다음과 같을 것이다. 어린아이가 조랑말을 사고자 할 때 결과 $P(Y)$는 아이가 조랑말을 사는 것이다. 왜냐하면 운전 가능 연령, 부모의 허락, 할부 금융에 대한 접근성, 문서 해독력 등 물질적 제약이 결과에 영향을 미치지 못하기 때문이다.

제약모델은 물질적 제약이 의사결정 과정과 최종 결과물에 어떻게 작용하는지 설명한다.

$$P(Y) = \sum_z p_x(y|Z) p_y(Y|Z) p_z(Z)$$

위 모델은 Z가 참이고 결과 Y에 영향을 미치는 확률을 $p_z(Z)$라 할 때, 모든 가능한 제약인 (Z)를 더한 것이다. 여기서 선호와 행동은 선호모델에서와 같이 정의되지만 그 값은 새로 더해진 제약에 따라 달라진다. 이때 중요한 점은 새로 더해진 요소, 즉 제약으로 인해 두 모델의 방정식이 달라졌고 따라서 두 모델은 각기 다른 결과를 예측한다는 것이다.

만약 선호모델에서 각각의 제약에 선호를 더한다면 $p_x(y) = \sum z p_x(y|Z)$

과 $p_y(y)=\Sigma zpy(Y|Z)$가 된다. 그러면 선호모델과 제약모델의 확률 $P(Y)$는 제약이 무관할 때에만 같은 결과를 보인다($Z=0$이거나 총제약이 의사결정에 전혀 영향을 미치지 않는다).

한 예로 나는 NBA를 매우 좋아해서 어릴 적부터 경기를 봐 왔다. 옛날에는 선수들이 항상 치고받곤 했다. 샤킬 오닐은 찰스 바클리의 목을 거의 꺾었고, 크리스 차일즈는 위대한 블랙 맘바인 코비 브라이언트의 얼굴을 두 차례 가격했다. 그때는 1990년대였고, 시간을 조금 더 거슬러 1980년대로 가면 싸움은 더 거칠었다.[66] 오늘날 NBA에서도 일촉즉발의 상황은 흔하지만 진짜 싸움으로 이어지는 경우는 거의 없다. 과격해 보이기만 하고 외려 서로 싸움을 말리는 일이 많다. 실제로 선수들은 거칠게 으르렁거리면서 동료 선수들과 심판이 그들을 갈라놓기를 참을성 있게 기다린다. 안전거리를 두고 서로에게 소리 지를 수 있기 때문이다.

그러면 어떻게 선호모델과 제약모델로 이 상황을 설명할까?

1 선호모델

선호모델에서 y는 X의 싸우려는 선호이고 Y는 실제로 싸움이 터지는 최종 결과다. 선수들이 자주 취하는 자세에서 볼 때 이들은 진정 싸우고 싶어 하는 것 같다. 따라서 $P_x(y)=1$이다. 하지만 최종 결과가 싸움으로 이어지는 일은 거의 없다. 그러므로 $P(Y)\approx1$다. 이러한 선호와 결과 사이의 간극은 싸움을 하고 싶다고 해서 실제 싸움으로 이어지기는 어렵다는 것을 보여 준다. 따라서 선호모델이 균형을 이루기 위해 $p_y(Y)$는 0에 가까워야 한다[$P_y(Y)\approx$ 0]. 하지만 이 모델은 1980년대의 농구 경기처럼 싸움을 선호하면 실제로 싸우는 결과로 이어질 때 $p_y(Y)$가 0이어야 하는 이유를 설명하지 못한다. 선호모델로는 X의 싸우려는 강한 선호에도 불구하고 싸움을 말리는 팀원을 설명할 방법이 없다.

❷ 제약모델

사실 농구선수 X의 싸우려는 선호는 그를 말릴 팀원의 유무와 관련 있다. 만약 $Z=0$(가까이에 팀원이 없는 경우)이면 $p_x(y|Z=0)=0$이다. 즉 X는 싸울 의지가 없다는 뜻이다. 하지만 만약 근처에 팀원이 있다면 $(Z=1)$, $p_x(y|Z=1)=1$이다. 하지만 내가 수년간 열심히 경기를 살펴본 결과 팀원들이 근처에 있으면 X를 말리기 때문에 싸움이 나지 않는다. 따라서 $p_y(Y|Z=1)\approx0$이다. 팀원들이 근처에 없는 $p_y(Y|Z=0)=1$에는 X가 싸우기를 선호하면 싸움이 날 수도 있다. 제약모델은 선호모델과는 달리 경기장에서 일어나는 일을 정확하게 설명한다.

$$P(Y)=\sum_{z=0,1} p_x(yvertZ)p_y(YvertZ);$$
$$=p_x(yvertZ=0)p_y(YvertZ=0)+p_x(yvertZ=1)p_y(YvertZ=1);=0$$

NBA 경기 중에 싸움이 나지 않는 이유는 싸우려는 선호와 실제로 싸울 확률 사이에 상관관계가 없기 때문이다. 이 상황을 이렇게 말할 수도 있겠다.

"누가 나 좀 말려 줘…."

어디서 들어 본 적 있는 말이지 않은가? 그렇다. 지정학의 세계는 "누가 나 좀 말려 줘"라고 말하는 상황으로 가득 차 있다. 각국의 지도자는 서로를 조롱하고 실현할 의지도 없는 공격적인 정책을 펼치겠노라고 말한다. 때때로 선전 문구는 선전을 위해서가 아니라 상대방을 협상 테이블로 불러들이기 위해 사용된다.

위의 내용은 행위자의 선호를 아는 것만으로 그의 궁극적인 행동을 결정하기에는 부족하다는 것을 증명한다. **선호는 선택적이며 제약 조건에 따라 달라진다. 하지만 제약은 선택적이지도 않고 선호에 따라 달라지지도 않는다.** 그러므로 투자자들은 선호가 아닌 제약에 대해 공부해야 한다.

이제 어디로 가야 할까?

방정식으로 설명한 바와 같이 제약 프레임워크에는 의사결정자의 사상, 성장 환경, 문화, 종교와 같은 선호가 잠재적으로 영향을 미칠 여지가 있다. 이는 제약 프레임워크가 정책입안자의 심리를 파고드는 분석가들을 향한 존경심을 담고 있다는 말이다. 예측을 고려할 때 좋은 전기나 역사책은 항상 좋은 출발점이 된다. 그리고 제약 프레임워크를 사용하기 위해서는 지식이 필요하다. (지식을 쌓기 위해서는 독서를 많이 해야 한다. 책을 통해 배운 것만큼 오래가는 것도 없다. 그러니 모두 책을 읽어라!)

그러나 이러한 지식에는 한계가 있고, 분석가와 행위자 사이에 반드시 필요한 객관적인 거리가 생긴다. 인물 중심 분석은 선호에 경험적으로 접근하기 어렵다는 문제가 있다. 선호의 조작화도 쉽지 않다. 트럼프 대통령의 저서인 『거래의 기술』을 읽으면 그의 선호와 행동과 성향에 대한 중요한 통찰력을 얻을 수 있지만, 그렇다고 그가 이란을 공격할지, 법인세를 인하할지, 오바마케어를 폐지할지, 중국에 관세를 부과할지, 캐나다를 침략할지, 열병처럼 COVID-19가 퍼지게 할 것인지를 예측하기는 어렵다. 트럼프는 이 모든 것을 하고 싶어 할지도 모른다. 하지만 우리는 그가 실제 선호를 행동으로 옮기는 데 있어 제한 요소인 물질적 제약은 알 수 없다. 선호 중심 분석은 예측의 시작점이다. 하지만 이는 유명 인사당 한두 번이면 족하다. 선호 중심 분석을 여러 번 할 필요는 없다.

이 책의 나머지 장에서는 실제 제약에 대해 다룰 것이다. 나는 예측에서 중요한 다섯 가지 물질적 제약—정치, 경제, 금융, 지정학, 헌법 및 법—에 이어 와일드카드 제약인 테러리스트와 팬데믹도 살펴볼 것이다. 각 주제는 가장 중요한 것이 먼저 나오도록 배열되었다. 각 장에서는 제약의 작동 원리와 측정 방법에 대해 다룬다. 또한 어떻게 제약이 과거에 중요한 예측을 하는 데 그리고 미래를 예측하는 데 도움을 주는지에 대해서도 논할 것이다.

그 전에 지정학적 사건을 예측하는 정보원과 통찰력에 중점을 둔 다른 프레임워크에 대해 알아보기로 하자.

Chapter 3

오즈의 마법사

"내가 아는 한 가장 값비싼 상품은 정보다."

_영화 <월 스트리트> 중에서

    많은 투자자는 정치 및 지정학과 관련해 고든 게코[67]의 말을 심각하게 받아들인다. 많은 이가 유리한 고지에 서기 위해서는 현장에서 얻은 통찰력이 중요하다고 입을 모은다. 아는 사람이 있다면 더 좋다. 왜냐하면 게코에 의하면 정치는 예측 불가능한 것이고 정보 수집을 통해서만 명료해지는 것이기 때문이다.

    매년 사람들은 자신의 경험과 인맥을 바탕으로 긴 사설을 늘어놓는 원로들과의 노변정담에 수십억 달러를 지불한다. (노변정담의 주인공은 거의 항상 나이가 지긋한 남성인데 이들은 광고에서 약속한 만큼 현명하지 않다.) 당신도 만나 봤을 것이다. 그들이 초면부터 유명인을 들먹이는 속도만 봐도 알 수 있다. 공작새가 암컷을 유혹하기 위해 깃털을 펼치듯 이들은 화려한 언변으로 네트워킹 기술을 선보이며 프레임워크를 모르는 사람들을 유혹한다. 이런 걸 '헛소리'라고 한다. 나는 정치 컨설턴트가 숨을 고르기도 전에 유명인을 세 명 들먹이면 대화 내내 농구에 대해 생각한다.

이 장에서는 정보모델의 한계에 대해 설명할 것이지만 분명히 해 둘 것은 정보가 없으면 정치분석은 불가능하다. 나는 정치 컨설턴트들이 작성한 현장 조사서를 많이 읽는다. 그리고 나는 어떤 조사서가 행동 가능하고 가치 있는지 분명히 안다. 나는 컨설턴트의 도움을 구하려는 사람들을 말리려는 게 아니다. 이 장은 단순히 투자자들에게 정보모델의 단점에 대해 주의를 주려는 것이다. 나의 목표는 투자자들과 기업인들에게 컨설턴트의 블랙박스를 여는 도구를 제공하는 것이다. 그러면 투자자들은 무엇이 기본이고 더 좋은지 알 수 있을 것이다. 투자자들은 제약 프레임워크를 통해 전문가에게 맹목적으로 의지하는 대신 이들을 비판적으로 평가하고 통찰력을 얻을 수 있다.

정보와 투자

정보에 중점을 둔 정치 및 지정학 분석에는 다섯 가지 단점이 있다. 투자자들이 외부 전문가의 도움을 받아야 하는 것은 분명하다. 하지만 이때 무엇을 기대해야 하는지를 알아야 한다.

첫째, 외부 전문가가 회의실에서 무슨 말을 하든 그는 진짜 정보를 가지고 있지 않다. 만약 그가 정부 정보원이거나 최고 기밀 정보를 공유했다면 그는 범죄를 저지른 것이다. 컨설턴트들이 공식적인 정보원이 아니라고 해서 그들이 가진 정보가 틀렸다거나 쓸모없다는 뜻은 아니다. 하지만 그들은 진짜 정보원이 가진 중요한 자료에 접근할 수 없다. 그러므로 정보 중심 분석은 통계적으로 유의하지 않다. 정보 중심 분석을 잘하는 컨설턴트는 흔치 않다.[68] 정부에서 일하는 정보원들은 거의 무제한의 자금을 들여 연구하지만 컨설턴트들은 그렇지 않다. 아는 바가 있다고 한들 이들이 인적, 전자적, 신호 정보 모자이크에 접근권을 가진 공공 정보 조직과 같을 수 없다. 영화 〈월 스트리트〉에서 게코는 어린 후계자인 버드 폭스를 꾸짖으며 말한다.

"너희 아버지가 그 회사 노조 간부는 아닌 모양이지. 맞나?"

당신이 고용한 컨설턴트는 말레이시아에 대한 아주 좋은 정보를 가지고 있을지도 모른다. 하지만 당신이 인도네시아에 대해 물어보면 쩔쩔맬 것이다.

좋은 정치 컨설턴트와 나쁜 정치 컨설턴트를 구분 짓는 기준은 겸손함이다. 행동이 겸손해야 한다는 말이 아니다. 컨설턴트는 지적인 겸손함, 즉 의심을 바탕으로 분석을 수행해야 한다. 만약 당신의 컨설턴트가 시나리오 분석이나 의사결정 나무 없이 강력하게 의견을 피력한다면, 그는 겸손하지 않으며 통계적으로 유의하지 않은 의견을 과장하는 것이다. 진짜 전문가는 다양한 시나리오나 주목해야 할 데이터나 확률로 표시된 의사결정 나무를 제시할 것이다. 이 책의 후반부에서 좋은 분석의 예를 보여 줄 것이다.

둘째, 1장에서 언급한 정치 및 지정학적 패러다임 전환으로 인해 시장 관련 쟁점이 경제개발의 프런티어에서 중심부로 옮겨 왔다. 규모가 작고 개발이 덜 된 국가에서는 대통령의 7촌 사촌의 미미한 식견을 토대로 기업과 관련된 의사결정을 하는 것이 말이 될지도 모른다. 하지만 가장 유동적인 G20 국가의 복잡한 정치 및 경제 시스템 아래서는 권력 앞에 놓인 제약이 매우 크다. 실제로 G20 국가에서는 인맥이 좋은 정보원이 오히려 투자자를 기만하기도 한다. 정보원의 관점은 편견을 강화하고 부정확한 예측의 실현 가능성을 부풀려 정보에 의존한 투자자의 앞길을 막기도 한다.

셋째, 정보 중심 예측은 깔때기 현상으로 이어지기도 한다. 즉 소수의 혹은 단 하나의 출처에서 나온 정보가 지나치게 단순화되고 대량으로 전파된다. 행동 가능한 정보를 가진 사람이 단 한 명의 최종 사용자와 정보를 공유하는 일은 없다. 이들은 자신의 식견을 늘리고 최대한 많은 투자자에게 정보를 제공해 이익을 본다. 이러한 상황은 예측이 옳든 그르든 투자자들에게 불리하다. 만약 정보가 정확하다면 시장은 이미 사건이 발생하기 전에 수익을 가격에 반영할 것이다. 2019년 아르헨티나의 현지에서 보내온 통찰력처럼 정보가 틀렸다면 시장은 아수라장이 될 것이다.

넷째, 정책입안자와 시장은 반사적 관계에 있다. 이는 정책입안자들이 종종 시장을 이용해 정치적 상대방을 강제한다는 뜻이다. 유로존 위기를 두고 벌어진 그리스와 독일의 치킨게임에서 투자자들이 유용한 정보를 얻기 위해 정책입안자들과 이야기하는 것은 무용하다. 각국은 국제적인 대중의 지지를 얻기 위해 호기를 부려 각자의 이야기를 만들어 낸다. 정책입안자들은 자기광고를 하는 일이 잦다. 그래서 그들이 하는 말에는 소금을 잔뜩 쳐 간을 해야 한다. 정치 컨설턴트들이 막후 협상실에서 듣고 전하는 말도 마찬가지다. 최고경영자가 분기 연설에서 하는 호언장담을 믿지 않는다면 정부 공무원을 믿을 이유도 없다.

마지막으로 당신이 마주한 사람이 진짜 전문가라는 보장이 없다. CNBC나 블룸버그에 나오는 사람이 전문가라고 확신하는가? 그는 박사과정을 그만두고 4만 2,000달러를 받으며 지식 노동 착취를 당하는 27살 젊은이일 수도 있다.

이 마지막 문제부터 자세히 살펴보도록 하자.

가짜 전문가

베이리스 퍼슬리를 만난 것은 텍사스에서 경험한 최고의 일이었다. 우리는 첫 직장인 스트랫포에서 같이 일했다. 나는 유럽 담당이었고, 그는 북아프리카 담당이었다. 여기서 '담당'은 공식 직함이 아니다. 스트랫포에는 이미 사하라 이남 지역 분석가[69]가 있었고, 베이리스가 근면함과 열정을 내세워 승진할 때가 되자 북아프리카 업무가 주어졌다. 베이리스는 지적이고, 통찰력 있으며, 말도 안 되게 대인관계—정보 중심 분석에는 별 도움이 안 되지만—에 능숙했다. 하지만 그는 북아프리카 문제에 대해서는 초보자였다.

2010년 12월 17일 노점상 청년 모하메드 부아지지가 분신자살을 했다. 부아지지의 절망적인 몸부림은 아랍의 봄을 불러왔고 베이리스 파슬리가 세상에 나섰다. 몇 달 사이에 그는 모든 주요 뉴스에 등장해 날로 심각해지는 북아프리카 위기에 대해 논했다. 그야말로 사방팔방에서 그를 볼 수 있었다. 3년 후인 2014년 12월 베이리스는 한 라디오 인터뷰에서 리비아에서 재발한 분쟁에 대해 다음과 같이 말했다.

"2011년 이후 리비아의 석유 생산량은 극명하게 감소했다. 출처에 따라 다르지만 리비아는 현재 하루에 18만에서 35만 배럴의 석유를 생산한다. 이전에는 하루에 160만 배럴을 생산했고 그중 130만 배럴을 수출했다. 석유는 리비아가 현금을 벌어들이는 원천이다. 그러므로 리비아의 중앙정부는 부를 배분하고 치안을 유지하기 어려울 것이다. 하지만 문제는 여기에 있다. 현재 리비아에는 중앙정부가 없다. 리비아는 완전히 혼돈의 상태에 있다. 언제 어디서든 총을 가진 자가 실질적으로 국가의 지도자가 된다."[70]

베이리스는 리비아에 대해 이미 아는, 영양가 없는 내용으로 대답했다. 조금도 흥미롭지 않았다. 텔레비전과 라디오에 나오는 전문가들은 항상 덜 중요한 것들에 대해 말한다.[71] 2014년 12월에 베이리스는 이미 스트랫포를 떠나 경기장 및 체육관에 특화된 소프트웨어 회사의 영업부 전무로 일하고 있었다. 그렇다. 그해에 내 친구가 북아프리카와 관련되어 한 일이라고는 쿠스쿠스를 주문한 것뿐이었다.

베이리스는 장난을 좋아해서 방송국에서 연락이 왔을 때 리비아에 대한 라디오 인터뷰를 하면 웃길 것이라고 생각했다. 비록 그가 지정학 컨설팅업계를 떠났지만 말이다. 그 방송국은 분명히 대학교 방송국이었을 것이다! 주근깨 난 어린 방송부 학생이 내 친구 베이리스에 대한 조사를 하지 않았고, 베이리스가 일하는 '파픽 앤 파슬리'라는 컨설팅사가 장난전화에 능숙하다는 것을 알아차리지 못했을 것이다.[72] 하지만 그 방송국은 BBC였다. 내 친구 베이리스는 수억 명이 청취하는 BBC 라디오를 상대로 장난을 친 것이다.[73]

나는 BBC에서 일하는 착한 사람들에게 망신을 주려는 게 아니다. 우리는 모두 실수하기 마련이고, 이 이야기는 뉴스 소비자들에게 '뉴스에 나오는 전문가를 조심하라'는 교훈을 준다.

기자들은 마감일을 지켜야 한다. 그래서 기자들은 종종 적임자가 아니라 가장 구하기 쉬운 사람을 텔레비전에 내세운다. 나도 방송 시작 전에 진행자와 출연자가 담소를 주고받는 방송국 휴게실에 있어 봤다. 방송 시간이 다가오자 진행자는 나에게 단호하게 답하라고 지시했다. 어떤 진행자는 이렇게 말하기도 했다.

"그리스 사람들이 물건을 부수고 미쳐 날뛰는 화면을 준비했으니 당신의 의견을 영상에 맞춰 주세요."

미디어는 내러티브를 판다. 그러니까 미디어의 내러티브를 들을 때는 주의해야 한다. 만약 미디어가 준비한 내러티브가 COVID-19로 전 세계에서 수백만 명이 목숨을 잃을 거라는 내용이라면, 이에 반대하는 전염병 학자의 의견이 전면에 나오지는 않을 것이다. 전염병 학자의 의견은 편집되어 삭제되거나 14번째 문장에 반대 의견 정도로 실릴 것이다. 기자들은 어떻게 내러티브를 만들고 전달하는지 잘 안다. 기자들이 내러티브를 만드는 이유는 어떤 가짜 음모론 때문이 아니라 내러티브가 클릭 수를 결정하기 때문이다. 구글과 페이스북이 광고 수익에 목말라 하는 오늘날, 클릭 수는 중요한 통화다.

기자들의 덜 상업적인 관점에 대한 처사는 방송 출연자의 등장 시간에 대한 문제를 야기한다. 연구에 따르면 방송에 자주 출연하는 전문가일수록 정확한 예측을 할 가능성이 낮다. 전문가에 대한 전문가인 필립 테틀록은 그의 저서 『전문가의 정치적 판단력Expert Political Judgment』에서 뉴스 미디어에 자주 등장하는 분석가가 특히 예측을 잘못한다고 강조했다. 결국 엔터테인먼트와 클릭 수와 시청자의 반응에 대한 것인 미디어는 전문가가 간결하고, 유려하며, 극적이고, 자신감에 가득 차기를 원하기 때문이다.

테틀록이 뉴스 미디어에 등장하는 예측가를 무시하는 것에 더해 나는 오피니언 칼럼을 쓰는 이들도 무시한다. 매주 사설을 쓰는 지정학적 예측가가 세상이 끝난 게 아니라든가, 모두가 두려워하는 위기가 중요하지 않다고 주장할 리 없다. 최악의 예측을 하는 집단은 오피니언 칼럼을 넘어서 정책 제안을 하는 분석가들이다. 예측가가 분석을 정책 제안으로 더럽히면 나는 그들의 예측을 심각하게 받아들이지 않는다.

관계자

2019년 여름 정치 베팅 시장은 '노딜 브렉시트' 가능성을 최고 45%

로 점쳤다. 박빙의 승부였다(〈그림 3.1〉). 노딜 브렉시트는 영국이 EU와의 경제 관계를 규제할 '딜'에 이르지 못한 채 EU에서 탈퇴한다는 뜻이었다. 그러면 금융시장은 불안정해지고 재화와 서비스에 대한 관세가 늘 것이었다.

〈그림 3.1〉 **노딜 브렉시트 히스테리**

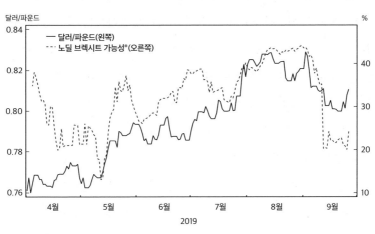

* 28개 베팅 사이트의 평균 확률
ⓒ아드체커, 매크로본드
클락타워 그룹의 출판 허가를 받은 자료

그해 여름 나는 여러 지인과 이야기를 나눴는데, 다우닝 스트리트 10번지에 연줄이 닿은 사람들은 비관적인 의견을 보였다. 이들은 두 가지 인물 중심 이론을 내세웠는데 두 이론 모두 최종 결과를 점치는 데 도움이 되지 않았다. 첫 번째 이론은 보리스 존슨 신임 영국 총리가 무능력해서 큰 그림을 볼 수 없다는 것이었다. 그리고 두 번째 이론은 라스푸틴[74] 같은 도미닉 커밍스 보좌관이 하드 브렉시트를 원했다는 것이다. 9월 5일 보리스 존슨은 EU에 브렉시트 연기를 부탁하느니 차라리 죽겠다고 말해 비관론에 힘을 실었다.[75]

돌아보면 존슨이 한 말은 매수 신호였다. 시장은 곧 존슨의 허세가 다른 문제에 대한 것이었고, 존슨이 자기광고를 하고 있었음을 눈치챘다. 존슨은 강경한 자세를 취해 여럿을 상대로 다양한 이익을 취했다. 존슨의 언행이 일치했는지 여부와 상관없이 그에게 돌아오는 이익은 그대로였다. 존슨의 발언은 그의 내각 관료들이 기자들과 정보를 수집하던 지정학 분석가들에게 전한 우려처럼 진단성이 없었다. 왜냐하면 그가 언급한 선호와 행동이 연결되지 않았기 때문이다.

당시 보리스 존슨은 매우 예외적이고 어려운 3단계 게임을 하고 있었다.[76] 그는 무역 협상을 위해 EU라는 외부 세력뿐만 아니라 반대당이라는 내부 세력도 상대해야 했다. 그는 브렉시트 '딜'과 '노딜'을 두고 펼쳐진 토리당 내부의 갈등도 봉합해야 했다. 영국 전문가들은 존슨과 도미닉 커밍스 보좌관이 정당의 기본 방침을 어긴다고 비판했다. 하지만 나는 이 비판에 동의하지 않았다. 존슨은 매우 어려운 문제에 직면해 있었다. 〈그림 3.2〉는 브렉시트당이 6월 내내 전국 여론조사에서 선두를 차지했음을 보여 준다. 이는 브렉시트당이 창설된 지 겨우 6달밖에 되지 않았음을 감안할 때 지각변동과 같았다. 영국의 단순다수대표제 선거 체제를 고려했을 때 브렉시트당이 전국 투표에서 20%만 득표해도 토리당에 타격을 입힐 것이었다.[77]

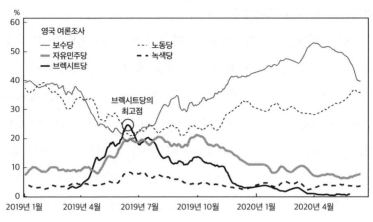

〈그림 3.2〉 존슨이 허세를 부린 진짜 이유

©브리튼 일렉츠(Britain Elects), 매크로본드
클락타워 그룹의 출판 허가를 받은 자료

토리당은 영국의 현대 역사 내내 단순다수대표제의 혜택을 입었다. 전통적으로 표심이 갈린 곳은 좌파였다. 노동당, 자유민주당, 스코틀랜드국민당, 녹색당, 웨일스민족당 모두 중도 노선에서 좌파 사이에 분포한 투표자를 두고 경쟁했다. 경쟁을 해 본 적이 없는 토리당에게 브렉시트당이 20%의 표심을 얻었다는 사실은 굉장한 충격이었다.[78]

토리당의 내부 정치 측면에서 보면 존슨의 발언과 그의 진지함을 보도한 현장 보고서는 이치에 맞다. 만약 브렉시트당이 얻은 최고 26%의 표심이 노딜 브렉시트 지지층을 대변한다면, 이는 존슨이 EU와의 관계 단절을 원하는 전체 인구의 4분의 1이 넘는 유권자를 상대하고 있다는 뜻이다. 유권자의 26%만이 지지하는 정책을 추구하는 것은 어리석고

매우 위험하다. 하지만 사전 선거운동이라는 상황에서는 타당한 결정이었고, 존슨도 이를 깨달았을 것이다.

토리 정치라는 제약을 고려했을 때 존슨의 게임이론은 이성적이었다. 그는 강경한 성향을 드러내 정치적으로 혜택을 입었다. 존슨의 허세와 공격적인 자세는 소수의 노딜 브렉시트 지지층을 토리당으로 끌어들이기에 적합했다. 노딜 브렉시트 지지층이 토리당을 위해 투표한다면 존슨은 웨스트민스터에서 다수의 의원석을 차지할 수 있었다. 그리고 실제로 그렇게 되었다. 2019년 12월 12일 선거에서 존슨은 브렉시트 문제를 독점했고 브렉시트당은 고작 2%의 표를 받고 단 한 명의 의원도 배출하지 못했다.

이 사례는 정책입안자들이 어떻게 일을 하는지 단적으로 보여 준다. 존슨은 그의 허세를 이용해 브렉시트 딜의 운전대를 잡았다. 그의 전임자인 테레사 메이는 실패했던 일이다.[79] 존슨은 브렉시트 딜을 마무리하기 위해 영국과 전 세계에 그가 강경파임을 각인시켜야 했다.

6월에 내가 런던에서 받은 정보는 이러한 토리당의 내부 전략이 아니었다. 나는 인맥이 넓은 헤지펀드 매니저 여럿과 이야기를 나눴는데 그들은 다우닝가 10번지의 관계자나 심지어는 내부자와 말했다며 나를 안심시켰다. 관계자 및 내부자의 메시지는 절망적이었다. 가장 인맥이 넓은 정치 컨설턴트도 노딜 브렉시트 가능성이 몹시 높다는 메시지를 전했다.

내가 존슨 행정부와 가까운 사람들로부터 얻은 정보를 안 믿은 것은 아니다. 나는 존슨 행정부가 노딜 브렉시트 가능성을 높게 본다는 것을 이해했다. 다만 나는 이를 무시했을 뿐이다. 그들은 물질적 제약에 묶인 죄수이며 자신들이 제약을 바꿀 수 없는 무력한 존재임을 모르고 있다. 존슨의 제약을 감안했을 때 높아지는 노딜 브렉시트 가능성에 돈을 걸어서는 안 되었다. 토리당이 잠재적으로 급진적인 선호를 가진 새 지도자를 맞았다 해도 노딜 브렉시트에 대한 물질적 제약은 그대로였다. 노딜 브렉시트는 대중뿐만 아니라 웨스트민스터에서도 다수의 지지를 받지 못했다.

존슨의 허세는 비진단적이다. 이는 영리한 선거 전략이었지만 브렉시트 딜에 대한 최종 결정과는 아무 상관이 없었다.

깔때기 현상

현장에서 얻은 정보가 객관적이라고 생각하는가? 그 정보가 유일무이할까? 그 정보를 아는 사람이 당신뿐일까?

2019년에 가장 인기 있던 이머징마켓 투자 테마는 아르헨티나였다. 2015년 10월 25일 대통령에 당선된 마우리시오 마크리는 고통스러운 구조 조정을 시작했다. 보통 투자자들과 기자들은 180도 다른 이야기를 좋아하지만 정치계에서 이러한 사례를 찾기는 쉽지 않은데 마크리의 경우는 여기에 해당한다.

모든 투자자는 아르헨티나가 20세기 초입에 세계에서 가장 부유한 10개국 중 하나였다는 옛날이야기를 안다. 실제로 1950년 아르헨티나의 1인당 국내총생산은 한국보다 8배나 높았다(〈그림 3.3〉).

〈그림 3.3〉 **아르헨티나의 약속 대 현실**

1,000
달러

1인당 국내총생산(2011년 달러 기준)
— 아르헨티나
- - - 한국
— 대만

©메디슨 프로젝트 데이터베이스(Maddison Project Database)(2018년)
BCA리서치의 출판 허가를 받은 자료

방만한 경제 운영과 지켜지지 않은 약속의 50년을 뒤로하고 2015년 마크리의 당선은 변화를 예고했다. 정부 보조금 감소, 농산물 수출제한 철폐, 환율 조정, 수입 규제, 세제 개혁, 연금 개혁 등 마크리는 '충격요법'을 강행했다. 그 결과 경제성장은 지지부진해졌고 정치자본은 고갈되었다.

당시 국제경제 상황은 마크리 정부에 우호적이지 않았다. 2017년에 중국은 자체적인 구조 조정을 내세웠는데, 중국의 정책입안자들은 부양책보다 디레버리징[80]과 거시 건전성 정책을 선호했다. 연간 국제 성장 증가분에서 중국이 차지하는 비중은 미국과 EU와 일본을 모두 합한 것보다 컸다. 따라서 중국의 구조 조정은 국제 성장에 많은 영향을 받는 원자재 수출국에 불리하게 작용했다. 특히 국제 성장에 크게 의존하는 이머징마켓은 2018년과 2019년에 어려운 시기를 보냈다.

마크리의 정책을 둘러싼 제약에도 불구하고 2019년 내내 금융계에서는 마크리가 연임에 성공하고 개혁을 강화할 것이라는 소문이 자자했다. 나와 이야기를 나눈 대부분의 투자자는 마크리 행정부의 내부인과 가까운 관계였다. 마크리의 선거운동 본부와 연이 닿은 사람들도 있었다. 아르헨티나 재무부에서 들려온 소식도 긍정적이었고, 대부분의 정치 컨설팅사도 이에 동의했다. 특히 (영원히 그 이름을 밝힐 수 없는) 한 컨설팅사는 유독 자신만만했다.

나는 아르헨티나 전문가가 아니고, 마크리에 대해 브렉시트 참사에 필적할 만한 이야기를 할 처지가 못 된다. 그래서 나는 고객들에게 브렉시트에 대해서처럼 내러티브를 제공할 수는 없었지만 그래도 두 가지를 강조했다.

첫째, 2019년 아르헨티나의 고통 지수가 최고점을 찍었다(〈그림 3.4〉). 고통 지수는 정치 리스크를 측정하는 간단한 척도다. 고통 지수의 가장 큰 결함은 만성적으로 높은 실업과 인플레이션을 보이는 국가도 있다는 것이다. 고통 지수가 높다고 해서 국가가 멸망에 이르는 벼랑 끝에서 있다는 뜻은 아니다. 하지만 최근 아르헨티나에서 정치적으로 추진된 개혁이 별다른 결과를 보이지 않았다는 점과 고통 지수의 결과를 함께 살펴봤을 때 대중이 마크리에 등을 돌린다고 여길 만했다. 그런데 현

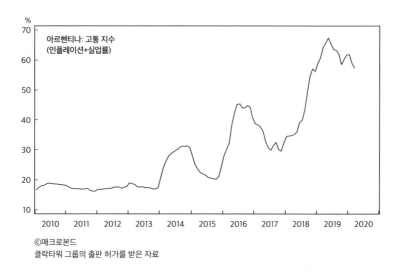

〈그림 3.4〉 **고통 지수는 거짓말하지 않는다**

%

아르헨티나: 고통 지수
(인플레이션+실업률)

©매크로본드
클락타워 그룹의 출판 허가를 받은 자료

지 정보원은 그렇지 않다고 전해 왔다.

　둘째, 이상하게도 3월경에 여론조사가 많이 진행되지 않았다. 블룸버그도 이를 이상히 여겨 6월에 '여론조사 결과가 미궁에 빠지며 아르헨티나 선거가 더욱 불분명해지다'라는 기사를 냈다.[81] 하지만 나와 이야기를 나눈 금융계 종사자 중 누구도 이를 의심하지 않았다. 그들은 마크리의 선거운동 본부나 빅데이터 집계 기업들이 실시한 내부 여론조사 결과를 안다고 했다. 빅데이터 집계 기업들은 2018년에 이웃 나라 브라질에서 자이르 보우소나루의 승리를 정확하게 예측했다. 그런데 나는 이러한 반응이 불편했다. 왜냐하면 여론조사는 거의 매번 후보자의 실적을 과장해서 나타내기 때문이다. 게다가 빅데이터 집계 기업들은 여론조사를 단 한 번만 진행했다. 이는 주기적으로 특정 국가에서 선거를 참관하는 기관이 진행하는 반복적인 여론조사와 비교했을 때 충분치 않다.

아르헨티나에서 의심스러운 일이 벌어지고 있는데 아무도 신경 쓰지 않는 듯했다. 그리고 예비선거에서 알베르토 페르난데스와 크리스티나 페르난데스가 마크리를 16% 차로 따돌리자 시장은 휘청거렸다. 예비선거 다음 주에 달러 대비 아르헨티나 페소의 가치는 26% 하락했고, 주요 자본시장 지수도 43% 이상 하락했다. 한 주요 헤지펀드는 8월 한 달에만 10억 달러 이상을 손해 봤다.

그 후 몇 달 동안 헤지펀드들은 마크리를 두고 큰 도박을 벌인 이유에 대해 대고객 해명문을 내놓았다. 대부분의 헤지펀드는 이 사건이 블랙스완이었다고 변명했다. 아무도 '현지 정보'라고 그럴싸하게 포장된 이야기를 전한 내부인에게 당했다고 인정하지 않았다.

금융계는 아르헨티나를 보며 멋있는 공급 중심 정책이 장애를 극복하고, 포퓰리스트와 수요 중심 정책을 격파하고, 아름답지만 침체된 시장을 구해 영원히 행복하게 살았다는 이야기에 사로잡혔다. 이념적 편견도 이러한 아수라장에서 한몫했다. 내가 마크리의 승리에 감히 의심의 눈초리를 보내자 한 대규모 헤지펀드의 최고운용책임자는 나를 개혁을 믿지 않는 사회주의자라고 여겼고, 그 바람에 나는 헤지펀드 사무실에서 거의 쫓겨날 뻔했다.

금융계는 이미 마크리의 승리를 받아들일 준비를 마쳤고 현지 관계자와 연줄이 있는 컨설턴트의 확인만을 기다리고 있었다. 이렇게 정보

획득 과정에서 깔때기 효과가 발생했다. 확실한 증거는 없지만 아르헨티나에 긍정적이었던 이들은 부에노스아이레스나 해외에 있는 소수의 동일 인물과 이야기했을 것이다. 내가 헤지펀드 매니저들과 이야기할 때마다 그들은 아르헨티나는 괜찮다고 확신했다.

나도 다른 사람들처럼 부에노스아이레스에 가서 아르헨티나 스테이크에 말벡 와인을 곁들여 먹는 것을 좋아한다. 물론 현지에서 정보를 객관적으로만 수집한다면 맛있는 음식을 먹는 것처럼 직접 할 만한 가치가 있다. 하지만 굳이 부에노스아이레스에 가지 않더라도 아르헨티나의 고통 지수가 빨간불을 띠는 것은 알 수 있다.

내부자

2017년 투자자들은 트럼프 행정부가 법인세를 인하하는 세제 법안을 통과시키지 못할까 전전긍긍했다. 이들은 두 가지 이유를 들었다. 첫 번째는 오바마케어 폐지에 실패한 공화당의 무능함이었다. 공화당은 세제 개편과 오바마케어가 별개의 문제였음에도 세제 개편안이 통과될 가능성을 조정하고 이를 오바마케어 '폐지 및 대체 입법'의 실패 원인이라고 합리화했다. 두 번째 이유는 티 파티Tea Party였다.

2010년 티 파티의 난은 정부의 방만한 재정 정책에 반기를 들었다. 당시 미국 적자예산 수준은 10%에 달했고, 토크쇼에서는 미국과 그리스를 비교하기도 했다. 그런데 거기에 오바마 대통령이 사회주의자처럼 가난한 사람들을 위한 건강보험 혜택까지 확장한 것이다. 티 파티는 2010년부터 2017년까지 정치권을 장악했다. 도널드 트럼프의 대선 승리를 티 파티 운동의 정점이라고 보는 이들도 있다. 트럼프가 특별히 적자예산을 줄이겠다는 공약을 내걸지는 않았지만 말이다.

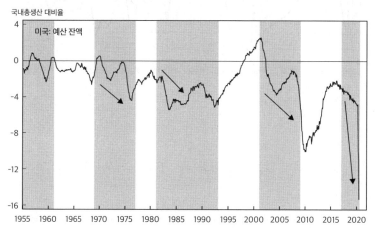

〈그림 3.5〉 공화당 대통령이 적자예산을 늘리다

참고: 공화당 대통령 임기는 회색으로 표시했다.
ⓒ매크로본드
BCA리서치의 출판 허가를 받은 자료

그런데 사람들이 일반적으로 생각하는 바와 달리, 공화당 대통령들이 적자예산을 줄이기는커녕 오히려 늘렸음을 나타내는 엄청난 증거가 있다(〈그림 3.5〉). 미국 대중은 공화당 출신 대통령이 백악관에 입성하는 순간 방만한 재정 운영에 대해 덜 염려한다. 하지만 민주당이 재정 적자

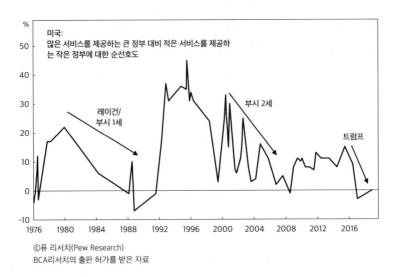

〈그림 3.6〉 유권자들이 환영하는 공화당의 방만한 재정 운영

미국:
많은 서비스를 제공하는 큰 정부 대비 적은 서비스를 제공하
는 작은 정부에 대한 순선호도

레이건/
부시 1세

부시 2세

트럼프

©퓨 리서치(Pew Research)
BCA리서치의 출판 허가를 받은 자료

에 대해 염려하지 않는다면, 공화당은 민주당의 적자에 대해 염려하지 않는다(〈그림 3.6〉).

2017년 초에 나는 책상 위에 대중의 믿음에 반하는 그림을 놓고 예측을 하나 했다. 바로 법인세가 인하될 것이라는 예측이다. 법인세 인하는 적자예산 폭을 늘릴 것이고 그러므로 부양책의 성격을 띨 것이었다.

투자자들은 생생한 티 파티에 대한 기억 때문에 나의 의견에 귀 기울이지 않았다. 공화당은 지난 7년 동안 적자예산에 대한 유권자 운동을 펼쳤다. 이 상황에서 어떻게 트럼프가 법인세 인하를 상쇄하는 지출 삭감안도 없이 세제 개편을 진행할 수 있겠는가? 게다가 오바마케어 폐지 실패를 기억하는 투자자들은 공화당이 무능력하다고 생각했다. 그리고 워싱턴 내부자와 인맥이 있다는 고객이 낭비성 세금인하에 반대하는 공화당원이 많다고 주장하자 아무도 나의 예측에 귀를 기울이지 않았다.

그러나 세금 감면에 대한 증거가 더 나왔다. 특히 티 파티와 연계된 프리덤 코커스의 회장인 마크 매도우, 백악관 비서실장이자 노스캐롤라이나 공화당 대표가 세제 개편안이 반드시 세수 중립적일 필요가 없다고 확언했다.[82] 그의 암묵적인 허가는 결정적이었다. 국회의원으로 구성된 티 파티 파벌의 수장이 예산을 다 써도 좋다는데 걱정할 일이 무엇이란 말인가?

법인세 인하에 대한 예측에는 많은 요소가 고려되었다. 그중에는 공화당이 상원 의석수의 반을 겨우 넘긴 상황에서 어떻게 예산조정제도를 이용해 법인세 감면안을 가결할 것인지에 대한 지루한 내용도 포함된다. 어쨌든 매도우의 발언은 결정적이었다. 2017년 8월 매도우와 다른 프리덤 코커스 회원들이 부채 상한선을 늘리는 안을 지지한다고 밝히자 나는 어느 공화당 하원의원도 적자예산을 늘리는 데 반대하지 않을 것임을 알았다.

법인세 인하에 대한 확실한 증거에도 불구하고 나의 확신이 흔들린 적이 있다. 나는 2017년 여름에 햄프턴에서 투자자와 정책입안자와 지도자급 인사가 모인 작은 행사에 참석했다. 음모론자들이 이 행사를 본다면 엘리트들이 새로운 세계의 질서를 유지하는 데 필요한 귀중한 정보를 교환한다고 생각할 만했다. 하지만 이곳에서 나온 정보는 우스꽝스러울 정도로 부적절했다.

이 행사의 마지막 연사는 백악관의 내부자였다. 그는 당시 트럼프 행정부의 일원은 아니었으나 대통령의 측근이었다. 그는 트럼프 행정부의 우선순위에 대한 자신의 생각을 밝혔다. 나는 내가 올해 가장 확신하는 일에 대해 질문을 하고 싶어 좀이 쑤셨다. 법인세가 인하될 것이고 이는 적자예산 폭을 늘리는 부양책의 성격을 띨 것이었다. 백악관 내부자가 연설을 마무리 짓자 나는 손을 들고 질문을 했다. 하지만 그의 답변은 실망스러웠다.

"전혀요. 장담컨대 세제 개편으로 인해 적자예산이 증가할 가능성은 0입니다. 보세요, 우리 정부 부채는 15조 달러가 넘어요. 그리스보다 더 하죠. 트럼프 대통령이 정부 부채를 늘릴 일은 전혀 없습니다. 법인세 인하안을 가결할 유일한 방법은 예산에서 지출 상쇄안을 마련하는 겁니다. 실망시켜 미안하지만 당신이 틀렸습니다."

나는 정말 크게 한 방 먹었다. 나의 분석은 우아하고 철저했으며 증거로 삼을 차트도 있었다. 그렇지만 주먹이 날아왔다! 연설이 끝난 후에 나는 내부자에게 가서 답변을 재고해 달라고 부탁했다. 마치 그의 마음을 바꾸면 그가 가진 정보가 바뀔 것처럼 말이다. 하지만 그는 말했다.

"마르코, 당신이 틀렸어요."

나는 마음이 상한 채 집에 돌아왔다. 잔잔한 대서양 바람도, 파스텔 색깔의 폴로 셔츠도, 우아한 카나페에도 마음이 풀리지 않았다. 깔끔하게 정리된 골프 클럽에도, 억만장자들과 어울려도 기분이 나아지지 않았다. 나는 사무실로 돌아와 팀을 소집하고 이렇게 말했다.

"빌어먹을, 우리가 틀렸을지도 몰라."

우리가 틀렸을까? 전혀 아니다!

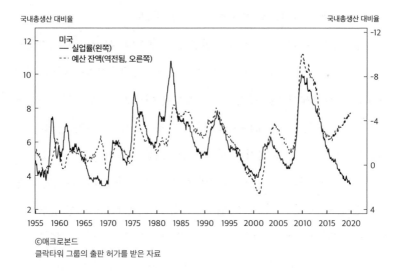

ⓒ매크로본드
클락타워 그룹의 출판 허가를 받은 자료

2017년 12월 19일 적자예산 폭을 넓히는 세제 개편안이 51대 48로 상원을 통과했다. 이에 S&P 500 지수는 한 달 동안 7%나 올랐고, 2018년 1월 26일에 최고치인 2872.87을 기록했다. 이러한 지수 상승에 편승하기 위해서는 법인세 인하를 정확하게 예측했어야 했다.

트럼프 대통령이 집권한 이래로 적자예산의 규모는 거의 두 배가 되었다. 2020년 초 적자예산은 불경기가 아닌 상황에서 가장 높은 수준에 이르렀다. 그리고 양당이 COVID-19 부양책을 지지하면서 적자예산은 더 늘어날 전망이다. 나는 적자예산이 국내총생산의 30%의 문턱까지 오를 것으로 예상한다. 〈그림 3.7〉은 이 상황이 얼마나 기이한지를 보여준다. 나는 이 그림에 트럼프 행정부가 펼친 방탕한 재정 정책의 참신함을 잘 담기 위해 COVID-19 경기침체 직전 시기까지만 포함했다. 방탕한 재정 정책은 팬데믹 이전에 이미 시작되었다.

보통 적자예산은 실업률과 상관관계를 보인다. 불경기가 시작되면 정부가 나서서 민간 부문에서 줄어든 수요를 상쇄하기 때문이다. 미국 정부는 거시경제적으로 합리화되는 상황이 아니었음에도 1960년대 후반 이후 처음으로 그때보다 훨씬 더 큰 폭으로 적자예산을 늘렸다. 이 때문에 미국은 다음 불경기에 재정적으로 운신할 폭이 매우 좁아졌다.

티 파티는 거의 10년 동안 오바마 행정부가 적자예산을 늘렸다고 장광설을 펼쳐 왔다. 하지만 티 파티는 공화당이 백악관에 입성하자 말을 바꿨다. 여기서 중요한 것은 모든 정책입안자가 위선자라는 것이다. 정책입안자들은 그들이 처한 제약적인 상황이 허락하는 한 최대로 밀어붙이고, 그 결과 때때로 모순적인 행동을 보인다.

이번 세제 개편안의 가결은 복잡한 미국 정치 시스템을 바나나 리퍼블릭의 정치처럼 분석할 수 없음을 보여 준다. 제아무리 백악관에 매일 출근하는 대통령의 측근이라도 완전히 틀린 정보를 제공한다. 내가 햄프턴에서 만난 내부자는 투자자들을 위해 예측하는 일을 하고 있다. 그는 여전히 대통령과의 연줄을 과시하고 잘못된 예측을 내놓으며 사업을 영위하고 있다. 그는 진정한 정보분석가와는 달리 시나리오나 확률을 제공하지 않고 오직 자신의 확신에 기대 의견을 제시한다.

스파이

미국 정부처럼 정보기관에 약 600억 달러를 쏟아부을 수 있는 사기업은 없다. 그리고 600억 달러 중 3분의 1은 CIA로 흘러 들어간다.[83]

CIA는 실제 정보를 바탕으로 예측을 수행하는데, 이는 CIA가 보유한 양질의 데이터가 통계 면에서 유의미하기 때문이다. CIA는 정보 요원이 가진 정보를 금융 거래나 도청된 신호 정보처럼 정량화한 데이터와 비교할 수 있다. 이러한 대조 조사를 통해 CIA 분석가들이 접근권을 갖는 데이터 모자이크가 만들어진다. (하지만 CIA처럼 최대 및 최고 데이터를 가진 공공 스파이 정보원들도 실수할 때가 있다. 그래서 2장에서 소개한 휴어는 CIA를 도와 분석가들이 데이터의 양에 집착하지 않도록 훈련시켰다.)

그런데 전문 분석가들이 공공 부문을 떠난 후에 사기업에 가치 있는 존재가 될지는 불분명하다. 고위직에 종사하다가 은퇴한 정책입안자나 정보원이 제공하는 정보도 미덥지 않다. 그들이 당신이 알고자 하는 문제에 직접적으로 연관되었는가? 그들이 정부에서 일할 때 사용했던 정보 모자이크에 아직도 접근할 수 있는가? 그렇다면 합법적으로 정보 모자이크를 당신과 공유할 수 있는가? 당신의 질문에 답하기 위해 팔을 걷어붙이고 밤을 새워 가며 일하는 대신 다른 책이나 쓰고 있는 것은 아닌가?

이러한 질문에 답하는 것은 불가능하다. 대부분의 정보원은 적어도 그들의 예측이 불확실하다는 것을 이해한다. 더불어 진정한 전문가는 겸손하며 시나리오에 바탕을 둔 분석 방법에 집중할 것이다. 시나리오에 바탕을 둔 접근법을 이용하는 분석가는 고객에게 주목해야 할 일련의 요소를 알려 준다. 그리고 이러한 요소들은 각기 다른 가설과 시나리오를 입증하는 변수가 된다.[84]

진정한 전문가들은 그들이 가진 유일무이한 정보나 출처를 대단치 않게 생각할 것이다. 그리고 이들은 프레임워크를 제공해 고객들로 하여금 예측 진행 과정을 짚어 보고 판단을 내리도록 할 것이다. 반면 수준 낮은 분석가는 정보의 출처인 인맥을 자랑하고, 예측에 자기 자신을 최대한 포함시켜 스스로가 중요한 존재처럼 보이게 한다. 대통령의 8촌을 또 누가 알겠는가?

예측에 대한 궁극적인 책임은 투자자에게 있다

내가 BCA리서치에서 처음으로 영업팀에 인사를 간 날 (알고 보니 회사에서 가장 잘나가는) 영업 직원이 물었다.

"당신은 어디에서 정보를 얻나요? 당신은 정보를 얻기 위해 누구와 이야기하죠?"

그녀의 단호한 목소리는 나에게 똑바로 하라고 말하는 듯했다. 나는 사실 그녀가 나에게 호의를 베풀었다는 것을 깨닫기 전까지 곤혹스러움을 느꼈다.

대부분의 투자자는 정치 및 지정학적인 식견을 갖기 위해서는 정보원을 거쳐야 한다고 생각한다. 투자자들은 몇 번이나 데이고도 계속해서 정보원에 대해 묻는다.

나는 최고경영자의 분기별 대담 속에 진실된 정보가 있다고 믿는 투자자를 본 적이 없다. 또한 대규모 헤지펀드 매니저가 블룸버그에 나와 어떤 기업의 주식을 사야 한다고 말하면, 내 주변의 경험 많은 동료들은 그 헤지펀드가 보유한 주식을 팔아야 해서 그렇게 말하는 것이라고 비웃었다. 투자자들은 정책입안자나 정치적 내부자가 하는 말도 이렇게 들어야 한다.

시장에 관해서라면 높은 수준의 헛소리 감지기를 갖춘 지식 공동체인 내부 투자자들도 워싱턴의 막후 협상실에서 들려오는 정보에 귀가 얇아진다. 그렇다고 사무실에 벽을 치고 외부와 단절된 채 의사결정 나무를 그리라는 말은 아니다. 다만 투자자들은 건전한 비관론으로 무장한 채 외부 세상의 다양한 측면에 접근해야 한다. 이와 관련해 나는 다음과 같은 세 가지 유형의 전문가를 추천한다.

1 학자

학계에는 과소평가된 전문가가 가득하다. 메이페어 식당에서 비싼 밥값을 내가며 말만 번지르르한 지정학 컨설턴트와 이야기를 나누는 대신 지난 20년간 당면한 문제에 대해 연구해 온 학자에게 이메일을 보내라. 학자들은 민간 부문과의 소통에 열려 있다. 그렇다고 명성이 자자한 최상급 학자에게 무턱대고 연락하지는 마라. 그들은 연구보다는 논평을 낼 가능성이 더 높다. 그보다는 연구에 헌신적이고, 시간을 들여 조사 내용에서 결론을 도출할 수 있는 사람에게 연락하라. 이때 주의할 점은 이들의 관점을 당신 자신의 제약 프레임워크에 적용해야 한다는 것이다. 전문가가 시장 반응에 대해서 말하게 두어서는 안 된다. 그들은 시장을 모른다.

② 기술 관료

은퇴한 정책입안자나 내부자와 이야기를 나누되 기대치를 조정하라. 유의미한 정보를 이용해 예측이 가능할 만큼 강력한 정보 모자이크를 만드는 것은 불가능하다. 만약 전 공무원과 이야기를 나누고 싶다면 최고위층보다는 두세 번째 직위의 기술 관료나 일반 관료를 찾으라. 최고위층 사람들은 이상주의자로 전통을 중시하며, 훌륭한 예측에 필요한 분석가나 정보와 동떨어진 경우가 많다. 그 대신 유명한 이름 뒤에 존재하는, 세상이 어떻게 돌아가는지 아는 기술 관료에게 연락하라. 적어도 이들은 자기가 하는 일에 대해 잘 안다.

③ 정책 전문가

일정 분야에 특화된 정보도 중요하다. 만약 특정 분야에 대한 정보가 필요하다면 정책 분석에 특성화된 컨설턴트를 고용해야 한다. 일반적으로 이들은 정책기관에서 일한 경험이 있으며, 복잡하고 오래된 정책 시스템을 잘 이해한다. 빅데이터를 이용해 정책 변화를 예측할 수 있다고 주장하는 컨설턴트는 걸러 내야 한다. 나는 이런 컨설턴트들을 믿지 않는다. 대신 정책이 만들어지는 과정을 아는 베테랑과 이야기하라!

이 장에서 말하고자 하는 바는 투자자나 기업가들이 이러한 정보를 찾지 말아야 한다는 것이 아니다. 오히려 배울 수 없는 것들에 대해 알기 위해 계속해서 컨설팅사를 고용해야 한다.

이 책은 정보원의 식견과 정보를 평가하는 방법을 담은 프레임워크를 제시한다. 가장 확실한 출처에서 나온 정보도 제약 프레임워크를 이용해 평가해 볼 수 있다. 당신은 정보원의 헛소리를 걸러 내고, 왜곡된 정보와 진단성 있는 정보를 식별할 수 있다. 즉 당신은 제약 프레임워크를 이용해 보다 영리하게 정보를 소비할 수 있다.

우리는 투자자로서 지는 수탁의무를 다른 이에게 위임할 수 없다. 예측에 대한 궁극적인 책임은 투자자에게 있다.

PART 2

제약

Chapter 4

정치

"레이몬드, 당신에게는 돈이 있을지 몰라도…
나에게는 권력이 있지."
_드라마 <하우스 오브 카드> 중에서

필립 테틀록은 그의 저서 『전문가의 정치적 판단력』에서 20년에 걸친 심리 연구를 바탕으로 '정치와 경제 추세에 대해 논평하거나 조언하는 전문가들'이 다른 이들보다 더 나은 예측가는 아니라고 주장한다.[85] 테틀록의 결론에 나는 기분이 복잡했다.[86]

테틀록의 책은 일반인이 막후 협상실에서 나오는 정보 없이도 행동 가능한 예측을 할 수 있기에 고무적이다. 전문가의 예측이 부정확하다는 것은 일반인이 전문가 수준의 예측을 내놓을 확률이 높다는 뜻이다. 그러니 전문가를 포함한 모든 이가 나의 책을 읽고 예측 실력을 늘릴 수 있을 것이다. 하지만 예측가인 나에게 테틀록의 책은 실망스러웠다. 왜냐하면 그의 책은 고객들이 나 같은 전문가에게 시간을 허비한다고 시사하기 때문이다!

그래도 나는 테틀록의 결론에서 위안을 받는다. 최악의 예측가는 '거창한 것 하나'를 아는 사람이고, 단 하나의 방법이나 이론에 기대는 사람이다.[87] 이들은 정확한 답을 찾는 대신 시간을 덜 들이고 이론을 덜 연구해도 되는 길을 찾는다. 테틀록에 의하면 좋은 예측가는 사소한 것 여러 개(요령)를 아는 사람이다. 이들은 거창한 이론에 회의적이며, 설명과 예측을 할 때 연역적 추론이 아니라 다양한 출처에서 나온 정보들을 조합하는 유연한 임기응변 방식을 택한다.[88] 만약 당신이 임기응변으로 정확한 예측을 하고 싶다면 나의 책이 딱 맞다. 이 책은 임기응변에 대한 다양한 내용을 포함하기 때문이다. 이 책은 이론서가 아니며, 단 하나의 이론을 바탕으로 진리를 추구하지도 않는다. 비록 2장에서 마르크스, 마키아벨리, 사회심리학자, CIA의 정보분석 매뉴얼에 대해 언급하기는 했지만 이 이론들은 모두 제약 프레임워크의 조립 발판이다.

2장에서 이 이론들이 제약 프레임워크를 구성하는 데 어떤 도움이 되었는지 살펴봤다. 하지만 지금은 프레임워크의 사용을 논하는 시점이기 때문에 기초가 되는 기둥은 덜 중요하다. 내가 이어 설명할 프레임워크를 사용하려면 관찰 가능하고, 물질적인 현상에 집중하고, 선호가 아닌 제약에 몰두해야 한다. 개별적인 선호는 오해의 소지가 다분하고 예측 불가능하기 때문에 신뢰할 수 없다. 왜냐하면 개별적인 선호는 관찰할 수 없고, 오직 행동을 통해서만 추론되기 때문이다. 선호를 추론했다하더라도 분석가들은 쉽게 귀인 오류에 빠지기도 하고, 제약에 의한 행동을 선호에 의한 것으로 오인하기도 한다.[89]

테틀록이 내가 소개할 제약 카테고리를 자랑스럽게 여겼으면 좋겠다. 나는 이어지는 다섯 장에서 각기 다른 카테고리를 제시할 것인데, 이 중 더 선호하는 이론이나 방법이 있는 것은 아니다.

나는 우선 몇 가지 정치적 제약에 테틀록이 제안한 임기응변 방법을 적용할 것이다. 그런데 모든 정치적 제약이 동등한 영향력을 발휘하지는 않는다. 가장 중요한 정치적 제약은 권력이다. 나는 수년간 프레임워크를 적용하며 이를 배웠다. 권력은 재산, 경제, 시장, 지정학, 인구 구조 등보다 더 중요하다. 또한 권력은 정책입안자 개개인의 선호를 지배한다. 왜냐하면 정책입안자들은 권력, 즉 정치자본 없이는 원하는 바를 이룰 수 없기 때문이다.

당신에게는 돈이 있지만 내게는 권력이 있다

드라마 〈하우스 오브 카드〉의 최고 장면은 가상의 미국 부통령인 프랭크 언더우드가 억만장자 대물인 레이몬드 터스크에 맞서는 장면이다. 이 대결에서 프랭크는 승리했고, 레이몬드는 패배했다. 프랭크는 마주 앉은 레이몬드에게 다음과 같이 말했다.

"레이몬드, 당신에게는 돈이 있을지 몰라도… 나에게는 권력이 있지."

정치는 다른 이들이 선호하지 않는 행동을 강요하는 힘, 즉 권력에 대한 학문이다. 그렇다. 돈도 중요하지만 돈만 있다고 권력을 가질 수는 없다. 소련이 미국에 핵 위협을 가하기 위해 필요한 것은 돈이 아니었다. 권력, 즉 정치자본은 경제력에 대한 것만은 아니다.

정치적 권력을 수량화하거나 이를 국가별로 비교하는 것은 투자자들에게 유용할지는 몰라도 쉽지 않다. 이보다는 각국의 물질적 권력을 비교하는 것이 더 간단하다. 정치자본은 모호한 개념이어서 측정하기 어렵다. 예를 들어 트럼프 대통령과 마크롱 대통령 중 누가 정책을 더 잘 입안하는지 어떻게 측정하겠는가?

투자자들에게는 이처럼 수량화하기 어려운 요소가 중요하다. 정치자본이 풍부한 정책입안자들은 구조개혁처럼 대중성이 떨어지는 정책을 펼칠 수 있다. 인기 없는 정책은 고통을 수반하지만, 장기적으로 경제와 국내 자산 및 통화에 긍정적인 영향을 미친다. 일례로 중국은 일당 체제를 통해 풍부한 정치자본을 보유했다.

이머징마켓의 외환 딜러는 정치자본에 민감하게 반응해야 한다. 왜냐하면 비교생산성 수준이 장기적인 환율의 움직임을 나타내는 지표이기 때문이다. 비교생산성 수준은 정책입안자가 생산성을 증진하는 정책을 추구하는지 여부에 따라 크게 달라진다.

'J 곡선'을 이용하면 구조개혁이나 논쟁의 여지가 있거나 인기 없는 정책을 이해하는 데 도움이 된다(〈그림 4.1〉). 정치인들이 어려운 정책을 펼칠 때마다 정치자본은 완전히 고갈되고, '위험 구간'에 들어선다. 위험 구간은 대중이 정책에 저항할 수도 있는 결정적인 순간이다. 2019년 아르헨티나 대선은 J 곡선의 좋은 예다. 마크리 대통령은 고통스러운 개혁을 감내하기에 충분한 정치자본을 보유했다고 생각했지만, 결국 위험 구간을 벗어나지 못하고 재선에 실패했다.

〈그림 4.1〉 **구조개혁의 J 곡선**

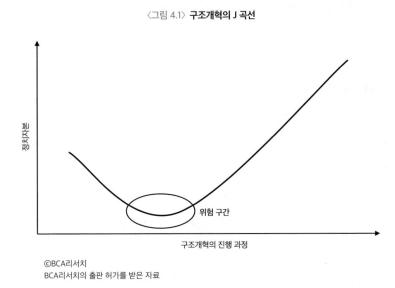

©BCA리서치
BCA리서치의 출판 허가를 받은 자료

만약 정책입안자들이 정치자본을 사용하는 시기와 이에 대한 대중의 반응을 안다면 투자자들은 어디에 투자하고 어떻게 기업을 경영할지에 대한 결정을 내릴 수 있을 것이다. 1995년 자크 시라크 대통령은 시위대에 맞서지 못했다. 2020년 마크롱 대통령은 과연 맞설 수 있을까? 할 수 있다.

정치자본을 측정하는 공인된 방법은 없다. 일부 정치과학자들이 리더십자본지수를 만들었지만 이는 조작화와 백테스트가 어렵고, 시장 관런 정책에 적용하기도 힘들다.[90] 만약 어딘가에 단순한 정치자본지수가 있다면 시간과 장소와 정치 시스템을 불문하고 사용할 수 있을 것이다. 하지만 이렇게 마법처럼 모든 것을 일망타진하는 지표는 없다. 그래서 나는 다양한 요소를 반영해 정치자본을 가늠하는 임기응변식 접근법을 사용한다.

◻1 대중성

대중의 지지를 받는 정책입안자들은 은행에 정치자본을 저축해 둔 것과 같다. 심지어 독재국가나 독재에 가까운 국가도 대중의 눈치를 본다. 사우디아라비아의 30세 미만 인구 중 50%와 중국 중산층의 50%가 개혁을 지지한다. 이들 국가에서 대중의 지지는 더욱 중요하다. 왜냐하면 대중의 지지를 잃으면 참담한 결과로 이어지기도 하는 탓이다. 그 결과는 단순히 선거에서 지거나 연사로 활동하며 은퇴를 즐기지 못하는 선에 그치지 않을 것이다.[91]

2014년 우크라이나 내의 긴장 상태로 인해 러시아 정부에 대한 지지가 급등하자 블라디미르 푸틴 대통령은 정치자본을 회복하기 위해 엄청난 노력을 기울였다(〈그림 4.2〉). 푸틴은 선거운동을 통해 수십 년 동안 낮은 수준에 머물렀던 인기를 성공적으로 다시 끌어올렸다.

◻2 집권 시기

지도자는 정신을 바짝 차리지 않으면 집권 기간이 길어지면서 인기를 잃을 수도 있다. 집권 기간이 길수록 대중이 소셜미디어나 투표나 시위나 다른 물리적 방법을 이용해 지도자를 공격하는 일도 잦아진다. 오랜 기간 집권한 지

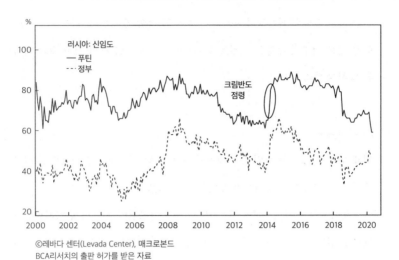

〈그림 4.2〉 **크림반도 점령 이후 푸틴 대통령의 정치자본이 급증했다**

©레바다 센터(Levada Center), 매크로본드
BCA리서치의 출판 허가를 받은 자료

도자는 대중의 신임을 잃고 종국에는 정치자본을 잃기도 한다. 그래서 지도
자들은 선거가 가까워지면 리스크를 회피하고 정치자본을 마일리지처럼 쌓
아 둔다. 이와 반대로 갓 정권을 잡은 지도자는 '신혼 기간' 덕분에 정치자본
을 최대로 보유하게 되는데, 바로 이 짧은 신혼 기간이 입에 쓴 정책을 실행
해야 하는 시점이다.[92]

신혼의 기간과 시기와 영향력은 정부의 형태에 따라 다르다. 대통령제에서
는 야당과 여당의 힘이 동등할 수도 있으므로, 신임 대통령의 정치자본은 의
석수에 달려 있다. 내각제에서는 대체로 수상이 의회에서 다수당을 이끌며,
쿠데타로 정권을 쥔 지도자에게 가장 좋은 시기는 반대파가 겁에 질려 있을
때다.[93]

❸ 의석수

민주주의 체제에서는 의석수에 따라 운신의 폭이 결정된다. 다수당을 대표하지 않는 정부의 수장은 법안을 통과시키기 위해 연합세력 및 야당의 비위를 맞춰야 한다.

❹ 경제 상황

경제 위기 상황이 무르익으면 개혁에 도움이 되기는 하지만 그렇다고 해서 재임 중인 지도자가 그 혜택을 보기는 매우 어렵다.[94]

아르헨티나의 마크리 대통령은 재직 당시에 아르헨티나의 경제 위기로부터 혜택을 입지 못했다. 하지만 이웃나라 브라질의 자이르 보우소나루 신임 대통령은 실권한 전임 대통령 아래서 시작된 경기침체 덕분에 연금 개혁을 이끌어 냈다. 이와 비슷하게 스페인의 총리였던 마리아노 라호이는 2010년대 초반에 공격적인 공급 중심 개혁을 밀어붙였다. 이는 2011년 말 선거에 앞서 발생한 경제 위기 덕분에 가능했다.

경제에 순풍이 불어오면 재임자의 정치자본에 도움이 된다. 하지만 신임 지도자에게는 경제 위기도 긍정적일 수 있다. 대중은 경제문제에 대해서라면 누가 정권을 잡든 변덕스럽다.

❺ 특수 이익집단의 지지

강력한 특수 이익집단은 정치자본을 행사할 때 집단행동을 할 수 있다는 이점이 있다. 특수 이익집단에는 무임승차 문제가 없고, 사용 가능한 자원도 더 많다.[95] 그 결과 특수 이익집단에 반대하는 세력은 이익을 최대로 누리지 못하게 된다.

그러므로 까다로운 개혁이나 정책을 진행하는 정책입안자들은 반대 이익집단을 물리치는 데 많은 정치자본을 소모해야 한다.

⑥ 국제적인 모멘텀

정치 운동은 종종 '지역적 상황 요인'과 같은 여과장치를 통해 천천히 진행된다.[96]

20세기 후반에 여러 국가가 제3차 민주화 물결을 거쳐 민주주의를 도입했다. 중남미도 다르지 않았다. 국제적인 모멘텀이 현실적으로 의미하는 바는 국제적인 추세에 발맞춘 정책을 펼치는 지도자가 보다 쉽게 전투를 풀어 나간다는 것이다.

영국 총리는 큰소리만 쳤다

3장에서 언급한 보리스 존슨이 처한 난국은 정치적 제약이 어떻게 작용하는지 보여 준다. 2019년 7월 24일, 존슨은 영국 총리가 되었다. 그는 전임 총리로부터 북아일랜드 민주연합당과의 불안한 연합 관계와 영국을 물류 대란으로 몰아넣은 EU 탈퇴 협약을 물려받았다. 여기에 존슨은 토리당을 향한 중도우파 유권자의 지지를 위협하는 브렉시트당의 급부상에 직면했다.

존슨은 거친 입담을 내세워 우파가 직면한 문제를 해결했다. 이로써 존슨은 하드코어 브렉시트 지지자들에게 그가 적임자라는 인상을 심어 줬고, 토리당 아래 보수파를 결집시켰다. 하지만 예측가들은 도미노 효과의 시작점인 '차라리 죽겠다'는 존슨의 발언에만 주의를 기울였다. 이들이 부실한 연구 끝에 내놓은 예측 때문에 베팅 마켓에서 노딜 브렉시트의 가능성이 높게 점쳐졌다.

만약 이들이 정치적 제약을 고려했다면 노딜 브렉시트의 가능성을 점칠 때 존슨의 발언을 무시했을 것이다. 존슨은 여러 정치적 제약 때문에 그가 공표했던 선호를 이룰 수 없었다.

1 대중성

대중은 노딜 브렉시트를 지지하지 않았다. 실제로 일부 여론조사 결과에 따르면 브렉시트를 후회하는 '브리그렛Bregret'을 포함해 브렉시트에 반대하는 유권자 수가 전반적으로 늘었다(〈그림 4.3〉). 2019년 8월에는 유권자의 38% 만이 노딜 브렉시트에 대해 '좋다' 혹은 '받아들일 수 있다'고 답했다.[97]

2 집권 시기

임시 총리가 인기 없는 대규모 정책에 즉각 뛰어드는 것은 어리석은 일이다. 토리당은 16만 명의 보수당원 중 존슨을 선출했다. 그런데 토리당은 정책은 고사하고 어떤 것도 지나치게 빠르게 진행하고 싶지 않아 했다. 새 임기에 들어선 여느 정부의 수장과는 달리 존슨은 테레사 메이로부터 불안정한 권력을 물려받았다. 한동안 집권했던 당을 물려받은 것은 시기적으로 불리했고, 불안정한 연합을 물려받은 것 또한 불이익으로 작용했다.

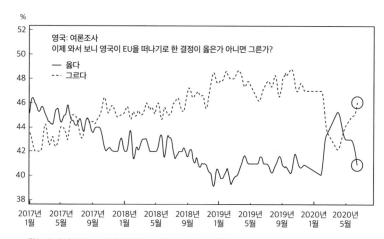

〈그림 4.3〉 브레그렛이 제약으로 작용하다

참조: 두 곡선 모두 2주 동안의 여론조사 결과 평균값을 나타낸다.
©유가브(Yougov), 나트센소셜리서치(Natcen Social Research), 매크로본드
BCA리서치의 출판 허가를 받은 자료

❸ 경제 상황

2019년 중반, 영국 경제는 안정적이었지만 영국 파운드는 일 년 내내 브렉시트 협상안에 따라 요동쳤다. 또한 대중은 정부가 노딜 브렉시트 가능성을 두고 조성한 공포감에 익숙해졌다. 불만에 가득 찬 대중은 경제에 미치는 어떤 부정적인 영향에든 곧바로 신임 존슨 행정부를 비난할 것이었다.

❹ 의석수

의석수는 결정적이고 중대한 제약이다.[98]

2019년 8월 토리당은 의회의 다수당 자리를 내주고 소수당이 되어 연합 관계 아래 국정을 운영했다. 이는 의회 민주주의 체제에서 국정을 운영하는 가

장 약한 권력 구조다. 2017년만 해도 전체 650 의원석 중 토리당이 차지한 의원석은 327석(토리당 317석, 북아일랜드 민주연합당 10석)이었으나 존슨이 부임한 시기에는 298석으로 줄어들었다.[99]

하지만 다행히도 존슨의 행동을 제한하지 않은 정치적 제약도 두 가지 있었다.

⑤ 특수 이익집단의 지지

기업계에서는 지속적으로 노딜 브렉시트를 반대해 왔다. 사실 기업계는 브렉시트 자체에 반대했다. 그러므로 기업계의 태도가 존슨에게 미치는 영향은 불확실했다.

⑥ 국제적인 모멘텀

영국 언론은 다른 EU 국가들이 2016년 브렉시트 국민투표 결과를 심각하게 받아들이지 않아 놀랐다. 이때 영국을 지지한 세력은 대서양 건너편의 트럼프 행정부뿐이었다. 그런데 트럼프 행정부가 노딜 브렉시트도 지지할까? 그럴지도 모른다. 하지만 일반적으로 국제적인 모멘텀이 국내 정책에 미치는 영향은 불확실하고, 중요하지 않다.

존슨은 노딜 브렉시트에 대해 네 가지 제약에 직면했다. 이 중 일부 제약은 존슨이 토리당 내의 반대 세력을 몰아내며 스스로 만든 것이다. 토리당 내 정치를 염두에 두고 보면 그의 노딜 브렉시트 발언은 말이 된다. 왜냐하면 이는 존슨의 말(노딜 브렉시트)과 행동(소프트 외교)에 타당성을 제시하기 때문이다. 존슨 행정부의 선호가 무엇이었든 노딜 브렉시트를 둘러싼 정치적 제약은 어마어마했다.

2019년 여름, 투자자들은 파운드화를 매수했어야 했다. 8월 1일부터 그해 말까지 파운드의 수익률은 9%에 이르렀다. 이는 유동적인 외환시장에서 엄청난 움직임이었다. 노딜 브렉시트를 둘러싼 제약은 강력하고, 물질적이며, 지속적이었다. 그리고 노딜 브렉시트의 가능성은 10%도 채 되지 않았다.

나는 존슨의 시나리오에 임기응변식 분석을 적용해 단기 정치자본을 측정했다. 정치자본을 이용하면 정책입안자들이 임기 동안 어떤 정책을 펼칠지는 예측할 수 있지만 이들의 임기 이후에 대해서는 내다볼 수 없다.

장기적인 관점에서 정치적 제약을 측정하는 방법도 있다. 이를 중위투표자 이론이라 한다.

중위투표자 이론

2015년 후반, 나는 금융계에서 인지부조화 현상을 목격했다. 영국에서는 브렉시트를 두고 국민투표가 진행될 참이었고, 미국에서는 도널드 트럼프 후보가 공화당 예비선거 여론조사 결과에서 선두로 나섰다. 하지만 나의 고객 대부분은 프랑스와 네덜란드의 2017년 선거에 대해 이야기하고 싶어 했다. 영국의 한 헤지펀드 매니저는 내가 작성한 보고서를 훑어보고는 옆에 던져 뒀다. 나의 보고서는 브렉시트와 트럼프의 당선 가능성이 생각보다 높다는 데이터로 가득했다. 헤지펀드 매니저는 이렇게 말했다.

"브렉시트 가능성이 매우 낮다고 보는 전화 여론조사 결과가 있어요. 다른 건 없습니까?"[100]

2015년 말에 이르자 여론조사 초반에 트럼프를 상대로 클린턴이 보이던 엄청난 우세가 오차 범위 내로 좁혀졌다. 이는 브렉시트에 대해 물은 여론조사 결과에서도 마찬가지였다. 하지만 투자자들은 여전히 미국의 대선과 영국의 브렉시트 국민투표에 대해 안일하게 생각했다.[101]

투자자들은 이들 사건을 따라 여행 중이었다. 뉴스 보도는 그들의 여정을 이끌며 케케묵은 EU 회의론을 쏟아 냈다. 하지만 그러면서도 미국과 영국에서 진행 중인 포퓰리스트의 반란에 대해서는 일절 언급하지 않았다.

나는 이를 우려해 뉴스 대신 중위투표자 이론에 의지하기로 했다. 중위투표자 이론은 1950년대에 개발된 몇 안 되는 정치과학 구조이론이다.[102] 중위투표자 이론에 따르면 정당과 정치인들은 선거에서 이기거나 권력을 유지하기 위해 중위투표자가 원하는 바에 맞는 근사한 정책을 내놓아야 한다. 그런데 1950년대 이후의 경험적 자료에 따르면 중위투표자 이론은 맞을 때도 있고 틀릴 때도 있었다. 그래서 중위투표자 이론은 학계에서 큰 지지를 받지 못했다. 하지만 중위투표자 이론은 정량화하기 어려운 정치자본, 즉 정치적 제약의 근삿값을 제공하기 때문에 투자에 매우 유용하다. 아무리 못해도 중위투표자 이론은 정치자본을 찾는 올바른 길을 제시한다.

중위투표자 이론을 이용한 분석에는 다음의 세 가지 가정이 필요하다.

(1) 투표자의 선호는 단봉 형태를 띤다. 즉 투표자는 어느 한 가지 정책을 선호한다. 사실 이는 어려운 가정이다. 왜냐하면 이것이 사실인지 확실치 않기 때문이다.

(2) 선호는 단일차원 정책에 대해 성립한다. 예를 들어 투표자는 총기 규제에 대해 찬성하거나 반대한다. 또는 경제활동과 관련해 큰 정부를 원하거나 작은 정부를 원한다. 매 선거에서 중위투표자는 단일차원 정책에 대한 결정을 내린다. 하지만 이 가정에 대한 유효성도 확인하기 어렵다.

(3) 정치인들은 정치자본의 획득과 유지를 최우선시한다. 정책의 일관성이나 사회에 미치는 긍정적인 영향보다도 말이다. 이것이 가장 가정하기 어려운 항목이 아닐까 싶다.

다른 이론과 마찬가지로 중위투표자 이론도 현실을 지나치게 단순화한다는 위험이 있다. 중위투표자 이론에 따르면 정책입안자는 권력을 쟁취하고 유지하기 위해 세 가지 과정을 거쳐야 한다.

(1) 현시점에서 가장 중요한 문제를 지목한다.

(2) 이 문제에 대한 중위투표자의 의견을 확인한다.

(3) 점근적으로 중위투표자의 의견에 접근한다. 이 과정에서 반대 세력을 공격한다.

트럼프 대통령은 2016년 선거 쟁점이 세계화 대 경제민족주의 구도임을 잘 알았다. 다음으로 그는 이 두 가지 극단 사이에서 미국 투표자들이 어디에 서 있는지를 알아냈다. 대부분의 전문가에게 충격적이게도 미국의 중위투표자는 생각보다 세계화—자유무역과 이민—를 지지하지 않았다.[103] 트럼프는 중위투표자의 의견에 정확하게 부응했고 결국 선거에서 승리했다.

트럼프가 선거전에서 내세운 반세계화 발언은 1992년 공화당 예비선거에서 팻 뷰캐넌이 당시 대통령이었던 부시 1세에 맞서 발언한 바와 비슷했다. 뷰캐넌의 패배는 1992년에는 미국의 중위투표자들이 세계화에 긍정적이었음을 나타낸다. 그해에 빌 클린턴은 친세계화 민주당 인사로서 대통령에 당선되었다. (비록 그 또한 자신만의 포퓰리즘을 내세웠지만 말이다.)

중위투표자를 보는 또 다른 방법은 이들을 한 국가의 정치적 시대정신으로 간주하는 것이다. 1992년에 점잖은 뷰캐넌은 선거에서 졌다. 하지만 24년 뒤 무례한 게임 쇼호스트는 대통령이 되었다.

중위투표자 이론은 결과를 예측하는 데 있어서 매우 강력한 도구다. 왜냐하면 중위투표자는 모든 정책입안자가 의미 없는 정치적 아웃라이어가 되지 않도록 중앙값으로 몰아가기 때문이다.

〈그림 4.4〉는 중위투표자 이론의 개념을 나타낸다. 첫 번째 곡선은 중위투표자 이론의 표본으로 이때 선거—단일 차원이라고 가정—에서 가장 중요한 안건은 경제문제에 대한 좌우 입장이다. 이 시나리오에서 중위투표자는 중도주의자고, 좌파와 우파 진영의 후보들은 중위투표자의

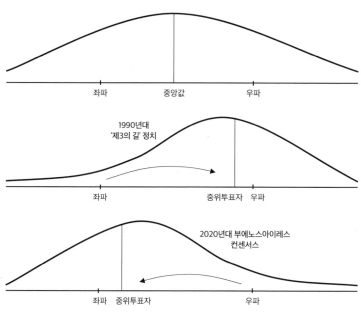

©BCA리서치
BCA리서치의 출판 허가를 받은 자료

표심을 잡기 위해 중앙값으로 모여든다. 이때 중위투표자는 자유방임주의와 국가 통제경제 사이의 완벽한 중간 지점을 지지한다.

두 번째 곡선은 중위투표자가 우측으로 이동하며 1990년대의 공급 중심 정책을 불러온 상황을 나타낸다. 1980년대 후반에서 1990년대까지 여러 좌파 정당이 중도우파적인 경제정책을 펼쳤다. 미국 민주당의 빌 클린턴, 영국 노동당의 토니 블레어, 독일 사민당의 게르하르트 슈뢰더, 호주 노동당의 폴 키팅, 캐나다 자유당의 장 크레티앙, 이탈리아 민주당의 로마노 프로디 모두 우측으로 옮겨 가, 보다 자유방임주의적인 경제 전망을 받아들였다. 이를 일컬어 '제3의 길'이라 한다.

이머징마켓도 1990년대의 이념적인 움직임에 따라 자유방임주의 경제와 정통주의 재정 및 통화정책으로 기울었다. 1991년에는 인도 경제가 자유화되었고, 1992년에는 덩샤오핑이 남순 강화를 통해 중국의 친시장 개혁을 강화했다.

이러한 변화를 이끌어 낸 것은 중위투표자와 이들을 향한 정책입안자의 구애 활동이다. 중위투표자는 개별 정책입안자의 선호보다 시장의 움직임을 나타내는 강력한 지표다. 그러므로 정책을 예측하기 위해서는 정책입안자가 아니라 중위투표자에 집중해야 한다. 만약 중위투표자의 선호가 바뀐다면 현재 집권당뿐만 아니라 모든 정당이 이 변화를 따라 움직일 것이다.

2015년, 나는 고객들에게 자유방임주의 경제모델의 가장 열렬한 지지자인 미국과 영국에서 포퓰리스트가 정권을 잡을 리스크가 가장 높다고 조언했다. 미국과 영국의 중위투표자는 자유방임주의 자본주의에서 멀어져 다른 곳으로 향했다. 유럽에서는 중위투표자들이 잠잠하거나 자유방임주의로 살짝 기운 정도였다. 나는 다른 금융계 동료들과는 달리 프랑스나 네덜란드 선거에 대해서는 걱정하지 않았다. 중위투표자 이론을 통해 분석한 결과 브렉시트와 미국 대선이 보다 큰 시장 촉매제가 될 것이었다.

부에노스아이레스에 오신 것을 환영합니다!

2020년의 국제적인 저성장과 디플레이션과 COVID-19 팬데믹에 따른 불경기로 인해 경제정책의 축이 왼쪽으로 기울었다. 특히 미국과 영국이 이러한 국제적인 모멘텀의 선두에 섰다는 사실에 놀라는 사람도 있을 것이다. 이들 국가에서는 중산층 몰락과 더불어 부채 슈퍼사이클이 끝나며 유권자들이 좌측으로 돌아섰다.[104]

유권자들이 가는 곳에는 정책입안자들이 따르기 마련이다. 겉으로는 우파처럼 보이는 도널드 트럼프와 보리스 존슨마저도 말이다. 도널드 트럼프가 어떤 자유방임주의적 방침을 따랐는가? 재정 건전성? 자유무역? 자유시장? 중앙은행의 독립성? 같은 질문을 데이비드 캐머런 이후의 토리당에 던져 보자. 그러면 비록 그 정도는 미국보다 덜하겠지만 '아니오'라는 같은 답이 나온다.

정책입안자들이 전통적인 보수당의 입장과 동떨어진 발언을 한다는 것은 패러다임 전환이 시작되었음을 의미한다. 패러다임 전환을 조종하는 건 다름 아닌 중위투표자라는 중대한 제약이다.[105] 중위투표자의 좌측 편향은 반대당의 행동에서도 나타난다. 미국과 영국의 좌파 정당은 트럼프나 존슨을 공격하기 위해 중도 노선으로 옮겨 오지 않았다. 좌파 정당들은 2020년의 중위투표자들이 중도보다는 좌측으로 기울었다고 판단했다. 즉 이들은 중위투표자들이 오랫동안 잊혔던 수요 중심 정책을 시험할 의사가 있다고 예측한 것이다. 그리고 버니 샌더스, 엘리자베스 워런, 제러미 코빈과 같은 좌파 인물들이 두각을 나타냈다.

선거 기간 동안 자신이 중도주의자라고 말해 온 조 바이든도 자칭 사회주의자에 비해 중도적일 뿐이다. 그는 고소득 가구, 기업과 자본 이익 및 배당 소득에 대한 세금 인상을 공약으로 내걸었다. 또한 그는 노동조합 설립을 권장하고, 모든 무역 거래에서 노동 보호 및 환경 기준을 포함할 계획―트럼프의 국수주의에 입각한 보호주의를 정치적 모범 답안으로 풀어냈다―이라고 밝혔다. 바이든의 방침을 '민주사회주의'라고 보기는 어렵다. 하지만 세금 인상 및 친노동계 정책을 내세운 선거 전략은 대담하다. 8년 전만 해도 전문가들은 바이든의 방침을 사회주의적이라고 칭했을 것이다.

2016년, 미국과 영국의 중위투표자는 목소리를 높였다. 그리고 2020년 현재, 이 두 국가의 중위투표자는 정통 자유방임주의에서 벗어난 포퓰리즘 경제정책을 선호한다.[106] 그러므로 미국과 영국에서 친시장 정책이 나올 가능성은 낮다. 투자자들이 잘 이해할 만한 용어로 풀이하자면, 나는 폴 라이언의 정계 복귀를 기다리지 않는다.[107]

수십 년 뒤 역사학자들은 2020년을 돌아보며 COVID-19가 자유방임주의에 타격을 가했다고 할 것이다. 하지만 COVID-19 위기가 닥친 시점은 이미 시대정신이 돌아선 뒤였다. 정책입안자들과 유권자들은 이미 비정통주의를 향하고 있었다. 미국은 팬데믹에 대응해 매우 효율적으로 재정 및 통화정책을 입안했다. 이러한 효율성에 놀란 사람들은 중위투표자의 경제정책에 대한 선호도를 나타내는 프레임워크를 모르는 이들뿐이었다.

미국이 팬데믹에 대응하며 펼친 재정 및 통화정책은 2008~2009년에 경험한 것과는 매우 달랐다. 2009년에는 미국 입법부가 재정부양책을 통과하는 데 거의 다섯 달이 걸렸다. 경기회복 및 재투자 법안(ARRA, American Recovery and Reinvestment Act)의 규모는 2009년 국내총생산의 5.4%였다. 이 법안은 상원에서 반대당이었던 공화당을 단 세 표 차이로 따돌리고 가결되었다. 게다가 하원에서는 이 법안에 찬성한 공화당원이 한 명도 없었다. 총 214명의 공화당원은 모두 이 법안에 반대표를 던졌다.

2009년에 각 정당의 의견이 극명하게 갈린 것은 사소한 문제가 아니었다. 만약 당신이 2009년의 정책을 지켜보는 투자자였다면, 각 정당이 미국 경기회복 및 재투자 법안을 두고 극명하게 나뉘어 투표했다는 것은 매우 중요한 정보다. 이 법안을 진행하며 쌓인 정당 간의 원한을 고려했을 때 앞으로는 경기부양책이 나오지 않을 것이었다.

그리고 11년이 지난 지금, 평범한 미국인들은 과거에는 사회주의자라고 낙인찍힐 만한 정책에 대해 아무렇지 않게 생각한다. 시대정신이 급격하게 바뀐 것이다. 3월 18일 민주당은 1조 달러의 코로나 구호법안(CARES Act, The Coronavirus Aid, Relief, and Economic Security Act)을 제안했고, 그 금액은 일주일 뒤에 두 배로 늘었다. 이 법안은 상상을 초월하도록 빠른 속도로 제출되었고 두 배의 금액으로 가결되었다. 코로나 구호법안의 규모는 2019년 국내총생산의 11.2%로 미국 경기회복 및 재투자 법안의 두 배에 이른다. 뿐만 아니라 이 법안은 상원에서 96표를 얻으며 만장일치로 통과되었다. 하원에서는 코로나 구호법안을 구두로 통과시켰다. 이 과정에서 단 한 명의 반대자였던 켄터키주 의원인 토마스 매시는 트럼프 대통령을 포함한 모든 이로부터 현대판 조리돌림을 당했다.

단거적으로 봤을 때 중위투표자의 선호는 복잡한 정책 변수 때문에 모호해진다. 장기적으로는 중위투표자의 영향력이 정치 연합이나 선거구 조정에 의해 또는 개별 정당의 정책 특권에 가려지기도 한다. 예를 들어 트럼프 대통령은 중위투표자의 장기적인 선호를 만족시켜 당선되었다. 그는 무역을 반대하고 비주류에 기댄 노선을 채택했다. 하지만 실제로 그가 2020년 2월까지 달성한 입법안은 친기업적이고 보수적인 세금인하뿐이었다. 그리고 세금인하는 중위투표자가 선호한 바가 아니었다.

2017년 12월에 가결된 세금인하안은 2018년 11월의 중간선거에서 공화당에 악재로 작용했다. 이는 중위투표자 이론으로 예측 가능한 바였다. 재선을 노리는 공화당 국회의원 후보들은 전국에서 화가 난 유권자들을 대면했고, 2018년에는 세금인하안을 언급조차 하지 않았다. 앞서 언급한 폴 라이언은 불길한 전조를 보고 나락에 떨어지기 전에 사임했다.

이 사례는 단기적으로는 중위투표자로부터 어긋나는 정책이 나올 수도 있지만 장기적으로는 그렇지 않음을 보여 준다. 미국 유권자들은 주요한 이념의 축이 흔들리는 시점에 놓였다. 하지만 이러한 변화로 인해 국제적인 모멘텀이 같은 방향으로 향하게 될지는 불확실하다. 미국은 소득 불평등과 사회계층 간 이동 측면에서 계속해서 부정적인 면모를 보이고 있다(〈그림 4.5〉). 미국의 인구 내 중산층 비율도 마찬가지다(〈그림

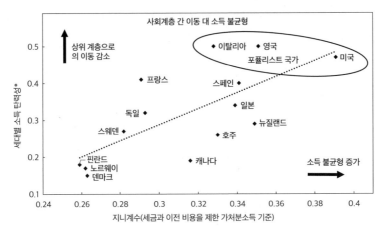

〈그림 4.5〉 불평등과 사회계층 간 이동 가능성을 측정했을 때 미국은 아웃라이어다

*세대별 소득 탄력성은 어린이 세대의 소득 탄력성을 부모 세대의 소득 탄력성과 비교한다. 탄력성이 높을수록 어린이 세대가 부모 세대의 소득에 의존하기 때문에 사회계층 간 이동이 적다는 뜻이다.
©코락(Corak, 2011)과 OECD
BCA리서치의 출판 허가를 받은 자료

〈그림 4.6〉 중산층의 비율을 측정했을 때 미국은 아웃라이어다

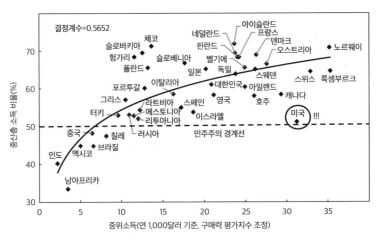

©OECD(2019)
클락타워 그룹의 출판 허가를 받은 자료

4.6⟩).

　⟨그림 4.5⟩와 ⟨그림 4.6⟩이 투자자들에게 의미하는 바는 트럼프가 재선에 성공하더라도 미국이 다른 나라보다 더 자유방임주의 정책을 고수하던 시절은 끝났다는 것이다. 트럼프 대통령의 2016년 대선, 버니 샌더스와 엘리자베스 워런의 민주당 경선후보 출마, 트럼프 행정부가 추구하는 정책은 모두 정책입안자들이 중위투표자에 응답하고 있음을 나타낸다. 그리고 이념을 막론하고 미국 중위투표자들은 좌파에 기운 수요 중심의 시대정신을 원한다. 물론 공화당과 민주당은 지속적으로 낙태, 총기 규제, 기후변화, 러시아, 인종차별, 트럼프 대통령의 지도력과 같은 비경제적이고 의도적으로 양극화된 문제를 놓고 대결할 것이다. 하지만 비정통적인 재정 및 통화정책은 초당적인 지지를 받을 것이다. COVID-19에 대한 대응이 그 증거다.

　내가 이 책을 쓰는 2020년 1분기 현재, 사람들은 정책입안자들이 COVID-19에 의한 경기침체에 어떻게 대응할 것인지 질문한다. 나는 이에 좌측으로 기운 중위투표자들이 중대한 제약이 되어 정책입안자들의 선택의 폭을 제한할 것이라고 예측한다. 이미 다양한 부양책에 국내총생산의 15%에 가까운 금액이 투입되었지만, 투자자들은 정부가 앞으로 경제에 더 많이 개입할 것임을 명심해야 할 것이다. 이는 비단 COVID-19 팬데믹뿐만 아니라 앞으로 다가올 다른 상황에서도 마찬가지다.

　(내가 이 책의 최종 편집을 하는 2020년 6월 말 현재, 또다시 시장은 코로나 구호법안에 추가 부양책이 더해질지를 두고 조바심을 내고 있다. 마치 투자자들은 중위투표

자에 대한 정책입안자들의 반응이 급변했음을 여전히 모르는 듯하다. 추가 부양책에 대한 정치적 반대는 없을 것이다. 따라서 나는 1.5~3조 달러의 추가 부양책이 가결될 것으로 예측한다. 2020년 연말까지 코로나 구호법안 만기가 연장되고 사회간접자본 법안이 추가되어 미국의 적자예산은 국내총생산의 30%에 이를 것이다.)

처음부터 예상했다시피 COVID-19에 의한 불경기는 혹독할지는 몰라도 오랜 기간 지속되지는 않을 것이고, 정책입안자들은 2008년에 그랬던 것처럼 끝까지 싸울 것이다. 2016년 트럼프 대통령이 당선되었을 때 실업률은 4.7%로 꽤 낮은 수치였다. 그럼에도 불구하고 소득 불균형과 세계화와 미약한 경제회복에 화가 난 미국 투표자들은 텔레비전 게임쇼 호스트를 대통령으로 선택했다. 트럼프와 반트럼프 세력 모두 2024년에 미국 대중이 누구를 선출할 것인지 가만히 앉아서 기다리지만은 않을 것이다. 대신 이들은 계속해서 더 많은 전례 없는 정책을 펼쳐 경제를 부양해 선두에 나서고자 할 것이다.

나는 워싱턴 컨센서스로 대변되는 자유방임주의에서 멀어지는 추세를 부에노스아이레스 컨센서스라고 이름 붙였다. 여기서 워싱턴 컨센서스는 단순히 1980~2010년대를 정의하는 정책을 포괄하는 용어다. 이 용어에서 워싱턴은 워싱턴 D.C.로, 세계은행과 국제통화기금의 본사가 있다. 이들 기관은 금융정책을 전파하는 가장 영향력 있는 단체다. 워싱턴 컨센서스는 비민주적인 경제정책으로 대변된다. 워싱턴 컨센서스가 내세우는 독립적인 중앙은행, 경기에 대응하는 통화정책, 자유방임주의적 규제 프레임워크 등의 모든 정책에는 한 가지 공통점이 있다. 바로 경제정책에서 선출된 공직자의 역할을 배제한다는 것이다.

오해는 마시라. 나는 최대한 규범적이고 중립적으로 말하는 것뿐이다. 비행기도 민주적으로 운행할 수 없는데, 중앙은행이나 재정 정책을 운용하는 데 있어 유권자의 의견이 왜 필요하겠는가? 그럼에도 불구하고 워싱턴 컨센서스의 가장 열정적인 지지자인 미국과 영국에서 정치의 축이 포퓰리즘으로 기울었다. 민주주의가 다시 경제정책의 영역으로 들어선 것이다.

그렇다면 왜 부에노스아이레스인가? 부에노스아이레스가 포퓰리스트의 반발과 무슨 관계가 있다는 말인가? 부에노스아이레스가 수십 년간 포퓰리즘 정치에 시달린 것 외에는 다른 이유가 없다. 게다가 부에노스아이레스가 2019년 대선 후에 다시 포퓰리즘으로 빠져든 이 시점에 이보다 워싱턴을 대체할 만한 더 나은 이름의 도시는 없다.

부에노스아이레스 컨센서스가 대변하는 포퓰리스트적인 성장 최우선주의가 지닌 문제는 미국이 거의 모든 경제적 측면에서 좌측으로 기울 것이라는 점이다. 미국의 정책입안자들이 취하는 행동은 결국 미국 중위투표자의 선호를 반영한다. 만약 2016년 이후의 정책 변화가 2020년 이후에도 지속된다면 미국은 자유방임주의에서 벗어나는 (워싱턴 컨센서스에서 부에노스아이레스 컨센서스로 전환하는) 국제적 모멘텀에 발동을 건 첫 번째 국가가 될 수도 있다(〈그림 4.7〉). 이러한 변화는 다양한 정책에 영향을 미칠 것이다.

나는 앞으로 다가올 10년 동안 비정통적인 재정 및 통화정책의 증가, 독점 금지사례 증가, 재정 완화, 선택적인 규제 압박, 자본 이익 및 고소득 납세자에 대한 세금 인상이 있을 것으로 예측한다. 만약 당신이 2021

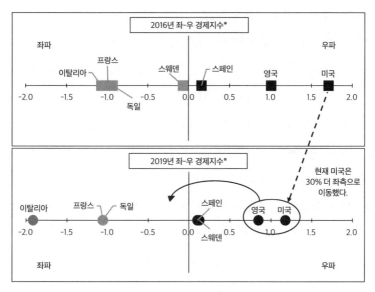

〈그림 4.7〉 **부에노스아이레스 컨센서스의 도래**

*다섯 가지 표준화된 요소(노동보호지수, 국내총생산 대비 정부 소득 비율, 평균임금에 대한 총평균소득세율,
지니계수 재배분 효과, 국가별 비즈니스 환경 비교 척도)의 등가중지수
ⓒOECD, 세계은행, BCA리서치, 클락타워 계산
클락타워 그룹의 출판 허가를 받은 자료

년에 엄청난 재정 절벽이 닥칠까 걱정한다면 그럴 필요가 없다. 정책입
안자들은 더 많은 재정부양책으로 재정 절벽을 누그러뜨릴 것이다.

　앞으로 다가올 10년 동안 워싱턴 컨센서스에서 부에노스아이레스 컨
센서스로의 전환이 시장을 지배할 것이다. 그리고 이러한 변화는 미국
과 중국 간의 지정학적 경쟁이나 유럽 통합 위기나 기술 변화보다 더 큰
의미를 갖는다. 쏟아지는 재정 및 통화정책에 모든 자산이 영향을 받을
것이다.

이러한 좌측 편향 움직임은 다른 나라에 비해 높은 주기별 성과를 보이던 미국의 주식시장에 악재가 될 것이다. 장기 투자자들은 미국 시장의 수익과 가치가 역사상 최고 수준에 이르면서 미국 자산에 대한 투자 비중을 점차 낮춰야 할 것이다. 미국 달러는 2020년에 정점을 찍고 장기적으로는 하락할 것이다. 투자자들이 이미 알아차렸다시피 COVID-19로 인한 불경기가 심각하되 짧은 기간에 그친다면 더욱 그럴 것이다. 이 불경기가 끝나면 미국 경제에 넘쳐나는 부양책에서 나온 엄청난 자금이 주식시장으로 흘러 들어갈 공산이 높다. 왜냐하면 투자자들은 건실하게 성장하는 경제에서 오는 수익을 추구하기 때문이다. 나는 미국 주식에 대해서는 여전히 절대적으로 긍정적이다. 그리고 나는 2020년의 변화를 고려해 유럽과 일본 및 이머징마켓의 주식도 장기 자산배분 전략에 포함할 것이다.

이것이 2020년 미국 대선의 결과가 무엇이든 투자자들을 위한 나의 예측과 조언이다. 중위투표자는 정치 시장의 가격 결정자다. 장기적으로 봤을 때 정치인들은 그저 가격 수용자일 뿐이다.

중국에도 중위투표자가 있을까?

중위투표자 이론은 정책의 장기적인 궤적을 보여 주는 훌륭한 프레임워크다. 그런데 중위투표자 이론은 민주주의 체제에서만 적용될까? 그렇지만은 않다. 중위투표자 이론으로 북한의 지도자인 김정은의 정책을 평가할 수는 없다. 하지만 이상하게 여겨질지도 모르겠지만, 비민주적으로 선출된 지도자도 '중위시민'의 선호에 대해서는 관심을 가져야 한다.

1991년, 중국의 정책입안자들은 소련이 붕괴하자 충격에 휩싸였다. 소련이 해체될 수 있다면 중국도 해체될 수 있었다. 그리고 공무원들이 이런 생각을 했다면 중국의 중위시민도 같은 생각을 했을 것이다.

1991년경에 중국은 톈안먼사건으로 공산주의를 강화하면서, 오직 부분적으로만 시장 개혁과 개방정책을 진행했다. 중국 공산당은 혼란스러운 시국을 맞아 통치 방법, 이념, 경제개발, 외교정책을 재고했다. 처음에는 공산당 내에서 다양한 파벌이 목소리를 높였지만 종국에는 신보수파가 승리했다.

공산당원들은 공산당 내의 우세 정파인 중국공산주의청년단과 연계된 《중국청년보》에 의견을 게재했다. '소련 붕괴 후 전략적 선택과 실용적 대응'이라는 선언문은 공산당이 직면한 가장 큰 위협은 당의 무지라고 지목했다.[108] 《중국청년보》는 공산당이 혁명당에서 지도당으로 적절히 변모하는 데 실패해 대약진 운동과 문화혁명 같은 참극을 불러왔다고 주장했다. 그리고 소련의 해체와 관련해서 가장 시급한 과제는 사회 안정과 경제 생산성을 높이기 위한 점진적이고 건설적인 개혁이라고 언급했다.

수년 뒤 장쩌민 공산당 서기장은 삼개대표 이론을 통해 공산당이 간접적으로 겪은 역사적 경험을 정리했다.

(1) 당은 사회 내 선진 생산력을 대표해야 한다.

(2) 당은 선진 현대 문화를 대표해야 한다.

(3) 당은 인민 다수의 이익을 대표해야 한다.[109]

삼개대표는 중국이 소련과 같은 운명에 처하지 않기 위해 중위시민의 입장에 점근적으로 접근하려는 시도다.

〈그림 4.8〉 **무서운 중진국 함정**

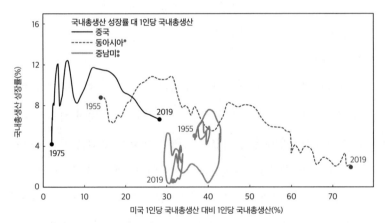

* 일본, 대한민국, 대만의 평균값
‡ 아르헨티나, 브라질, 멕시코의 평균값
참조: 모든 그래프는 5년 평균값이며 아웃라이어를 배제했다.
©컨퍼런스보드 토털이코노미데이터베이스(Conference Board Total Economy Database), BCA리서치
BCA리서치의 출판 허가를 받은 자료

〈그림 4.8〉에 나타나다시피 2018년 중국의 자산 수준 대비 국내총생산 성장률은 중국이 무서운 중진국 함정에 빠질 위험에 놓였음을 보여

준다.[110] 1970년대에 낮은 성장률을 기록했던 대부분의 중남미 국가들에서 독재 정권은 지속되지 않았다. 1970년대에 1인당 국내총생산 성장률이 정체되었던 소련도 마찬가지였다. 중국 공산당 지도부는 중남미 국가들과 소련의 역사와 경험을 통해 중진국 함정에 빠진다면 같은 운명에 처할 것임을 잘 알고 있었다. 그래서 이들은 예방책을 도입했다.

2017년 이후 중국의 정책입안자들은 고통스러운 일련의 구조개혁을 단행했다. 중국은 선진국들이 부에노스아이레스 컨센서스로 돌아서는 동안 성장을 볼모로 금융과 거시 건전성 개혁을 시행했다. 중국 공산당은 방만한 경제 운용의 원인이 된 지방정부의 독립적인 수입원 증대 기능과 그림자 금융을 엄중하게 단속했다. 또한 중국은 COVID-19 팬데믹에 대해서도 부양책을 퍼부은 유럽과 미국에 비해 보수적으로 대응했다.

이러한 개혁은 중국 정책입안자들이 지속적인 성장을 추구하는 최고의 방법은 생산성 증대라고 믿고 있음을 보여 준다. 특히 중국이 직면한 인구통계적 불리함을 고려했을 때 더욱 그렇다. 중국은 생산성을 늘리기 위해 자본 배분을 합리화하고, 사유 기업이 비생산적인 국유 기업보다 우선적으로 자본에 접근하도록 했다.

중국의 중위시민들은 정치자본을 볼모로 잡을 수 있으며, 글로벌 경제침체를 수수방관하지 않기를 바란다. 정책입안자들이 이러한 제약을 정확히 이해했는지는 2020년 이후에도 개혁이 지속될지 여부에 따라 알 수 있을 것이다. COVID-19 팬데믹 정국에서 정책입안자들은 정권을 유지하기 위해 결국 고통스러운 개혁을 중단하고 경제 부양책을 펼쳐야 할 것이다. 하지만 지금 이 책을 쓰는 현재 중국은 완강하게 부동산 가격 상승을 막는 데 열중하고 있다. 중국이 또다시 넉넉한 단기적인 정치자본을 이용해 장기적인 혜택을 누리려 하는 것이다. 비록 부동산 부양이 경제에 시동을 거는 가장 효율적인 방법일지라도 시진핑이 중산층이 가득한 연안 도시의 부동산 가격 상승을 용인한다면 장기적으로 정치 리스크가 발생할 것이다. 부동산 가격에 불만을 품은 대중은 공산당에 등을 돌릴 수도 있다. 그러면 홍콩에서와 유사한 저항 행동으로 이어질 수도 있다.[111] 중국의 정책입안자들은 빠른 경제 회복을 제쳐 두더라도 '집은 살기 위한 것이지, 투기를 위한 것이 아니다'라는 시진핑의 주술을 지속적으로 강조한다.

시진핑 행정부는 또한 중위시민의 의사를 고려해 부패방지 정책과 엄격한 환경 정책을 시작했으며 1자녀 정책과 호구 정책에도 변화를 줬다.[112] 이러한 방침은 중국 지도부가 중국이 처한 위태로운 상황을 감지했음을 나타낸다. 중국의 전체 인구에서 중산층은 높은 비중을 차지하며, 그 비중은 점점 늘어나고 있다. 일례로 2017년 중국 인구 중 중산층이 차지하는 비중은 50%였다(〈그림 4.9〉). 이들의 자산 수준은 이미 한국이나 대만이 독재 정권에서 벗어난 시기의 수치를 웃돌았다(〈그림 4.10〉). 중국에서는 투표나 여론조사가 불가능하기 때문에 중국의 중위시민을 가장 잘 대변하는 것은 중산층의 지지라고 봐도 무방하다.

중산층의 지지는 중국의 향후 정책을 예측하는 데 도움이 되며, 이를 주요 제약으로 삼아 중국 정부의 행동을 예측할 수 있다. 만약 정책입안자들에게 중산층이라는 제약이 없다면, 이들은 단순히 계속해서 경제를

〈그림 4.9〉 중국은 중요한 중산층의 문턱에 섰다

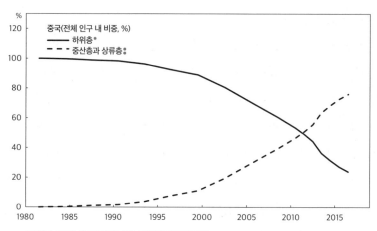

*2011년 구매력 평가기준 1일 소비 금액이 5.5달러화 미만
‡2011년 구매력 평가기준 1일 소비 금액이 5.5달러화 초과
ⓒ세계은행
클락타워 그룹의 출판 허가를 받은 자료

〈그림 4.10〉 중국의 연안 지방은 민주주의를 받아들일 준비가 되었다

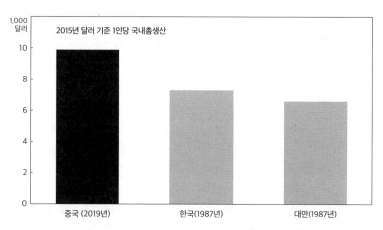

ⓒ옥스퍼드 이코노믹스(Oxford Economics)
클락타워 그룹의 출판 허가를 받은 자료

부양할 것이다. 즉 2017~2020년 동안 인위적으로 경제성장을 둔화할 필요가 없었을 것이다.

물론 중위투표자 이론 중 중국에 적용할 수 없는 부분도 있다. 바로 단기적인 경쟁 관계다. 중국 정책입안자들이 '투표자'를 의식하는 것은 훌륭한 자기보전 방법이다. 하지만 이들은 반대당이 더 많은 표를 얻을까 걱정할 필요가 없다. 중국은 그저 시민들이 원하는 맑은 공기와 정직한 공무원을 제공하면 된다. 더 맑은 공기나 더 정직한 공무원을 제공하겠다며 시기를 노리는 정치적 대안은 존재하지 않는다. 중국 지도자들은 경쟁을 할 필요가 없기 때문에 단기적으로는 고통스럽지만 장기적으로 유익한 정책을 펼친다. 즉 이들은 시간이라는 특권을 누리며 재임 시기와 관련된 제약에 덜 얽매이게 된다.

하지만 중국의 유연성에도 한계는 있다. 공산주의 체제가 무너지면 모든 것이 물거품이 된다. 공산당이 권력을 잡은 한 중국은 비효과적인 민주주의에서보다 쉽게 고통스러운 정책을 펼칠 수 있다. 비록 정책 개혁으로 이르는 길은 효과적인 민주주의보다 어렵겠지만 말이다.

자산 수준은 민주주의의 효과를 높이는 데 중요한 요소다. 이와 관련해 프리덤하우스[113] 점수로 민주주의의 효과를 측정할 수 있다. 가장 효과적인 민주주의 상태를 1이라 하고 가장 덜 효과적인 상태를 7이라 할 때, 자산 수준과 민주주의의 질 사이에는 확실한 관계가 있다〈그림 4.11〉).

〈그림 4.11〉을 보면 중국에 긍정적이지 않다. 이 그래프는 인과관계를 가정하지 않는다. 중국의 1인당 국내총생산은 1만 달러를 약간 밑돈

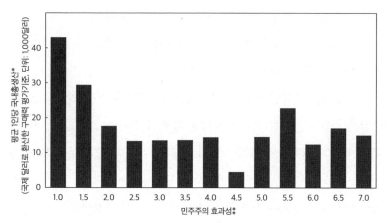

〈그림 4.11〉 자산 수준이 높을 때 보다 효과적인 민주주의

*©IMF 세계경제 전망
‡©프리덤하우스(2019), 민주주의 효과성은 정치적 권리와 시민의 자유를 측정해 동일가중평균을 낸 것
으로, 1은 가장 자유로운 나라를 나타내고 7은 가장 자유롭지 못한 나라를 나타낸다.
BCA리서치의 출판 허가를 받은 자료

다(대규모 연안 지방의 1인당 국내총생산은 1만 달러를 훨씬 웃돈다). 그러므로 중국은 효과적인 민주국가들 바로 아래에 위치한다. 이는 중국 대중이 곧 더 많은 정치 참여를 위해 압박을 가할 것임을 의미한다. 특히 정책입안자들이 경제, 금융, 팬데믹으로 인한 위기로 신임을 잃는 경우에는 그 압박이 더욱 거셀 것이다.

2020년은 중국 정책입안자들에게 중요한 해다. 중국은 경제자유화를 위해 구조개혁을 진행하고 있다. 이와 동시에 지방 권력을 중앙으로 집중하고 있다. 정치력 집중과 경제자유화를 동시에 추구하는 것은 서구권에서는 받아들이기 어려울 뿐더러 비논리적이기까지 하다. 하지만 학계는 이러한 조합에 익숙하다. 새뮤얼 헌팅턴은 1968년 『변화하는 사회에서의 정치 질서Political Order in Changing Societies』에서 경제 및 사회를 현대화하는 과정에서 정치적 자유를 지나치게 빠르게 도입하면 사회 붕괴로 이어지기도 한다고 경고한 바 있다.

중국의 비민주적인 체제를 고려했을 때, 중국의 정책입안자들은 대중성과 집권 시기라는 정치적 제약을 헤쳐 나갈 재량이 더 많다. 하지만 이들이 가진 재량에도 한계는 있다. 문화혁명과 대약진운동은 지난 일이다. 당시의 선전 문구는 그대로지만 공산당 지도층은 서구권 논평가들이 묘사하는 것보다 훨씬 더 많이 시민의 요구에 부응한다.

중국 공산당의 지속적인 통치 가능성을 위협하는 가장 큰 요인은 권력이 중앙집권화될수록 정치적 실수를 범했을 때 희생양으로 삼을 지방정부가 없어진다는 것이다. 중앙정부는 방만한 경제 운용, 부패, 환경오염, 심지어는 COVID-19에 대한 대응에 지방 관료들을 비난해 왔다. 하지만 중앙정부의 권력이 늘면 더 이상 지방 관료 탓을 할 수 없게 될 것이다.

급증하는 까다로운 중산층이 2020년 중국에 직면한 정치적 제약이라면, 중국은 미국과의 경쟁에서 우선순위를 어떻게 매길까? 제약 프레임워크를 통해 분석한 결과는 생각보다 흥미롭지 않다. 1980년대 이후의 NBA처럼 싸움이 날 일이 없으니 흥분할 것도 없다. 중국의 중산층은 중국이 지정학적 흥분 상태에 이르지 않도록 할 것이고, 중국은 미국과의 경쟁에서 한발 물러설 것이다.

2019년과 2020년 사이의 사례를 통해 볼 때, 중국의 중산층은 이미 중국이 미국과 격하게 대립하지 않도록 손을 썼다. 중국은 홍콩 시위에 강하게 반응하지 않았으며 저항하는 학생 세력도 거칠게 진압하지 않았다. 중국 정부는 지역 공안을 동원해 불안 상황을 처리했고 표면적으로는 직접 관여하지 않았다. 해외에서 중국은 미중 무역 합의 1단계에 동의하며 미국과의 경쟁에서 한발 물러서는 모습을 보였다. 이 무역 합의는 미국이 중국 수출품에 대부분의 관세를 유지했다는 점에서 항복에 가까웠다. 트럼프가 대통령이 된 이후로 중국은 남중국해에서 미국과의 군사 대립도 피해 왔다. 이 지역에서 사고는 끊이지 않았지만, 오바마 대통령의 시기와 비교하면 훨씬 규모가 작고 빈도수도 낮다.

중국의 반응을 보건대 트럼프 대통령은 중국의 약점인 중산층의 부유한 세대를 잘 공략한 듯하다. 중국은 중산층을 행복하게 하는 것이 세계를 정복하는 것보다 중요했기 때문에 몸을 낮췄다. 삼개대표는 여전히 유효하다. 하지만 이는 마오쩌둥 사상이나 중국이 국제적인 헤게모니가 되는 것과는 무관하다.

물론 중국은 동아시아에서 군림하고 더 큰 국제적인 영향력을 펼치고자 한다. 하지만 중국이 집중해야 할 제약은 중산층이기 때문에, 이들을 위해 경제성장을 이루는 것이 급선무다. 미국 헤게모니에 대한 도전을 포함해 중산층에 집중하는 데 방해가 되는 모든 문제는 우선순위에서 밀린다. 중위시민이 정책입안자의 행동에 놓은 제약은 미국과의 대립 관계에서 중국의 행동을 제한한다. 경제성장 및 생산력 증진과 중진국 함정에서 벗어나는 것이 중국의 주요 목표인 상황에서 중국의 확장주의는 한계가 있다.

역설적이게도 국제 질서와 평화에 놓인 가장 큰 위험은 중국의 공격이 아니다. 진짜 위험은 미국이 중국의 의도를 오해했을 때 닥칠 것이다. 나의 제약에 기초한 프레임워크에 의하면 중국은 미국의 정책입안자들이 생각하는 것보다 훨씬 더 제약에 묶여 있다. 중국의 지도자들은 성장 궤적과 상승하는 가치 곡선의 지속 가능성에 대해 염려하고 있다. 만약 미국이 무역과 경제를 두고 중국을 과도하게 압박한다면, 중국의 기본 방침이 위협받게 된다. 그리고 중국이 중진국 함정에서 벗어나지 못하게 된다면 공격적으로 반응할 수도 있다.

정치적 제약과 교훈

정치적 제약은 가장 많은 권력을 쥔 자와 상관관계가 있고, 따라서 지정학적 예측은 권력가로부터 시작한다. 정치적 제약은 비록 멋없기는 하지만 가장 제한적이고 그러므로 결정적이다. 정치적인 제약을 파악하기 위해 채권수익률과 신용부도스왑(CDS, Credit Default Swap) 가격을 분석하거나 대치 상태에 있는 군대의 전열을 비교하거나 역사와 지정학을 공부할 필요는 없다. 국제적인 갈등이든 정당 간의 갈등이든 정책입안자의 행동 범위를 결정하는 요인은 지역 정치다.

정치자본과 중위투표자의 개념은 국내 정책에 영향을 미치는 정치적 제약이 무엇인지 알아보는 데 도움이 된다. 정치자본은 임기응변식 접근법을 취하기 때문에 측정하기 어렵다. 그래서 거창한 이론 대신 정황을 살펴야 한다. 그리고 이 과정에서 주의 깊은 예측가는 사례별로 정치자본을 적용할 것이다. 균일한 측정이 어렵다는 것은 비교 연구가 부족하다는 뜻이기도 하다. 적어도 지금은 그렇다. (가까운 시일 내에 누군가가 언제 어디서나 사용 가능한 백테스트가 된 정치자본 지수를 만들어 낸다면 좋겠다.) 정치자본과 반대로 중위투표자 이론은 정량화가 가능하기 때문에 금융계 종사자가 보다 편리하게 사용할 수 있다. 중위투표자의 선호는 유용하고 관리하기 쉽기 때문에 다양한 상황에서 정치자본을 대신해 사용된다. 중위투표자 이론에 의하면 예측가들은 한 국가의 정책 궤적을 연구할 때 중위투표자에 집중해야 한다. 다시 한 번 말하지만, 중위투표자는 정치 시장의 가격 결정자다. 장기적으로 봤을 때 정치인들은 그저 가격 수용자일 뿐이다.

Chapter 5

경제와 시장

"나는 환생한다면 대통령이나 교황이나
야구팀의 4할 타자로 다시 태어나고 싶다고 생각했었다.
하지만 이제 나는 채권시장으로 환생하고 싶다.
그러면 모두를 위협할 수 있다."

_제임스 카빌(클린턴 대통령의 선거 전략가), 《월스트리트저널》, 1993년

나는 일곱 살 때 처음으로 거시경제와 시장 제약에 대한 경험을 했다.
1989년, 유고슬라비아의 마지막 총리인 안트 마르코비치는 나라의 분
열을 막기 위해 전력을 다하고 있었다. 그의 앞에는 유고슬라비아를 구
성하는 연방공화국들이 내세우는 민족주의 이상의 문제가 놓여 있었다.
그는 전형적인 이머징마켓의 국제수지 적자 위기에 봉착했다.

나는 1장에서 유고슬라비아가 자본주의 대 공산주의의 체스 게임에
서 어떻게 냉전의 기사 역할을 수행했는지를 설명했다. 나라 전체가 지

정학에 목을 맸다. 유고슬라비아는 NATO와 바르샤바조약기구 사이의 균열에 걸터앉아 난잡한 외교정책을 펼쳤다. 그리하여 유고슬라비아는 동서를 막론하고 우정을 쌓았을 뿐만 아니라 남반구의 개발도상국에 공학기술 노하우를 수출하고 짭짤한 환차익도 얻었다.[114]

하지만 불행히도 균형 잡기를 해 오던 유고슬라비아에 일련의 외부 충격이 가해지자 경제가 불안정해졌다. 1970년대의 석유파동은 석유 수입국이던 유고슬라비아를 강타했다. 1980년대에는 한국과의 경쟁 때문에 공업기술 위탁 사업에서 얻는 이익이 줄어들었다. 게다가 섬유산업도 떠오르는 아시아 시장과의 경쟁에 부딪혔다.

유고슬라비아는 외부 충격을 이겨 내기 위해 자본주의의 문을 두드려 도움을 받고자 했다. 하지만 유고슬라비아는 새로운 현실에 걸맞게 수입과 투자 수준을 조정하지 않았다. 더군다나 긴축을 시행하거나 강력한 통화정책—이자율 인상—을 펼쳐 환율 하락 및 인플레이션 문제를 해결하지도 않았다. 그 대신 유고슬라비아는 서구권의 친구들에게 손을 벌렸다. 유고슬라비아는 철의 장막 뒤에 갇힌 공산주의 친구들과는 달리 상당한 외화 부채를 얻었고, 이로 인해 시민들은 분수에 넘치는 생활을 했다.

그러나 1980년대 후반에 이르자 손쉽게 돈을 벌던 시대는 끝났고 국제사회는 무책임한 채무자에게 더 이상 돈을 빌려주려 하지 않았다. 고르바초프의 개혁이 진행되며 냉전이 수그러들었고, 유고슬라비아의 지정학적 가치도 시들어 갔다. 그리고 유고슬라비아는 자본주의 친구들에게 긴축 가능성을 장담할 수도 없었다. 1988년, 유고슬라비아 정부는 물가 상승과 디나르의 하락을 해결하기 위해 소득 통제를 완화했다. 이로 써 1988년 4분기에 명목 임금은 월 5% 상승했다. 1989년 9월이 되자 실질임금도 8개월 만에 20% 상승했다. 1989년 4분기에는 소비자가격 인플레이션률이 연 13,000%에 이르렀다.[115] 유고슬라비아는 끔찍한 임 금 가격 소용돌이에 휩싸였다.

1989년 말, 마르코비치 총리는 위기를 종식하고자 했다. 그해 마지막 날 그는 도이치마르크에 페그된 통화, 긴축, 기업의 사유화, 임금동결을 도입했다. 그는 또한 유고슬라비아 중앙은행에 화폐 발행을 멈추라고 지시했다. 그러자 1990년에 인플레이션률은 증가세를 멈췄고 0까지 떨 어졌다. 마르코비치의 긴축 전략이 먹힌 것이다.

하지만 승리에는 대가가 따랐다. 긴축으로 인해 경제 생산량이 폭락 한 것이었다. 이에 연방공화국의 포퓰리스트들은 분리주의와 민족 갈등 의 씨를 뿌리며 분란의 장을 열었다. 세르비아의 슬로보단 밀로셰비치 는 (연방정부를 무시하고) 중앙은행에 화폐를 발행하라고 지시했다. 그는 그 돈으로 자신의 선거운동을 할 셈이었다.

인플레이션이 다시 발생하자 중위투표자 선호는 책임기술 관료인 마 르코비치를 향한 비난으로 드러났다. 나는 겨우 일곱 살이었지만 이 시 기를 선명하게 기억한다. 나는 젖니가 빠지기도 전에 인플레이션에 대 해 배웠다. 서구권에서는 유고슬라비아가 민족 갈등 때문에 분리되었다 고 본다. 그렇다. 갈등은 많았다. 하지만 대부분은 자신의 정체성을 민족 성에서 찾지 않았다. 적어도 민족성은 아이들이 정체성 싸움에서 걸고 넘어질 만큼 중요한 것이 아니었다. 나의 아버지는 나를 앉혀 놓고 세르비아인이 어떻게 유고슬라브인과 다른지 알려 줘야 했다. 크로아티아인이건 슬로베니아인이건 보스니아인이건, 우리 세대라면 모두 비슷한 경험을 했을 것이다. 유고슬라비아를 떠난 이후로 나는 민족과 종파 간의 갈등이 내재한 여러 곳에서 살고, 공부하고, 일했다. 하지만 그 어느 곳에서도 나의 고향처럼 피 흘리는 상황으로 치닫지 않았다. 그 이유는 무엇일까?

OECD의 1989~1990년 유고슬라비아 경제 연구는 엄청난 분량을 자랑한다.[116] 이 연구서는 끓어오르는 민족주의나 민족 갈등에 대해서는 언급하지 않는다. 하지만 소용돌이치는 경제 위기에 대한 임상적 해부는 불길한 예감을 자아냈다. 유고슬라비아에는 (민족 갈등을 포함한) 많은 문제가 있었다. 하지만 거시경제 환경은 연방정부가 이러한 문제를 해결하기 위해 필요로 하는 정치자본의 양을 제한했다. 만약 유고슬라비아가 보다 나은 거시경제 및 시장 제약에 놓였다면 유고슬라비아의 이야기는 1991년에 끝나지 않았을 것이다. (1992년의 드림팀[117]도 유고슬라비아의 농구팀을 겨우 이겼을지도 모른다!) 마르코비치 같은 개혁가들은 연방 군대의 지지를 얻을 자금을 구축하고 민족주의자들을 무력으로 제압할 수 있었을지도 모른다.

유럽은 진퇴양난에 빠졌다

지정학적 연구의 가장 큰 어려움은 예측가들이 경제학과 금융에 정통하지 않다는 것이다. 심지어 어떤 예측가들은 분석 도구를 쓸 줄만 알았지, 이를 안전하게 사용할 만한 전문성을 갖추지 못했다. 여기서 도구를 안전하게 사용한다는 말은 무언가 잘못되어 위기가 닥치거나 예측이 엉망이 되지 않도록 한다는 뜻이다.

유로존 위기는 분석가들의 불완전한 지식이 어떤 결과를 가져오는지를 잘 보여 준다. 2010~2015년의 국가 부채위기 기간 동안 금융 매체들은 주변 국가—아일랜드, 이탈리아, 그리스, 스페인, 포르투갈—의 부채 수준, 적자예산, 채권수익률 증가에 대해 쉴 새 없이 보도했다. 하지만 이때 금융 매체들은 방만한 주변부 국가와 수출을 지향하는 중심 국가 사이의 공생 관계를 간과했다. 그렇게 이들은 근검절약하는 북유럽 국가들이 유로화를 구제하지 않을 것이라고 봤다.

파멸을 내다본 점쟁이들은 유럽통화공동체의 해체에 따르는 제약 사항을 감안하지 않았다. 이들은 선호, 즉 자국이 유로존을 떠나거나 다른 회원국을 탈퇴시키려는 정책입안자들의 이른바 실용적 욕구에 집중했다. 하지만 EU를 지탱하는 심오한 지정학적 논리는 주변국들의 경제적 어려움과는 무관하게 지속되었다. 사실 경제와 금융은 유로존 국가들을 각기 다른 방향으로 밀어내는 원심력이 아니라 유로존을 유지하는 데 있어 중요한 구심력으로 작용했다.

나는 이 장에서 거시경제와 금융(혹은 시장)이라는 두 가지 제약에 대해 논할 것이다. 이 두 가지 제약은 투자자의 인식이 펀더멘털을 바꾼다고 보는 조지 소로스의 반사관계에도 나타난다.[118] 하지만 거시경제와 금융이 서로 영향을 미치더라도 이 둘은 별개의 요소다.

🔟 거시경제 제약

거시경제 제약을 알아보기 위해서는 펀더멘털을 살펴봐야 한다. 주요 성장 동력은 무엇인가, 높은 생산성인가 아니면 노동력 증가인가? 경제에 장기적인 실업, 불완전 고용, 과도한 규제, 국내 산업 보호주의, 부의 불평등과 같은 구조적 불균형이 있는가? 경상계정이 균형을 이루는가? 만약 균형을 이루지 못한다면 그 이유가 원자재 수출국처럼 수출에 의존하기 때문인가 아니면 지나친 수입과 자본 유입 때문인가? 국내 거시경제정책이 어느 정도까지 창조적 파괴와 경쟁을 불러오는가?

이런 질문들은 경제학102 수업을 듣는 학생들이 배워서 답하는 것이다. 나는 의사가 (혈압이나 심장박동률 같은) 건강 신호를 이용하는 것처럼 펀더멘털을 이용한다. 높은 콜레스테롤 수치 같은 하나의 적신호는 별개로 다루기 쉽다. 의사는 운동을 하고 포화지방 섭취를 중단하라고 할 것이다. 하지만 적신호가 여러 개 나타나면 의사는 더 많은 요구를 할 것이다. 나도 의사처럼 문진표에 놀랄 만한 답이 여러 개 나오면 그 원인을 알아내기 위해 철저히 조사한다. (이러한 과정의 좋은 예는 9장에 나오는 인도에 대한 총괄평가다.)

2️⃣ 금융 제약

어떤 국가는 오랫동안 부실한 펀더멘털을 보였음에도 불구하고 투자자들의 열정으로 경제가 유지되기도 한다. 이때 투자는 이부프로펜이 열을 감추는 것처럼 불균형 상태를 감춘다.

2010년 그리스가 하룻밤 사이에 저성장 국가가 되고, 생산성이 하락하고, 부채가 과도해진 것은 아니다. 그리스에 구조적 하락세가 닥친 근본 원인을 알기 위해서는 1990년대로 거슬러 올라가야 한다. 하지만 투자자들은 그리스의 펀더멘털을 무시하고 자산 시장, 특히 채권시장에 달려들었다. 이러한 투자자들의 열정에 정책입안자들은 현실에 안주했다.

시장은 정책입안자들의 행동을 규율하고 제약하는 역할을 한다. 하지만 투자자들이 항상 이러한 환경을 조성하는 것은 아니다. 게다가 시장은 비이성적이며 내러티브에 의해 좌지우지된다.[119] 내러티브는 공포심을 조장해 경기침체를 악화시키기도 하고 투자를 부추기기도 한다.

2000년대 지중해연안유럽의 경우 투자자들은 유럽 공동 통화의 도래를 환영했고 각 회원국의 채권시장에 투자했다. 이 과정에서 채권수익률은 수렴했고, 그 혜택은 정책입안자들에게 돌아갔다. 정책입안자들은 손도 안 대고 코를 푼 격이었다(〈그림 5.1〉). 시장은 제대로 기능하지 않았다. 그리고 마침내 시장은 비명을 지르며 깨어났다. 채권수익률은 미사일보다 강력하기도 하다.

나는 이제 거시 및 시장 제약을 유로화 위기에 대입해 설명할 것이다. 이 과정에서 거시 펀더멘털과 시장 요인이 제약으로 작용한 이유에 대해 살펴볼 것이다. 그 대상은 EU 탈퇴를 선호한 국가들이다. (오늘날에는 거시 및 시장 요인이 EU 탈퇴를 부추겼다고 보는 의견이 우세하지만 말이다.) 대부분의 투자자와 금융 매체는 시장이 원심력이 되어 유럽 국가들을 밀어냈다고 생각했다. 이들은 정책입안자들의 EU 탈퇴를 향한 선호를 과대평가했기 때문에 이러한 결론에 도달했다. 그리스는 더욱 그러했다.

〈그림 5.1〉 잠자는 시장

©매크로본드
BCA리서치의 출판 허가를 받은 자료

독일에게는 유럽이 필요하다

경제는 정책입안자들에게 직접적인 제약이다. 아르헨티나 사례에서 봤다시피 높은 인플레이션과 실업이 함께 발생하면 고통 지수가 증가한다. 그런데 예측가들은 직접적인 인과관계 이상의 것을 보고 작은 징후도 고려해야 한다. 유로존의 분석가들이 범한 가장 큰 실수는 독일과 지중해연안유럽 국가들 사이의 권력 역학을 잘못 이해한 것이다.

독일 문제는 나폴레옹의 패배 이래로 계속된 유럽의 중요한 지정학적 딜레마다. 프랑스혁명 이후 파리의 신엘리트 집단은 딜레마에 빠졌다. 이들은 더 이상 군주제로 통합될 수 없는 다민족국가를 통제할 체제를 설립해야 했다.[120] 그리고 이들은 민족주의라는 새로운 정부 모델을 채택했다. 그 후 수백 년 동안 정부 관료들은 유진 웨버의 말마따나 '농민을 프랑스인으로' 변모시키는 데 집중했다.[121] 하지만 파리의 엘리트들에게는 불행하게도 프랑스의 국가 창설은 독일의 탄생으로 귀결될 것이었다. 프랑스 농민들에게 프랑스인이 되라고 불어넣은 민족주의는 독일 농민들에게 독일인이 되라고 부추기는 것과 다름없었다. 당시 독일은 유럽 중부의 36개 독립국에 흩어져 있었다.

1871년 독일은 통일을 이뤄 유럽의 지정학적 중심부에서 경제 및 인구 대국을 이루었다. 상대적으로 규모가 작은 이웃 국가들은 통일 당일부터 독일의 규모와 잠재력에 의심과 두려움을 품었다. 이러한 시선을 의식한 독일의 지도자들은 유럽 대륙의 다른 세력과 균형을 이뤄 반독일 세력—특히 프랑스가 주도하는 세력—이 형성되는 것을 예방하고자 했다. 독일은 두 번이나 무력으로 독일 문제에 답했는데[122] 모두 실패했다. 특히 두 번째 무력 시도가 실패하며 독일이라는 국가가 사라질 위기에 처하기도 했다. 독일은 만만치 않은 나라지만 유럽 대륙 전체가 힘을 합했을 때는 상대가 되지 않았다.

적국이 될 수도 있는 EU 및 유로화와의 통합은 독일에게 독일 문제를 해결하기 위한 대안이었다. 사람들이 흔히 생각하는 것과 달리 독일이 유로화를 도입한 것은 다른 유럽 국가들의 경제를 약화시키려는 책략이 아니었다. 몇몇 전문가는 ECB(European Central Bank, 유럽중앙은행)가 프랑크푸르트에 본사를 둔 것을 튜턴[123] 음모론의 증거라고 주장하지만 이는 사실이 아니다. 독일이 ECB의 본사를 프랑크푸르트에 둘 것을 요구한 것은 자국 통화를 잃는 것에 대한 위로 차원이었다.

유럽의 통화 연합은 EU의 원활한 기능을 위해 존재한다. 공동 통화가 없다면 무역장벽이 없는 공동 시장은 존재할 수 없다. 왜냐하면 EU 회원국들이 경쟁력을 높이기 위해 자국의 화폐가치를 떨어뜨릴 수도 있기 때문이다. 만약 이탈리아가 불경기 때마다 리라를 15% 절하한다면, 무역 상대국들은 결국 망설임 끝에 관세를 인상할 것이다. 그렇게 되면 유럽 통합 프로젝트는 끝이 난다.

이런 이유로 EEC(European Economic Community, 유럽경제공동체)가 공동 통화를 도입한 것은 아니었다. EEC가 처음 도입한 방법은 '복잡한 터널 속의 뱀'이라 불리는 복잡한 달러 페그제였다. 하지만 달러 페그제는 잘 작동하지 않았고, EEC는 모든 유럽 통화를 도이치마르크에 페그했다. 하지만 이 방법은 독일 중앙은행에 유럽통화정책에 대한 지나치게 많은 권력을 쥐어 줬다. 즉 유로화 도입은 독일에 혜택을 주기 위해서가 아니라 유럽통화정책에 대한 독일의 권력을 제한하기 위한 것임을 보여 준다.

물론 독일에 돌아간 혜택도 있다. 도이치마르크를 다른 유럽 통화에 고정하자 도이치마르크의 가치는 경쟁국에 비해 20%가량 하락했다(〈그림 5.2〉). 유로를 통화 스무디라고 생각해 보자. 독일은 하얀 단백질 가루 맛 나는 도이치마르크를 달콤한 바나나 맛이 나는 이탈리아, 프랑스, 스페인의 통화와 섞어 희석했다. 그리고 도이치마르크화를 스무디에서 분리해 내면, 독일의 재화 가격은 갑자기 20% 이상 급등하게 된다.

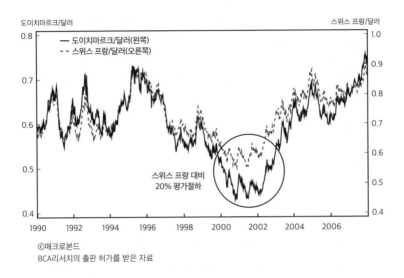

〈그림 5.2〉 독일이 도이치마르크의 가치를 희석하다

1990년대에는 독일도 경제개혁이 절실했다. 2000년대 초 독일은 동유럽 이웃 국가들의 노동시장 과잉 규제와 EU 가입에 자극을 받아 하르츠 IV 개혁이라 불리는 법안을 내놓았다. 이 법안으로 인해 독일의 실업률은 급격하게 하락했고, 국내총생산 성장률도 안정되었다(〈그림 5.3〉).

독일은 다른 유럽 국가들과는 달리 21세기 초반을 허비하지 않았다. 독일은 팔을 걷어붙이고 고통스러운 개혁을 실행했다. 장기 실업급여를 절감하고 단기 교대근무를 도입했다. 하르츠 개혁은 장기적으로 실업률의 급감을 불러왔다. 2002년 1월 최고 11.5%였던 실업률은 현재 4.9%까지 떨어졌다. 개혁은 임금 성장으로 이어지지 않는다는 전통적인 관점과는 달리 독일의 개혁은 지속적인 임금 상승에도 기여했다. 비록 임

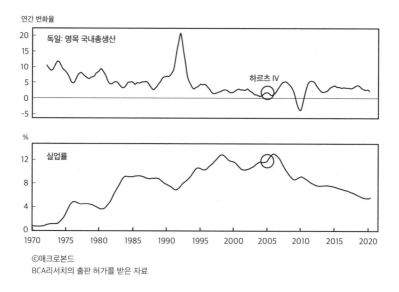

〈그림 5.3〉 유로존에 대한 독일의 준비

연간 변화율

독일: 명목 국내총생산

하르츠 IV

실업률

©매크로본드
BCA리서치의 출판 허가를 받은 자료

금이 생산성 성장률보다 낮은 폭으로 늘기는 했지만 말이다.

2010년에 유로존 위기가 시작되었을 때 독일은 지중해연안유럽 국
가들을 구제할 수밖에 없었다. 독일은 20년에 거쳐 통화 통합을 준비했
고, 수출 중심 경제를 구축해 왔다. 따라서 독일 경제는 수출 의존도가
매우 높았다. 2010년 독일 수출의 무려 55%가 EU 내에서 이루어졌다.
중국과 같은 이머징마켓에 대한 수출도 증가하기는 했지만 전체 수출에
서 차지하는 비중은 28%에 불과했다(〈그림 5.4〉). 독일의 전체 수출량 중
42%는 유로화를 사용하는 나라를 향했고, 이는 정책입안자들의 선호와
관계없이 2010년에 EU를 탈퇴하려는 움직임을 제한했다.

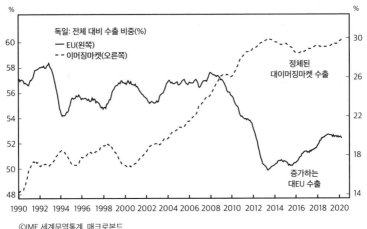

〈그림 5.4〉 독일은 유럽을 필요로 한다

독일: 전체 대비 수출 비중(%)
— EU(왼쪽)
--- 이머징마켓(오른쪽)

정체된
대이머징마켓 수출

증가하는
대EU 수출

ⒸIMF 세계무역통계, 매크로본드
BCA리서치의 출판 허가를 받은 자료

EU를 탈퇴하려던 독일에게 EU 회원국에 대한 경제적 의존도는 중대한 제약이었으며, 그 의존도는 앞으로 더 증가할 것이다. 독일의 인구구조를 고려했을 때 독일 경제는 국내 시장에 의존할 수 없다. 독일 여성들은 1인당 1.46명의 자녀를 출산한다. 게다가 독일에서는 전반적으로 반이민 정책이 힘을 얻고 있다. 이러한 상황에서 국내 수요가 치솟을 가능성은 희박했다. 독일 경제는 당분간 수출, 특히 유럽을 상대로 한 수출에 의존할 것이었다. 미국과 중국에서는 무역보호주의가 힘을 얻고 있다. 게다가 4장에서 언급했다시피 중국은 개혁을 도입해 경제성장을 늦추고 있다. 이러한 상황은 독일이 EU 회원국과 공동 시장에 묶여 있음을 의미한다. EU에 대한 수출 의존도가 높은 독일은 새로운 수출 시

172

장을 모색할 수 없는 진퇴양난의 상황에 놓였다.

2010년대 내내 금융 매체들은 독일의 유로존 탈퇴 앞에 놓인 근본적이고 거시적인 제약을 간과했다. 기자들이 게을러서 침묵했을 수도 있지만 금융 매체들이 EU 회의론에 편향했다는 것도 한몫했다. 특히 영국 매체들은 자신들의 편향된 EU 회의론을 독일 대중과 정책입안자들에 덮어씌웠다. 런던에 위치한 다수의 매체가 출간한 보고서는 '독일의 EU 회의론 심화'라는 문구로 축약되었는데, 지금 와서 보면 이는 매우 잘못되었다.

금융 매체가 여론조사만 살폈어도 보다 정확하게 독일의 행동을 예측했을 것이다. 독일의 중위투표자들이 독일의 안위가 다른 유로존 국가들에 직접적으로 연계되어 있음을 깨닫는 데는 오랜 시간이 걸리지 않았다(〈그림 5.5〉). EU 회의론자를 포함한 독일의 정책입안자들은 곧 하나둘 구제안을 승인했다.

독일 중위투표자들의 유럽 옹호론을 향한 비범한 여정은 앙겔라 메르켈 총리의 EU 부채공동화 방침으로 이어졌다. 한때 전문가들이 독일은 절대 건너지 않을 루비콘강이라고 생각한 정책이다. 마크롱과 메르켈이 제안한 유럽회복기금은 검소한 4개국인 오스트리아, 덴마크, 네덜란드, 스웨덴이 반대하더라도 2020년 중에 가결될 전망이다.

메르켈은 유럽이 혈혈단신임을 잘 이해했다. 유럽의 자치 국가들이 중국, 러시아, 인도, 이란, 미국을 상대해야 하는 다극화된 세상에서 통합 외의 대안은 존재하지 않는다. 미국과 영국의 EU 회의론을 지지하는 전문가들은 유럽의 정책입안자들과 유권자들이 바보가 아님을 이해하지 못했다. EU가 해체되면 한때 세계를 제패했으나 이제는 박물관이 되어 버린 스웨덴, 네덜란드, 스페인 같은 국가들은 21세기 그레이트 게임[124]에서 하찮은 역할만을 수행하게 될 것이다. 더불어 독일, 프랑스, 이탈리아마저도 대륙 국가들의 시대에서 국익을 추구하기는 어려울 것이다.

〈그림 5.5〉 독일의 유로존을 향한 강력한 지지

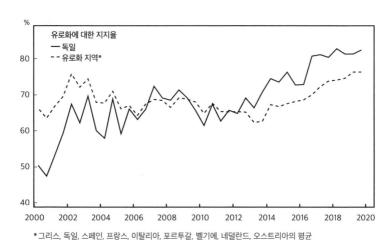

*그리스, 독일, 스페인, 프랑스, 이탈리아, 포르투갈, 벨기에, 네덜란드, 오스트리아의 평균
©유로바로미터, 매크로본드
BCA리서치의 출판 허가를 받은 자료

나는 메르켈이 유로존 위기가 발발한 첫날부터 중대한 지정학적 상황을 고려했을 것이라고 생각한다. 조심스럽기로 유명한 메르켈이 극적인 행동에 나선 계기는 도널드 트럼프의 당선이었다. 2017년 5월, 메르켈은 시실리에서 열린 G7 정상회담에서 트럼프 대통령을 만났다. 트럼프는 이 정상회담에서 독일이 미국과의 무역에서 엄청난 흑자를 거뒀다

고 비난하며 메르켈을 라이벌 취급했다.

메르켈은 정상회담 후 즉시 독일로 돌아가 뮌헨의 한 비어홀에서 전반적으로 EU 회의론을 보이는 기독사회당 의원들을 상대로 이렇게 연설했다.

"우리가 다른 나라에 전적으로 의존할 수 있던 시대는 끝났다."[125]

그녀의 연설 장소와 청중 선택은 탁월했다. 기독사회당은 메르켈이 이끄는 기독민주당의 자매당으로 유로존 위기 내내 두드러지게 EU 회의론 노선을 채택했다. 기독사회당 의원들은 매 구제 법안에 반대표를 던져 메르켈에 맞서곤 했다. 메르켈은 즉각 보수적인 바바리아 지역으로 내려가 EU 회의론에 가장 앞장선 동료들에게 통합 외의 대안은 없음을 각인시키려 한 것이다.

나는 향후 십 년간 유럽 통합에 따른 위험은 없다고 본다. 작은 위기야 언제든 왔다 가겠지만—항상 이탈리아가 문제다—지정학적인 대세는 명확하다. 유럽은 통합해야 한다. 그렇지 않으면 무의미한 존재가 될 것이다. 유럽 통합은 잘못된 유토피아적 환상에 기인한 것이 아니다. 또한 유럽이 피 흘리던 과거사를 감안해 전례 없이 가까운 연합 관계를 유지하는 것도 아니다. 유럽 국가들이 통치권을 포기해 가면서까지 통합을 추구하는 것은 나약함과 두려움 때문이다. 장기적으로 보면 나약함 때문에 맺은 동맹이 가장 오랫동안 유지된다. 미국의 13개 식민지도 결국에는 영국이 다시 침략할까 두려워 통합한 것이었다. 다양한 민족 배경을 가진 스위스의 자치주도 강성한 이웃 국가에 휘둘릴까 두려워 통합했다.

유럽 통합을 두고 의견이 분분하기는 하지만 투자자들은 향후 10년 동안 유럽 대륙에 투자해 수익을 얻을 것이다. 그렇다. 유럽 또한 부에 노스아이레스 정책을 도입할 것이다. 하지만 미국처럼 빠르고 강력하게 탈자유방임주의가 진행되지는 않을 것이다.

그리스는 노벨상 수상자의 논평을 무시했다

독일이 직면한 경제적 제약 이면에는 그리스에 대한 이야기가 있다. 비평가들은 유로화 위기 내내 그리스가 유로존을 떠나야 하며, 자국의 통화가치를 절하하고 채무불이행을 선언해 위기에서 벗어나야 한다고 주장했다. 노벨상 수상자인 폴 크루그먼은 그리스가 서둘러 유로존을 떠나야 한다고 재촉했다.[126] 크루그먼의 동료 경제학자이자 괴팍한 유럽 늙은이인 한스 베르너 진도 2015년 그리스 위기의 정점에서 크루그먼과 뜻을 같이하는 논평을 냈다.[127] 하지만 그리스는 논평을 내는 마법사들에 마음을 쓰지 않았다. 오히려 위기가 악화되는 동안 유로존에 대한 지지는 꾸준히 증가했다(〈그림 5.6〉).

그리스인들은 바보일까? 전혀 그렇지 않다! 탁상공론을 펼치는 전문가들과 달리 그리스인들은 실제로 그리스에 살고 있다. 그리스인들은 그리스가 EU 회원국이 아니라면 발칸반도의 다른 나라와 다를 바 없음을 잘 알고 있다.

앞서 언급한 경제학자들은 사회과학 연구실에만 존재하는 세테리스

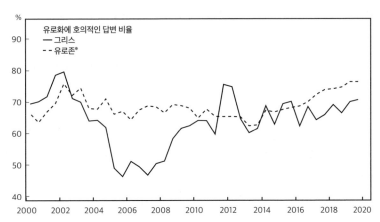

〈그림 5.6〉 어리석은 그리스인들이 저명한 경제학자들과 반대에 서다

* 그리스, 독일, 스페인, 프랑스, 이탈리아, 포르투갈, 벨기에, 네덜란드, 오스트리아의 평균
ⓒ유로바로미터, 매크로본드
BCA리서치의 출판 허가를 받은 자료

파리부스[128] 가정 아래에서 그리스의 유로존 탈퇴를 주장했다. 세테리스 파리부스를 가정하면 유로존 탈퇴는 그리스에 별다른 정치적 위험이 되지 않는다. 게다가 그리스의 유로존 탈퇴를 주장하는 정책입안자들은 경제학 박사에 뉴욕타임스에 논평도 기고하는 사람들이다. 하지만 이들의 주장은 이론적이고 엑셀 프로그램에서 풀어냈을 때 가장 효과적이었다.

그리스의 경쟁력 없는 경제를 두고 통화를 비난하는 것은 허수아비 논증이다. 이때 통화는 허수아비에 불과하고, 진짜 문제는 그리스의 경제구조다. 그리스는 유로존 잔류 여부와 무관하게 경제구조개혁이 절실한 상황이었다. 그렉시트[129] 후 평가절하된 자국 통화의 덕을 보려면 그리스에 직접 해외투자가 유입되어야 했다. 하지만 유로존 탈퇴로 인한 불안한 정치 상황을 감안했을 때 해외투자가 유입될 가능성은 희박했다.

그리스는 수출에서도 별다른 수익을 내지 못했다. 그리스는 2010년 이전 15년 동안 주요 수출 품목이었던 의류, 의류 장신구, 섬유 수출에서 고전했다. 석유정제업을 제외하면 수출 품목 다각화에도 실패했다.

그리스는 단순히 유로존 회원국이어서가 아니라 세계화와 아시아 생산자들과 경쟁 때문에라도 전문화해야 했다. 그리스 상품의 가격을 50% 인하한다고 해도 아시아 생산국들의 노동비 경쟁력을 극복하기 어려울 터였다. 그리고 아시아 국가들은 그리스의 주요 수출 품목이었던 저렴한 제조 상품을 독점적으로 생산했다. 2001년에 그리스의 전체 수출 중 제조업이 차지하는 비율은 50%였는데, 2015년에는 고작 28%—이 중 3분의 1은 광산업과 관련된 품목이다—에 머물렀다. 이는 그리스가 통화를 평가절하하더라도 그로 인해 혜택을 입을 만한 제조업 기반이 남아 있지 않음을 의미한다.

그리스를 유로존에서 빼낸 정책입안자들이 친시장 구조개혁을 실행해 평가절하를 노리는 해외투자자들을 불러들일 수도 있다. 하지만 그리스의 정책입안자들이 개혁의 고통을 감내할 의지가 있었다면 애초에 유로존 탈퇴가 아니라 개혁에 집중했을 것이다. 이제 와 말하기는 쉽지만, 2015년에는 전문가들이 아르헨티나를 성공적인 분리의 좋은 예라고 여기며 그리스의 유로존 탈퇴를 요구했다. 2020년에 보면 우스운 주장이지만 한 번 자세히 살펴보도록 하자.

일단 아르헨티나는 좋은 예가 아니다. 왜냐하면 2001년에 아르헨티나가 처한 국제적 상황은 2015년에 그리스가 처한 상황보다 훨씬 더 우호적이었기 때문이다. 원자재 수출국인 아르헨티나는 2001년에 디폴트를 선언하고 통화가치를 절하했는데, 운 좋게도 이 시점에 역사상 유례없는 원자재 강세가 시작되었다. 하지만 그리스가 2015년에 직면한 거시경제 상황은 훨씬 열악했다. 국제 무역은 감소세에 있었고, 이 추세는 앞으로도 지속될 것이었다. 다시 한 번 아르헨티나의 2001년 상황과 비교하면 유로가 되었든, 드라크마가 되었든 그리스의 평가절하는 별 효과를 보지 못했을 것이다.

또한 그리스는 아르헨티나와는 달리 에너지 수입국이다. 2015년에 그리스는 에너지 사용분의 약 64%를 수입했다. 이러한 에너지 수입 의존도 때문에 화폐가치가 하락하면 에너지를 사용하는 모든 품목—바닷가의 모래를 제외한 모든 것—의 가격이 즉각 폭등할 것이었다. 심지어는 생산 및 운반 비용이 올라 식료품 가격도 상승할 것이었다. 강력한 지지층을 보유한 안정적인 정부였다면 가격 폭등은 잔혹하겠지만 짧게 끝났을 것이다. 하지만 그리스의 포퓰리스트 정부는 공포에 휩싸여 화폐를 발행해 댈 것이고, 유고슬라비아가 1989년에 경험한 하이퍼인플레이션 주기로 접어들 것이었다. 내가 그리스 정부가 공포에 휩싸여 화폐를 발행할 것이라고 가정한 이유는 그리스는 공공 부문의 고용과 지출이 많기 때문이다. 그리스 정부가 중위투표자의 지지, 즉 정치자본을 보전하기 위한 가장 쉬운 방법은 드라크마를 발행하는 것이다. 그리스 정부는 유권자들을 달래기 위해 수입 비용과 가격 폭등에 발맞춰 연금과 공공 임금을 올릴 것이다. 그리스에서는 50%가 넘는 가구가 연금 소득에 기대어 산다. 4장에서 언급했다시피 중위투표자는 정책을 결정하며, 이들은 인플레이션을 손 놓고 방관하지 않을 것이다.

인플레이션과는 무관하게 그리스의 국내총생산의 9%를 차지하는 관광업은 저렴한 통화에 힘입어 증가할 것이다. 하지만 관광업의 성장이 그리스에 최선의 결과는 아니다. 관광업은 부가가치가 낮으며 국가의 생산성 증대에 별다른 기여를 하지 않는다. 관광업에 따른 고용 증대에도 한계가 있다.

결국 그리스는 유로존을 떠나지 않았다. 알렉시스 치프라스가 이끄는 포퓰리스트 정부는 전문가들이 절대 일어나지 않으리라고 예상했던 고통스러운 구조개혁을 단행했다. 이는 치프라스 총리가 2015년 당시 EU 회의론 성격을 띤 급진 좌파 정당인 시리자를 대표했다는 점에서 엄청난 결과다. 하지만 그는 물질적 제약의 압박에 굴복해 허리띠를 졸라매고 개혁과 긴축의 십자가를 졌다. 그 십자가는 키리아코스 미초타키스 총리에게로 전해졌고, 그도 같은 기조를 유지하고 있다.

개혁 이후 그리스의 단위당 노동비용은 다른 유로존 국가들에 비해 하락했다. 그리스의 노동비용은 여전히 높은 수준이지만 예전처럼 터무니없지는 않다(〈그림 5.7〉). 그리고 그리스는 이를 바탕으로 2000년 이후 증가했던 경쟁력 차이를 큰 폭으로 줄였다. 그리스는 고통스러운 예산 통합을 이뤄 냈다. 이는 많은 비평가가 불가능하다고 생각한 것이다. 2009년에 10%였던 그리스의 적자예산—부채에 대한 이자비용을 제외한—은 2019년이 되자 4% 흑자로 돌아섰다(〈그림 5.8〉). 다른 국가였다면 이러한 재정 조정이 분란을 초래했을 것이다. 하지만 그리스는 쉬운 길을 막아선 강력한 경제적 제약 덕분에 결속했다. 그리스에 걸맞게 말하자면 쉬운 길은 피로스의 승리[130]로 이어졌을 것이다. 그리스는 대부분의 부채를 협의된 이자율로 공적 부문에서 보유하기 때문에 이자비용은 국내총생산의 3.5%에 불과하다. 이는 미국과 다른 유로존 국가들과 같은 수준이다.

그리스의 유로존 탈퇴를 응원하던 전문가들과 경제학자들은 그리스의 중위투표자보다 아는 바가 적었다. 그리스 시민과 정책입안자들은 그들이 이론적으로 완벽한 세테리스 파리부스적 상황에 살고 있지 않음을 이해했다. 그들은 그리스에 살고 있었다.

유로존의 국가 채무위기는 선호에 기반을 둔 분석만으로는 왜 예측하기 어려운지를 잘 보여 준다. 제약 앞에서는 트로츠키 공산주의자인 치프라스 같은 인물마저도 마가렛 대처의 공급 중심 개혁으로 돌아선다. 물질적 제약은 정책입안자를 최소저항선, 즉 가장 저항이 적은 길로 향하게 한다.

예측가들은 투자자의 관점에서 최소저항선을 보는 것이 쉽지 않음을 명심해야 한다. 2010년에 독일이 ECB로 하여금 직접 국채를 매입하도록 할 것이라거나 10년 후인 2020년에 EEC가 남동부 유럽의 EU 회원국을 대표해 공동 국채를 발행할 거라는 이는 많지 않았다. 2015년에 그리스가 국내총생산의 5% 폭에 이르는 예산 조정에 성공할 것이라고 전망하는 이도 거의 없었다. 이때 여론 몰이를 한 분석가들은 경제 및 시장 제약을 감안하지 않았다. 또한 그들은 예측 방법도 바꾸지 않았다.

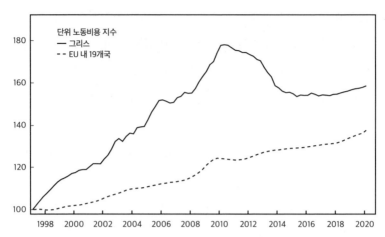

〈그림 5.7〉 힘든 일을 다 해 놓고 왜 떠나겠는가?

참조: 두 곡선 모두 1997년=100으로 봤을 때 분기별 평균 움직임을 나타낸다.
ⒸOECD, 매크로본드
BCA리서치의 출판 허가를 받은 자료

〈그림 5.8〉 엄청난 긴축재정

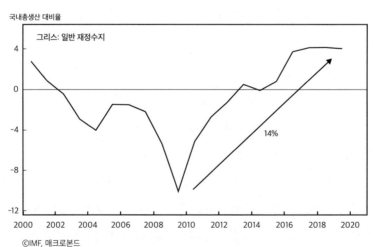

ⒸIMF, 매크로본드
BCA리서치의 출판 허가를 받은 자료

2020년 현재에도 전문가나 탁상공론을 일삼는 분석가들은 여전히 이탈리아가 유로존을 탈퇴할 것이고, 독일에서 포퓰리스트가 강성할 것이며, TARGET2가 인류 종말을 불러올 것이라고 예측한다.[131]

무역전쟁은 지속 가능한가?

예측가들은 미국과 중국의 무역전쟁에 놓인 경제 및 시장 제약도 과소평가한다. 중국과 미국이 20세기의 냉전을 되풀이할 거라는 이가 늘고 있는데, 이들의 추측에서 무역 분쟁은 지정학적으로 빙산의 일각일 뿐이다.

나는 2011년에 BCA리서치와 함께 투자전략지 《지정학적 전략》을 창간했고, 2012년 9월에 「동아시아의 권력과 정치: 냉전 2.0(Power and Politics in East Asia: Cold War 2.0?)」를 기고했다. 이로써 나는 투자업계에 중국과 미국에 대한 여론을 조성하는 데 일조했다. 《지정학적 전략》은 지난 10년간 지정학적 위험이 중동 지역에서 동아시아로 옮겨 왔다는 명제를 채택했다. 지정학적 위험이 증가하는 지역은 바로 중국이었다. 투자자들은 투자와 관련된 리스크가 한 지역에서 다른 지역으로 옮겨가고 있음에 주목해야 했다.

《지정학적 전략》의 기본 명제는 여전히 타당하다. 실리콘 커튼[132]이 쳐질 가능성이 있다고 해서 자본주의가 둘로 나뉘는 것은 아니다. 중국과 미국 간의 무역, 자본 유출입, 인적자원 교환은 지속될 것이고 그 규모는 더 증가할지도 모른다.

두 국가의 정책입안자들의 선호는 확실히 대립 형국을 띤다. 중국에서는 민족주의가 부흥하고 있으며, 중국 정부는 이를 부추겨 급증하는 중산층이 다른 국내 문제에 눈을 돌리지 못하도록 한다. 미국에서는 신매카시즘[133]이 떠오르고 있다. 중국에 강경한 태도를 취하는 이들은 중국과의 무해한 경제활동마저도 금지하고 제한할 이유를 찾아 나선다.[134]

두 국가의 이러한 선호에도 불구하고 다극화된 국제질서에 힘입은 거시경제적 제약 덕분에 자본주의는 둘로 나뉘지 않을 것이다.

권력의 역학과 고대 그리스

독일의 외교부장관이었던 베른하르트 폰 뷜로는 1987년 국회의사당 연설에서 '양지바른 곳에 독일의 자리'를 요구해야 할 시점이라고 선언했다.[135] 이때 국회의사당에서는 동아시아에 대한 독일의 정책을 두고 토론이 진행 중이었다. 뷜로는 카이저 빌헬름 2세 아래에서 총리직을 지내며 독일 외교정책이 현실 정책에서 세계정책으로 진화하는 것을 지켜봤다. 오토 폰 비스마르크 총리는 주의 깊게 국제 권력의 균형을 맞추며 현실 정책을 펼친 반면 뷜로와 빌헬름 2세는 세계정책을 통해 공격적인 외교 및 무역정책을 펼쳐 현 상황을 개편하고자 했다.

아테네를 비롯하여 2020년의 중국인민공화국이 투키디데스 함정[136]이라는 역사적 비극에서 신흥국, 즉 적국의 대열에 들었다. 독일제국도 이들의 대열에 합류했다.[137] 세계사를 공부하는 학생이라면 투키디데스 함정에 대해 알고 있을 것이다. 투키디데스 함정은 그리스의 역사학자인 투키디데스와 그의 명저 『펠로폰네소스 전쟁사』에서 유래한 표현이다.[138] 투키디데스는 이 책에서 스파르타와 아테네가 전쟁을 벌인 이유에 대해서 설명했는데, 그는 다른 동시대인들과는 달리 설교를 늘어놓거나 신을 원망하는 대신 냉정하게 전쟁이 발발한 이유를 서술했다. 신흥국인 아테네와 패권국인 스파르타는 계속되는 불신 끝에 전쟁을 벌일 수밖에 없었다.

국제관계학자인 그레이엄 앨리슨은 패권국과 신흥국 사이의 상호작용은 거의 매번 분쟁으로 이어진다고 주장한다. 그는 열여섯 개의 사례를 들어 이를 뒷받침했는데, 이 중 열두 건은 군사 분쟁으로 이어졌다. 그리고 전쟁으로 이어지지 않았던 네 가지 사례 중 세 건은 문화적으로 가깝고 유사한 지배 제도를 채택한 국가 간의 권력 전환으로 이어졌다. 이 세 가지 사례는 16세기에 스페인이 포르투갈의 자리를 이어받은 것, 20세기에 미국이 영국의 자리를 이어받은 것, 21세기에 독일이 유럽 지역의 헤게모니로 떠오른 것이다. 이때 권력 전환을 이룬 신흥국은 근본적으로 같은 통치 체제를 이어 갔다. 마지막으로 전쟁으로 이어지지 않은 한 건은 소련과 미국 간 냉전이었다.

경쟁 관계에 있는 국가들이 투키디데스 함정에 빠지는 원인은 무엇일까? 패권국이 권력의 정점에 있을 때 지닌 영향력의 범주는 권력이 줄어들어도 변하지 않는다. 하지만 권력은 정점을 찍고 하락할 수밖에 없으며 이는 제국주의적 과대 팽창으로 이어진다. 이러한 문제를 해결하기 위해 패권국 혹은 제국은 더 이상 지탱할 수 없는 현 상태를 완강히 유지하려는 자충수를 둔다.

'리스크'라는 보드게임을 해 본 사람이라면 이러한 역학을 잘 알 것이다. 이 게임에서는 어느 한 대륙을 선점하면 패권국이 된다. 그리고 대륙을 차지하면 매번 별도의 군대를 보너스로 보급받는다. 패권국은 누구라도 대륙에 발 디디는 것을 허용할 수 없다. 누군가 대륙에 발을 디디면 패권국의 상대적 권력이 줄어든다. 지역 패권은 국제 패권을 향한 완벽한 도약점으로, 신흥국에 물질적 자원을 들여 방어할 필요가 없는 본거지를 제공한다. (게다가 매번 추가 군대도 보급받는다!)

그러므로 야심 차고 자만한 신흥국의 의도에 제약이 따를지라도 패권국은 위협을 느낀다. '강대국 국제정치의 비극[139]'은 패권국이 신흥국의 의도가 아니라 역량에 반응할 때 발생한다. 신흥국의 의도는 물질적이지 않다. 패권국에 중요한 것은 신흥국의 의도는 인지적이고 간헐적인 반면, 이들의 역량은 물질적이고 불변한다는 점이다.[140]

다극화된 세계에서 무역전쟁이 사라지는 이유

신흥국에는 항상 자국의 야심을 정당화하는 내부 논리가 있다. 2020년 중국의 엘리트들은 중국이 수 세기 전으로 회귀하고 있다고 확신했다. 2020년의 중국은 역사적 관점에 따라 패권국이 되기도 하고, 신흥국이 되기도 한다. 지난 300년의 역사를 돌아보면 중국은 신흥국이지만, 지난 4,000년의 역사를 돌아봤을 때는 패권국이다. 그리고 중국에서는 주로 후자의 관점을 채택한다. 이 관점에 따르면 중국은 국제 정세를 따를 필요가 없다. 결국 현재 상황은 권위주의 중국의 패권에 대한 서구 제국주의의 도전이 낳은 결과다.

중국은 중국이 적어도 미국만큼은 국제경제에 영향을 미치기 때문에 국제 문제에 대해 더 많은 발언권을 가져야 한다고 주장한다. 국제적인 영향력에 대한 야심을 정당화하는 것이다. 2020년 국제경제에서 미국이 차지하는 비중은 여전히 더 크다. 하지만 지난 20년간 글로벌 국내총생산 성장분에서 미국은 13%를 차지했고, 중국은 23%를 차지했다. 즉 시간이 흐르면서 중국 경제가 더 큰 영향을 미친 것이다.

중국의 권력욕과 마찬가지로 트럼프 대통령의 공격적인 무역정책도 정치 이론으로 어느 정도 설명이 가능하다. 현실주의 정치과학 이론은 무역을 포함한 모든 국가 간의 관계에서 절대이득 대비 상대이득에 초점을 맞춘다. 무역은 경제 부흥으로 이어지고, 경제 부흥은 경제 잉여의 누적으로 이어진다. 그리고 경제 잉여는 국방비 및 연구개발비의 증대로 연결된다. 하지만 두 경쟁 국가가 상대이득만 고려할 경우에는 협력의 여지가 없는 제로섬 게임에 돌입하게 된다. 이때 두 국가는 죄수의 딜레마에 빠져 협력을 거부하기 때문에 최선의 경제적 결과를 얻지 못한다.

〈그림 5.9〉는 상대이득이 국가 간의 무역 행태에 미치는 영향을 나타낸다. 지정학적 요인이 없을 때 수요(Q_3)는 국내 생산(Q_0)으로 충당될 수 없으므로 무역(Q_3-Q_0)에 의해 충족된다.[141] 하지만 국가 간의 경쟁 관계

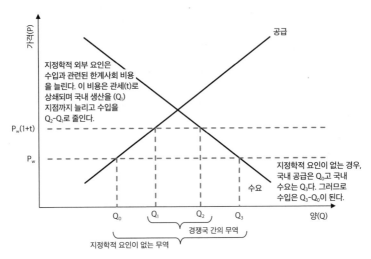

〈그림 5.9〉 **양극체제에서의 무역전쟁**

지정학적 외부 요인은 수입과 관련된 한계사회 비용을 늘린다. 이 비용은 관세(t)로 상쇄되며 국내 생산을 (Q₁) 지점까지 늘리고 수입을 Q₂-Q₁로 줄인다.

지정학적 요인이 없는 경우, 국내 공급은 Q₀고 국내 수요는 Q₃다. 그러므로 수입은 Q₃-Q₀이 된다.

가격(P)

공급

$P_w(1+t)$

P_w

수요

Q_0 Q_1 Q_2 Q_3 양(Q)

경쟁국 간의 무역

지정학적 요인이 없는 무역

클락타워 그룹의 출판 허가를 받은 자료

와 같은 지정학적 외부 요인은 수입의 한계사회비용을 늘린다. 경쟁국은 무역을 통해 더 많은 이익을 얻고, 지정학적 역량을 강화할 수도 있다. 그러므로 무역국은 관세(t)를 도입해 이러한 외부 요인을 제거한다. 이로써 국내 생산은 Q_1으로 늘어나고 수요는 Q_2로 줄어든다. 그 결과 수입은 Q_2-Q_1로 줄어드는데, 이는 지정학적 요인이 없을 때와 비교하면 적은 양이다. 결론적으로 두 강국이 대립하는 양극적인 체제에서는 상대적 무역 이득이 중요하다.

그렇다면 단극체제에서는 어떨까? 유일한 헤게모니가 세계를 지배하는 단극체제에서 패권국은 경쟁국이 나타날 가능성이 희박하기 때문에 상대적으로 우려할 바가 적다. 정치과학자인 덩컨 스니달은 1991년 논문에서 다음과 같이 주장했다.

'세계정책이 처음 수립될 때 패권국은 작은 국가들과 협상을 한다. 이 때 패권국은 절대이득을 중시하는 반면 작은 국가들은 상대이득을 중시하기 때문에 이들과 협상하기는 어렵다. 작은 국가에 우호적인 협력 방안은 패권국의 상대적인 권력을 감소한다. 작은 국가에 유리하도록 불공평하게 배분된 혜택은 작은 국가가 패권국을 따라잡는 데 도움이 될뿐만 아니라 패권국이 얻는 상대이득의 영향력도 낮춘다. 이와 동시에 패권국은 상대적 권력이 감소함에 따라 다른 국가, 특히 신흥국이 얻는 상대이득에 대해 우려하게 된다. 마침내 패권국은 협력의 혜택을 더 많이 누리고자 현 체제를 바꾸려는 압력을 가한다.'[142]

유일한 패권국이 세계정책을 수립할 때 작은 국가는 패권국보다 국가 보안에 민감하기 때문에 상대이득을 우선시한다. 패권국은 더 많은 권력을 갖기 때문에 보안에 대해 좀 더 마음을 놓는다. 국가마다 다른 우선순위는 조지 부시 1세, 빌 클린턴, 조지 부시 2세 대통령이 모두 중국과 '나쁜 거래[143]'를 한 이유이기도 하다.

스니달은 거의 30년 전에 오늘날의 미국과 중국 간의 무역전쟁에 대해 냉정하게 설명했다. 또한 그는 미국이 점차 상대적인 상충 관계를 의식하게 되면서 원래의 협력 방안에 만족하지 못할 것이라고 예측했다. 스니달은 향후 10년간 혼란 상태가 지속될 것이라고 생각했다. 하지만 1990년대 초반에 그와 동료 정치과학자들은 미국의 힘을 과소평가했다. 미국이 패권을 쥔 단극체제는 끝나지 않았다. 이제 겨우 시작했을 뿐이었다. 스니달이 묘사한 국제적인 역학이 실현되기까지는 30년이 걸렸다.

대부분의 투자자는 미국 패권주의 이후의 모습을 예측할 때 냉전 모델을 채택한다. 그도 그럴 것이 지난 50년간 단극체제가 아니었던 유일한 시기는 냉전 시기였다. 게다가 냉전은 권력을 간단하게 양극으로 배분하기 때문에 게임이론을 적용하기도 쉽다. 만약 양극체제가 곧 시작된다면 스니달의 논문 발췌문이 적절한 연구 분석이 될 것이다. 미국과 중국은 미국과 소련이 그랬던 것처럼 지구를 갈라놓을 것이다. 미국은 세계화를 완전히 버리고, 중국에 강력한 실리콘 커튼을 드리우고, 동맹국들이 이를 따르도록 압박할 것이다. 중국과 미국의 많은 정책입안자는 이러한 결론을 선호하는 것 같다.

하지만 인류 역사는 대부분 양극이 아닌 여러 국가 간의 다극적인 권력 배분으로 정의된다. 미국과 소련 간의 냉전은 2020년 세계에 대한 비유로는 부적절하다. 스니달의 다극체제에 대한 결론은 이러하다.

'협력하지 않는 국가들은 다른 이들과 협력해 상대이득을 최대화하는 국가에 뒤처진다. 그러므로 경쟁국들이 다국 간의 상대이익을 두고 협력할 때, 협력은 최고의 방위다. 또한 최고의 공격이기도 하다.'

스니달은 모델링을 통해 참여 국가 수가 두 개 이상으로 증가할 때 상대이득에 대한 민감도가 떨어짐을 보여 준다. 참여 국가 수가 증가할 때마다 국가들은 그들의 절대이득을 극대화해 대규모 참여 국가집단 사이에서 경쟁력을 유지하고자 한다.[144]

미중 관계는 이 둘만의 문제가 아니라 국제 정세에 영향을 준다. EU, 러시아, 인도, 이란, 터키, 멕시코, 브라질이 모두 경제적으로나 지정학적으로 중요한 다극체제에 놓여 있다. 다극체제에서 경제적 제약은 단극 혹은 양극체제에서와 다른 행태를 보인다.

다극체제는 강력한 한두 국가가 더 이상 많은 권력을 차지하지 않는 지정학적 권력 배분을 일컫는다. 2010년 이후 세계는 보다 다원적인 방향으로 옮겨 가고 있다. 유럽과 일본은 강력한 경제력과 군사력을 보유하고 있다. 러시아는 지정학적 권력 면에서는 인도에 뒤처지지만 여전히 강력한 군사력을 과시한다. 이란, 터키, 멕시코, 브라질도 모두 보다 복잡하고 어수선한 세상에서 독립성을 주장하고 있다.

다극주의 체제는 다음 세 가지 이유로 가장 무질서하며 불안정한 세계 체제다.

1 분쟁 가능성

다극체제에서는 분쟁으로 이어질 수 있는 잠재적인 대립 구조가 더 많이 만들어진다. 단극체제에서는 단 하나의 국가가 행동 규범을 결정하며, 분쟁은 패권국이 허용할 때만 발생한다. 양극체제에서는 두 지배 국가의 축을 따라서만 갈등이 표출된다. 하지만 다극체제에서는 계속해서 동맹 관계가 바뀌고 새로운 대립 구조가 만들어진다. 국가들은 갈등을 표출하기 위해 행동 규범을 결정하는 다른 국가(들)의 허락을 받을 필요가 없다.

2 부족한 공조

다극체제에서는 많은 국가가 거부권을 행사하거나 계획 중인 일을 무마할 수 있기 때문에 국제적인 공조가 어렵다. 다극체제에는 의회 민주주의와 같은 어려움이 따른다. 의회 민주주의는 중앙집권화 체제보다 많은 견제와 균형을 필요로 한다. 이러한 어려움은 하나로 조율하는 데 있어 걸림돌이 된다. 특히 공격적인 신흥국이 무력을 사용하거나 경제 위기나 팬데믹이 닥치는 혼돈의 시기에 국제적 공조가 없으면 큰 대가가 따른다.

❸ 실수 가능성

단극체제나 양극체제에서는 소수의 국가가 주사위를 던져 결정한다. 이는 실행 가능한 결정을 강제할 독립적인 권한을 가진 국가의 수가 적기 때문이다. 따라서 대규모의 비극적인 실수를 범할 확률이 비교적 낮고, 교전규칙 아래 맺어진 복잡한 공식 관계는 실수에서 오는 연쇄반응을 줄인다. 게임이론의 정형 모델에 기초한 미국과 소련의 상호확증파괴[145]가 바로 이러한 관계다. 하지만 다극체제에서는 고위 관리의 암살 같은 돌발 사건이 세계대전으로 이어질 수도 있다. 내 고향 세르비아의 이야기다.[146] 다극체제에서는 사고가 끊이지 않고, 역동적이기 때문에 예측이 어렵다.

〈그림 5.10〉은 〈그림 5.9〉를 다극체제에 맞게 수정한 것이다. 다른 세계열강에 잃게 될 무역을 제외하고는 모든 것이 〈그림 5.9〉와 동일하다. 다극체제에서는 경쟁국과의 무역에서 관세를 도입해 한계사회비용을 낮추려는 국가는 반드시 다른 열강에 잃게 될 무역을 염두에 둬야 한다. 트럼프 시대의 대중국 무역전쟁에서는 미국 수출품을 대신해 유럽산 에어버스 항공기와 브라질산 두유가 중국에 판매될 것이다. 중국을 대신해서는 다른 아시아 국가들이 기계와 전자제품과 자본재를 생산해 미국

에 수출할 것이다.

<그림 5.10> 다극체제에서의 무역전쟁

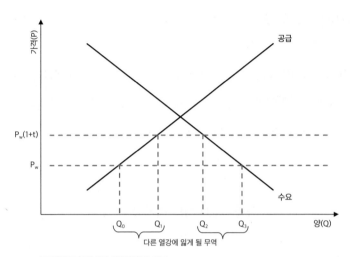

클락타워 그룹의 출판 허가를 받은 자료

    다극체제에서 미국과 중국이 잃게 될 무역은 중대한 제약이 되어 두 국가가 전면적인 무역전에 뛰어드는 것을 방지한다. 미국은 중국과의 무역전쟁 후에 동맹국들을 회유해 잃어버린 무역$(Q_3-Q_0)-(Q_2-Q_1)$에서 오는 혜택을 누리라고 할 수도 있다. 하지만 실증조사에 따르면 미국의 동맹국인 유럽, 일본, 한국, 대만 등은 미국의 단합 요청을 무시할 터였다. 양극체제에서 형성된 동맹은 양국 간의 무역 흐름에 크고 통계적으로 유의성 있는 영향을 미친다. 하지만 다극체제에서는 동맹 관계가 무역에 미치는 영향력이 약화된다.[147]

미국이 전폭적인 노력을 들여 동맹을 강화하고 무역 제재를 가하지 않는 이상 미국의 동맹국들은 자국의 이익을 위해 중국과의 무역을 지속할 것이다. (트럼프 두 번째 임기 중에는 불가능할 것으로 보인다.) 미국은 세계 체제에서 중국을 제외할 수 없을 것이고 중국은 시진핑이 호언장담한 자급자족을 이룰 수 없을 것이다.

이러한 견해에 대한 선례로 제1, 2차 세계대전을 들 수 있다. 세계대전은 경제적 제약이 중요한 지정학적 요소나 정책입안자의 선호보다 더 강력할 수 있고, 실제로 그러했음을 보여 준다.

다극체제에서의 경제적 제약

1896년 영국의 베스트셀러 팸플릿인 《독일산Made in Germany》은 불길한 징조를 언급했다.

"떠오르는 거대한 상업 국가가 우리의 번영을 위협하고, 우리와 세계 무역을 두고 다툰다."[148]

작가인 E.E. 윌리엄스는 독자들에게 '당신의 집 안을 둘러보라'고 촉구했다.

"당신의 자녀들이 가지고 노는 장난감, 인형, 동화책은 독일산이다. 당신이 가장 선호하는 (애국적인) 신문을 만드는 재료도 독일산일 것이다."

윌리엄슨은 추후에 관세가 답이며, '독일은 관세에 무릎을 꿇고 관용

을 베풀어 달라고 애원할 것'이라고 적었다.[149]

1890년대 말 영국 정부는 독일이 국가안보에 엄청난 위협이라는 것을 알고 있었다. 1898년과 1900년의 독일 해군법은 독일제국을 유틀란트반도의 지정학적 제약에서 해방시키겠다는 단 하나의 목적을 가졌고 대규모 해군력 증강에 기여했다. 1902년에 이르러 영국 해군의 참모총장은 '엄청난 독일의 신해군 부대가 우리와 전쟁을 벌일 것을 감안하고 주의 깊게 병력을 강화하고 있다'라고 적었다.[150]

1904년 4월, 영국은 독일 위협에 대한 방어책으로 프랑스와 우애 협상을 맺었다. 독일은 1905년 제1차 모로코 위기에서 즉시 이들의 우애를 시험했고 우애는 더욱 깊어졌다. 그리고 1907년 프랑스와 영국은 러시아를 끌어들여 삼국협상을 맺었다.

지금 와서 보면 이러한 동맹 구조는 독일의 1871년 통일에 이은 급격한 성장에 대한 당연한 해결책이었다. 나는 이처럼 당연한 지정학적 사건의 규모와 독창성을 과소평가하지 않는다. 영국과 프랑스는 1904년에 동맹을 맺기 위해 5,000년간 이어진 피비린내 나는 갈등을 극복해야 했다. 이들의 동맹은 역사와 뿌리 깊은 원한과 사상을 거스르는 지각변동을 예고했다.[151]

정치과학자들과 역사학자들은 지정학적 원한이 냉전 시대에 그랬던 것처럼 경제 관계를 둘로 갈라놓는 일은 흔치 않다고 입을 모은다. 또한 실증 연구와 공식 모델링은 전쟁 중인 경쟁 국가 간에도 무역이 발생한다는 것을 보여 준다.[152]

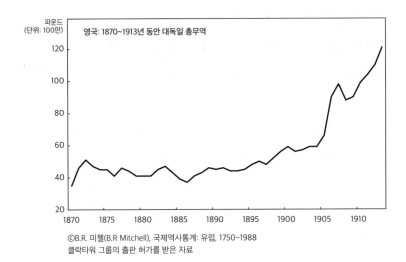

영국과 독일 사이에는 분명 경제적 교류가 있었고, 그 규모는 제1차
세계대전 발발 바로 직전까지 꾸준히 증가했다(〈그림 5.11〉). 이는 영국이
자유방임주의 경제사상을 채택했기 때문에 가능했다. 아니면 영국이 별
다른 보호무역을 펼치지 않았던 자국의 식민지에 대해 염려했기 때문인
지도 모른다. (영국의 식민지는 영국이 보호무역을 펼쳤다 하더라도 별다른 보호를
받지 못했을 것이다.)

하지만 이러한 주장은 영국만 고려했을 때나 그럴듯하고, 같은 기간
동안 러시아와 프랑스가 독일제국과의 무역을 늘린 이유에 대해서는 설
명하지 못한다(〈그림 5.12〉). 동맹 3국 모두 독일과 무역을 지속한 이유는
순진한 정책입안자들이 곧 발발할 전쟁을 눈치채지 못한 채 적국과의

무역에 앞장섰기 때문—전쟁의 전조에 대한 실증 기록에 따르면 그럴 가능성은 낮다—이거나 독일과의 무역에서 얻을 이득을 서로에게 빼앗기고 싶지 않았기 때문이다. 즉 동맹 3국은 절대무역 이득을 서로에게 빼앗길까 두려워했다. 이들은 이러한 두려움을 안고 적국과의 무역을 지속했다.

〈그림 5.12〉 **1차 세계대전 직전까지**

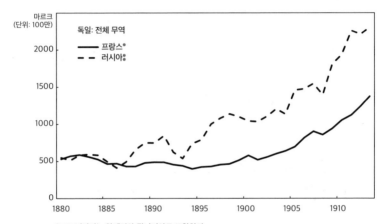

*1897년까지는 알제리와 튀니지아도 포함한다.
‡1897년까지는 핀란드도 포함한다.
ⓒB.R. 미첼, 국제역사통계: 유럽, 1750~1988
클락타워 그룹의 출판 허가를 받은 자료

　제2차 세계대전 이전에도 이와 비슷한 사례가 있었다. 1931년에 일본이 만주를 침공하면서 미국과 일본의 관계는 악화되었다. 1934년에 일본은 태평양 내 권력 균형의 기반이었던 1922년 워싱턴 해군군축조약에서 탈퇴하고 해군 병력 증강에 나섰다. 그리고 1937년에 일본은 중국을 침공했다. 이러한 행동의 의미가 분명했음에도 미국은 1941년 7월 26일까지 일본과의 무역을 지속했다. 며칠 후 일본은 인도차이나반도 침략을 완수했고(〈그림 5.13〉), 그해 12월 7일에는 미국을 공격했다.

〈그림 5.13〉 **전쟁 직전까지 이어진 일본과 미국 간의 무역**

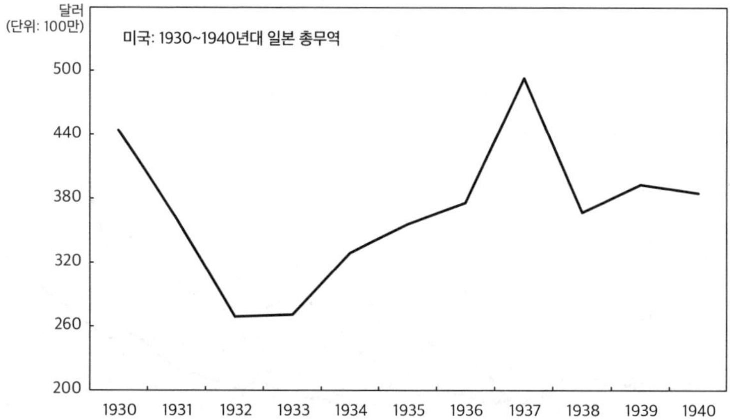

©B.R. 미첼, 국제역사통계: 아메리카, 1750~1988
클락타워 그룹의 출판 허가를 받은 자료

분석가들은 이러한 무역 행태가 정책입안자들의 의도가 아니라 무능함에 기인한다고 볼 수도 있다. 그들은 전 세계 지도자들이 앞서 언급한 과거 경험으로부터 교훈을 얻었고, 준비 없이 제1, 2차 세계대전을 맞은 과거 정책입안자들과 같은 실수를 반복하지 않을 거라고 생각할 것이다. 그러나 나는 20세기 초중반의 정책입안자들이 오늘날의 명석한 지도자들과 달리 어리석었다는 견해에 회의적이다. 제약 프레임워크에 의하면 분석가는 지도자들의 예상치 못한 행동을 아웃라이어나 선호로 치부하는 대신 이들의 행동에 대한 체계적인 원인을 찾아야 한다.

정치과학 이론은 영국과 미국이 분명한 위협에도 불구하고 적국과의 무역을 지속한 이유를 설명한다. 다극체제에서 경제적 제약이 보이는 체계적 특성은 정책입안자들이 상대적인 경제 이득에 덜 민감하다는 것이다. 다극체제에서는 동맹 관계가 변화무쌍하고 동맹국의 행동을 규제하기 어렵기 때문에 국가들은 집단행동 문제에 직면한다.

미국과 중국의 경우, 트럼프 대통령은 다자간 외교를 피하고 중상주의적 권력의 척도(미국의 무역 적자)에 집착했기 때문에 더욱 자립을 강조했다. 만약 미국이 반중국 무역정책에 '동맹국의 우호적인 무역 관계'를 포함했다면 중국에 대항하는 유지연합[153]을 형성했을 수도 있다. 하지만 트럼프 행정부는 무역 적자에 대한 염려 때문에 동맹국에 금전적 보상을 제공하지 않았다. 트럼프 행정부는 2년 동안 EU, 일본, 캐나다를 상대로 관세를 부과하고 위협을 가한 끝에 옛 동맹 관계와 협력 방안에 변화가 필요함을 전 세계에 각인시켰다.

이와 관련해 나는 두 가지 시나리오가 가능하다고 본다.

❶ 사태 수습

미국 지도부는 미국에 놓인 체계적이며 다극적인 경제적 제약을 인지하게 될 것이다. 따라서 중국과의 무역에 제한과 변화가 따르겠지만, 무역 자체는 지속될 것이다. 하지만 무역으로 인해 지정학적 긴장이 줄어들지는 않을 것이고 군사 분쟁도 예방할 수 없을 것이다. 실제로 중국과 미국 간의 무역이 지속되더라도 군사 분쟁의 가능성은 증가할 수 있다.

2 갈등 심화

미국 지도부는 미국이 다극체제 아래에 있음을 정확하게 인지하지 못하고 〈그림 5.10〉에 표시된 무역 이득을 유럽과 일본 같은 경쟁국에 넘겨줄 것이다. 세테리스 파리부스를 가정할 때, 미국과 중국은 이러한 무역 관계의 변화로 인해 빈곤해질 것이고, 다극체제는 더욱 강화될 것이다.

제약 프레임워크에 의하면 사태 수습 시나리오가 더욱 그럴듯하다. 트럼프 대통령의 1단계 합의[154]는 다극체제 세계에 대한 항복과 마찬가지다.[155] 2020년 2월 18일, 그는 중국에 제트 엔진 및 기타 항공부품 수출을 억제하려는 미국 정부의 제안에 반대한다고 트위터에 적었다. 트럼프 자신이 내세우고 문서화된 반무역 선호에 반대한 이유는 다음과 같다.

'우리는 국가안보라는 가짜 용어를 내세워 우리의 기업을 희생시키지 않을 것이다. 중요한 것은 진짜 국가안보다. 나는 사람들이 국가안보라는 말에 지나치게 흥분한다고 생각한다. 나는 우리 기업들이 일할 수 있기를 바란다. 그러니까 내 말은 내 책상 위에 반도체 회사 등 국가안보와 상관없는 것들이 놓여 있다는 말이다. 우리가 반도체를 포기하면 어떻게 될까? 반도체 기업들은 다른 나라에서 반도체를 생산할 것이다. 중국이나 또 다른 나라에서라도 말이다.'[156]

내가 가장 좋아하는 영화에 나오는 명대사를 빌려 말하면, 장기적으로 보면 정책입안자가 무지할 확률은 제로다[157]. 이를테면 보잉사가 에어버스에 중국 시장을 빼앗길 위험과 같은 물질적 제약은 정책입안자들을 최소저항선으로 몰아가는 지배적인 메커니즘이다. 무역전쟁에 대한 경제적 제약은 다른 어느 체제보다 다극체제에서 강력하게 작용한다. 그러므로 중국과 미국 사이의 무역전쟁은 지속 가능하지 않다. 2020년 투자자가 걱정해야 할 많은 일 중에 무역전쟁은 해당 사항이 없다.

경제와 시장 제약의 교훈

탁상공론을 펼치는 예측가와 전문가들도 종종 경제 및 시장 제약을 들먹이기는 하지만 특정 제약이 중요하게 다뤄지는 일은 흔치 않다. 경제학과 금융에는 어느 정도의 전문성이 필요한데 이러한 예측가들이 항상 전문성을 지닌 것은 아니다.

경제 및 시장 제약은 케인스의 유명한 격언인 '당신이 은행에 100파운드를 빚졌다면 당신의 문제다. 하지만 만약 당신이 100만 파운드를 빚졌다면 그건 은행의 문제다'에 따라 작용한다. 추후에 《이코노미스트》는 '만약 당신이 은행에 10억 파운드를 빚졌다면 모두에게 문제가 된다'고 덧붙였다.

다극체제에서 한 국가가 그리스의 채무위기와 같은 엄청난 사건을 극복하지 못한다면 그에 따른 크고 작은 부정적인 영향이 다른 국가들에 미친다. 이유를 파악하기는 어렵다. 유로존 위기 동안 환원적 추리[158]

를 통한 복잡한 관계 파악은 계속해서 실패했다. 그리스가 유로존을 탈퇴하면 유로존 전체가 흩어져 독일의 경제모델을 위태롭게 할 터였다. 다가올 도미노 효과를 두려워한 독일 정책입안자들은 결국 경제가 무너지지 않도록 무엇이든 할 것이었다.

2020년 현재에도 예측가들은 여전히 거시경제와 금융 요소를 잘못 사용한다. 전문가들은 종종 유로존의 TARGET2 불균형[159]이 유로존이 파멸할 신호라고 말한다.[160] 2010년 TARGET2의 불균형 잔액은 3000억 유로였고, 2020년에는 1조 5000억 유로였다.

시장과 경제적 제약이 큰 영향력을 행사하는 현실 세계에서 TARGET2 메커니즘은 분열을 조장하지 않는다. 오히려 TARGET2는 유럽 국가들을 하나로 묶는다.[161] TARGET2 불균형의 증가는 ECB가 대량 구매한 이탈리아의 부채를 통해 독일이 '이탈리아 유로' 자산에 더욱 노출되었음을 의미한다. 이와 동시에 이탈리아의 투자자들은 독일 은행에 현금을 맡겼는데, 이는 그들이 '독일 유로'를 보유했다는 뜻이다. 이러한 TARGET2 불균형 상황에서는 대출자가 아닌 대여자가 가장 많은 것을 잃기도 한다. 유로화 통합이 실패하면 독일이 가장 큰 피해자가 될 것이다. 왜냐하면 사실상 이탈리아가 부도를 선언하고 대금을 지급할 수 없을 것이기 때문이다. 따라서 독일은 2020년 여름에 한 것처럼 계속 협조적인 자세를 취할 것이고 결국 더 큰 재정 통합을 이뤄 낼 것이다.

예측가들이 경제학과 시장을 오용하는 이유는 전문성 부족 말고도 더 있다.

■ 구식 정보 기반

시간은 돈이다. 학자들만이 TARGET2 메커니즘에 대해 상세히 알아볼 시간이 있다. 경제학과 금융을 이용해 지정학적 예측을 하기 위해서는 일정 수준의 지식뿐만 아니라 지속적인 지식 기반의 업데이트가 필요하다.

■ 제약과 정책입안자 간 일대일 관계 가정

분석가들은 종종 하나의 경제 및 시장 제약에서 정책입안자들의 행동을 선형적으로 도출한다. 이 장에서 다뤘다시피 다른 정책입안자, 제약, 시장에 영향을 미치는 요소들의 관계가 선형적인 경우는 거의 없다. 일대일 관계를 가정한 간이 예측으로 다음 두 가지 사례를 들 수 있다.

1) 독일은 유로존의 국가 채무위기에 따른 채권시장 폭주에 대해 강경한 통화정책을 펼쳐 유로존을 무너뜨릴 것이다. 2) 트럼프 대통령의 보호주의와 공격적인 국가안보 정책으로 인해 미국 기업들은 중대한 수출 시장을 잃을 것이다.

이 두 가지 사례에서 예측가들은 정책입안자와 그들이 직면한 제약의 상호관계를 잘못 이해했기 때문에 그릇된 결론에 이르렀다. 선호는 궁극적으로 제약에 맞춰 변한다. 그래서 독일 정책입안자들은 폭주하는 채권시장의 안정화를 위해 ECB의 온건한 통화정책을 받아들였고, 수용 불가하다고 여겨졌던 모든 상황을 수용했다(〈그림 5.14〉). 트럼프 대통령은 중국과 무역협정에 나섰고, 중국은 더 많은 미국 제품을 구매하겠다고 약속했다. 이로써 두 국가 간의 무역 관계는 끝나는 것이 아니라 확장될 것이었다.

〈그림 5.14〉 **유로존 위기 앞에서 수용 불가한 것은 없다**

©로이터 데이터 스트림
BCA리서치의 출판 허가를 받은 자료

3 미묘함에 대한 몰이해

국제적으로는 두드러지지는 않지만 그래도 눈에 띄는 측면이 있는데, 분석가들은 종종 이를 도외시한다. 전문가들은 국채 위기 동안 국채 수익률, 적자예산, 부채상환 계획 같은 블룸버그 화면에 쉽게 나타나는 변수에 기대 그리스의 탈퇴를 주장했다. 하지만 그리스의 문제는 화면에 보이는 것보다 심오했다. 그리스인들은 이를 이해했고, 유로존을 떠나는 '쉬운 길'을 택하지 않았다.

마지막으로 2008년 대침체는 투자자, 언론, 논평가들에게 MBS(Mortgage-Backed Securities, 주택저당증권)부터 CDOs(Collateralized

Debt Obligations, 부채담보부증권)에 이르는 파멸의 알파벳 수프를 소개했다. COVID-19가 초래한 불경기에도 같은 일이 벌어졌다. 우리의 집단적인 인식의 그릇에는 먹는 속도보다 빠르게 알파벳 수프가 채워졌다. 지금도 사람들은 다음 종말을 불러올 복잡하고 기술적인 알파벳 약어를 기다리고 있다.[162] 종말을 찾아 헤매는 이들 중 자신들이 정확히 무엇을 찾고 있는지 아는 이는 많지 않다. 하지만 이들은 지나치게 기술적이고 세계 종말을 칭하는 은어가 가득한 경제 및 금융계에서 확증 편향에 기대 알파벳 수프를 찾아내고야 만다.

나는 이 장에서 유로존 위기와 미·중의 무역전쟁을 사례로 들었다. 이 두 사례는 왜 강력한 정책입안자들이 경제 및 시장 제약으로 인해 위기를 심화하는 대신 끝내는 행동을 취했는지를 잘 보여 준다. 나는 COVID-19도 유사한 위기라고 생각한다. 8장에서 언급하겠지만 COVID-19의 발병률을 낮추기 위한 확산곡선 평탄화[163] 전략을 유지하는 데는 천문학적인 비용이 들 것이고 이에 따른 경기침체를 피하기 어렵다. 결국 정책입안자들은 확산곡선 평탄화 전략을 수정할 것이다. COVID-19에 대한 정치인들의 반응도 정책적 행동을 제약하는 또 다른 예라고 볼 수 있다.

제약이 있다고 해서 정책입안자들이 항상 옳은 일을 하는 것은 아니다. 최소저항선이 항상 행복으로 가지도 않는다. 열악한 거시경제 상황은 종종 파괴적인 결과로 이어진다. 내가 유고슬라비아의 비극으로 이 장을 시작한 이유이기도 하다. 제약을 감안한 시장 피드백이 없다면 필요한 정책 변경이 늦춰질 것이고 상황은 더욱 악화일로를 걷게 될 것이다. COVID-19 상황에서 정책 변경이 늦어진다면 (그러니까 내가 틀렸고 봉쇄령이 다시 내려진다면) 경기침체로 이어질 것이다. 정말로 경기침체가 찾아온다면 이 책을 화장지로라도 쓰시라!

Chapter 6

지정학

"동유럽을 지배하는 자는 심장 지역을 지배하고,
심장 지역을 지배하는 자는 세계 섬을 지배하고,
세계 섬을 지배하는 자는 세계를 지배한다."

_해퍼드 존 매킨더 경

그렇다. 나는 6장에 이를 때까지 지정학을 전면에 내세우지 않았다. 독자들은 이 책의 절반까지 온 지금 '그래서 지정학이 뭔데?'라며 실망할지도 모르겠다. 그리고 내가 지정학을 정치와 경제 및 금융 다음 순서에 둔 것에 어리둥절해 할지도 모르겠다.

지정학은 모호한 개념으로 국제 무대에서 국가 간의 관계를 나타낼 때 많이 사용된다. 투자 전문가들에게 지정학은 숫자 중심의 업무 체제에 끼어든 비체계적이고 불편한 미지의 질적 변수다. 지정학 분석가들은 지정학이 불변하고 보편적인 변수—보유 자원, 인구통계, 지리—를 다루기 때문에 궁극적으로 미래를 결정한다고 주장한다. 분석가들은 3D로 지형을 보여 주는 지정학적 수정 구슬을 이용해 자신 있게 미래를 예측한다. 그리고 이들의 예측은 정확도로 보나 으스스함으로 보나 영험한 무당의 예언에 필적한다.

게걸스러운 이웃 국가들에 다시 쪼개질 운명에 처한 폴란드의 앞날은 어둡다. 캐나다는 지역주의와 값비싼 사회 기반시설 비용 때문에 분열될 것이다. 그리고 미국은 영원히 행복하게 살 것이다. 태평양과 대서양 사이에 자리 잡았고, 가항 하천Navigable rivers이 흐르며, 천연자원이 풍부해 영원한 제국으로 남을 것이다. 어디서 들어 본 말 같은가? 이러한 결정론적 예측은 지정학자들 사이에서 횡행한다.

나는 아버지의 정치적으로 부적절한 동유럽식 고정관념과 축구—경기에 대한 것이지만 역시 정치적으로 부적절한 고정관념—를 통해 지정학에 눈떴다. 아버지는 이렇게 말씀하시곤 했다.

"마르코야, 한국인들은 열심히 한다… 열심히."

"독일인들은 기강이 서 있어. 피곤해 하지도 않고 밤새도록 공격하지."

아버지는 모든 국가의 외교정책이나 축구 전략을 일련의 불변하는 특징으로 요약했다.

이탈리아는 공격으로는 살아남을 수 없었기 때문에 카테나치오[164]로 수비에 중점을 뒀다. 영국은 긴 패스로 미드필더를 거치지 않고 바로 매머드급 스트라이커를 노렸다. 미국은 신흥 열강만이 가질 수 있는 순진한 열정으로 경기에 임했다. 미국은 패배에 대해 알지도 못했고 두려워하지도 않았다. 네덜란드의 토탈 사커[165]는 글로벌 공급망 통합과정처럼 치밀하게 계획·실행되었다. 그리고 유고슬라비아는… 그러니까 우리는 브라질의 창의력과 열정에 아르헨티나의 희비극을 더해 경기했다. 플라비[166]는 누구에게든 이길 수도 질 수도 있었다.

나의 축구를 향한 열정은 결국 사그라졌지만 하향식 지정학적 사고방식은 그대로 남았다. 축구, 특히 국제 축구 무대에서는 시스템이 매우 중요하다. 선수 명단에 슈퍼스타급 선수를 여럿 올릴 수 있는 팀이라도 월드컵 같은 토너먼트 시스템에 맞는 팀을 신속하게 구성하지 못한다면 고전을 면치 못한다. 그래서 국가대표팀들은 신속하게 팀을 구성하기 위해 선수들을 쉽게 투입할 수 있는 특정한 스타일을 도입했다.

아버지는 커피 테이블 구석에 앉아 불붙은 고층 건물처럼 담배 연기를 내뿜으며 경기가 시작되고 10분 안에 어느 팀이 이길 것인지, 그 이유는 무엇인지, 점수 차는 얼마나 날지에 대한 판결을 내렸다. 나는 선수들의 역량과 선수 명단에 오른 슈퍼스타들의 이름과 스페인, 이탈리아, 영국 축구클럽의 승률을 들어 아버지에 반박했다. 하지만 아버지는 이런 것들을 전혀 신경 쓰지 않았다. 아버지는 거시적 상황을 읽고 예측했다. 짜증 나게도 아버지는 모든 면에서 맞을 때가 많았다.

나는 이 과정에서 거시적 관점에 눈을 떴다. 하지만 축구 외의 것에 지정학을 적용하는 방법은 조지 프리드먼 아래에서 일하며 배웠다. 프리드먼은 1996년에 지정학 연구 기업인 스트랫포를 설립했다.[167] 1996년은 지정학 연구 기업을 시작하기에 최악의 시기였다. 미국은 권력의 정점에 있었고, 세계화가 전면적으로 진행 중이었으며, 지정학적 위기에 관심을 둔 사람은 소수에 불과했다. 그럼에도 불구하고 1998년에 유라시아 그룹을 설립한 이안 브레머나 프리드먼 같은 선지자들은 시장 내에서 비효율성을 감지했고, 정밀한 분석을 통해 이를 해결하고자 했다.

나는 스트랫포에서 어떻게 뉴스를 읽고, 정책입안자들의 역량을 묵과하고, 시스템에 집중하는지에 대해 배웠다. 조지 아래에서 일하는 것은 아버지와 축구 경기를 보는 것보다 더 곤욕스러웠다. 조지는 고집스럽게 지정학적 관계에서 체계적인 면모를 짚어 내고, 내가 몇 주 동안 고생해서 찾아낸 복잡한 세부 사항을 묵과하며 결론적인 예측을 도출했다. 조지도 틀릴 때보다 맞을 때가 더 많았다.

회사 동료들과 달리 나는 조지의 개입에 반대하지 않았다. 나는 텍사스대학교에서 비교정치학 박사과정을 마쳤고, 그 과정에서 체계적인 세계관을 받아들이도록 훈련받았다. 그리고 나는 축구 전략을 배우며 자랐기 때문에 선수 개개인을 무시하고, 주요 전략에 집중하는 것이 두렵지 않았다.[168] 지정학은 국가가 지리적 상황에 의해 불이익을 받기도 하고 축복받기도 한다고 가정하기 때문에 단순하고 예측 가능한 성격을 띤다. 학계에서는 지정학이 지나치게 단순하다고 보는데, 교수들이 옳다! 산악지대에 위치한 민족적으로나 언어적으로 이질적인 아프가니스탄과 보스니아는 수 세기 동안 분쟁을 겪었지만 비슷한 지형과 이질성을 지닌 스위스는 분쟁 없이 잘 지낸다.

지정학은 숙명이 아니며 불변하는 것도 아니다. 1588년에 스페인의 무적함대가 영국해협을 건넌 것은 1940~1941년에 나치 독일 공군이 폭탄을 투하하기 위해 영국해협 위를 비행한 것보다 어려운 일이었다. 미국에서도 1825년에 이리 운하Erie canal가 완공되기 전까지는 배가 다니기 어려웠다. 14세기에 포르투갈은 흑사병으로 피폐해진 나머지 절박하게 바다로 향했고, 내륙 지방에서는 인구수가 줄어들었다. 보잘것없는 농작물 생산량을 보이던 작은 나라인 포르투갈이 한 세기가 채 지나기도 전에 대항해시대를 열고, 1494년에는 보다 비옥한 나라인 스페인과 지구를 양분할 것이라고 예측한 이는 많지 않다. 그러므로 독자들은 이 장을 읽으며 지정학적 분석만으로는 정확한 예측을 할 수 없다는 점을 기억해야 한다.

이 책이 존재할 수 있었던 것은 내가 나의 아버지나 조지의 단순한 연구 접근법에 짜증을 내며 자랐기 때문이다. 나는 유로존 위기를 통해 정책입안자들에게 지리나 열강의 지정학 외에도 많은 제약이 따른다는 것을 깨달았다. 유로존 위기를 정확하게 예측하기 위해서는 지역 정치, 경제, 금융시장을 이해해야 했다. 유럽 대륙은 유로존 위기로 인해 수천 년 동안 지속되었던 지정학적 갈등을 털어 냈으며 유럽의 지리를 거의 새로 그렸다. 유럽은 경제개혁의 쓰나미로 인해 지리와 인구통계와 가항 하천의 문제를 극복했다.[169]

그럼에도 불구하고 지정학은 중요한 변수다. 그리고 투자자들은 때때로 지정학을 무시하기도 하고 다른 이들이 지정학을 독점하는 것에 집착하기도 한다. 이 장에서 나는 투자자들이 알파를 생성할 수 있는 이상적인 중간점을 찾도록 도울 것이다.

지정학 이론의 기원

지정학의 이론적 기초는 미약하다. 지정학계에는 앨프리드 세이어 머핸과 해퍼드 매킨더, 단 두 명의 유명한 창시자가 있을 뿐이다. 이 둘은 모두 일생을 바쳐 열강에 대전략을 설파했다. 대전략은 지리적 위치에 뿌리를 둔 암묵적이지만 영향력 있는 지정학적 행동 지침으로, 여기서 국가의 일상적인 외교정책이 도출된다.

머핸은 미국 해군 제독으로 해군대학에서 강의했다. 머핸에게 있어서 미국이 반드시 이뤄야 할 과제, 즉 대전략은 해군을 양성해 세계의 공유지인 바다를 지배하는 것이었다. 바다는 현대 무역과 경제에 필수적이므로 바다를 얻으면 하드파워를 얻는 것과 같다.[170] 하드파워는 국가나 동맹 등의 세력이 국제 관계에 강압적으로 접근하는 것으로 무력의 형태를 띠는 경우가 잦다.[171]

강력한 해군은 강력한 국가를 정의하는 요소로, 강력한 해군을 갖춘 국가는 중요한 무역 노선에서 군사 우위를 점하고 자국의 이익을 위해 국제적 상업 활동을 이행할 수 있다. 만약 이 말이 21세기 미국의 대전략처럼 들린다면 이는 머핸이 21세기 초에 미국의 정책입안자들에게 영향을 미쳤기 때문이다. 루즈벨트 대통령은 파나마운하 건설을 비롯한 머핸의 구상에 동의했다. 그리고 머핸의 저서 『해양력이 역사에 미치는 영향』과 이와 유사한 영국 전략가들의 의견은 제1차 세계대전의 원인이 된 영국과 독일의 해군력 경쟁에 역사적이고 전략적인 프레임워크를 제공했다.[172]

매킨더는 영국의 지리학자이자 연구가로 바다보다 유라시아 대륙에 집중했다.[173] 매킨더에 의하면 유라시아는 자족에 필요한 충분한 천연자원(러시아)과 인구(중국)와 부(유럽)와 해군력을 지닌 열강으로부터의 지리적 거리(주변 해역)를 갖췄다. 그러므로 매킨더가 '세계 섬'이라 명명한, 유라시아를 장악한 강대국에 해군은 불필요하다. 유라시아를 장악한 국가는 자동으로 패권국이 될 것이었다.

정치 컨설팅업계는 지정학을 국제 사건의 주요 원인으로 과대평가하는 경향이 있다. 지정학은 광범위하게 작용하기 때문에 비단 비전문가도 고객들에게 월요일에는 캐나다의 정치, 화요일에는 글로벌 에너지, 수요일에는 중동 지역의 음모론에 대해 조언할 수 있다. 그리고 지정학의 광범위적 성격 덕분에 적은 노력을 들이고도 괜찮은 예측 결과가 나온다. 그래서 비전문가들은 지정학을 지름길로 삼는다.

4장은 비전문가가 수행하기에는 전후 사정에 지나치게 영향을 많이 받고, 때문에 많은 노력과 지식을 요한다. 물론 정치적 제약은 가장 강력하고 예측성 있다. 그러나 정치분석을 하려면 이탈리아와 브라질 선거 제도의 차이점을 이해해야 한다. 5장도 대부분의 정치 컨설팅업계의 분석가들이 잘 모르거나 잘 사용할 수 없는 전문 지식이 필요하다. 경제와 금융을 이해하기 위해서는 전문가 수준의 지식이 필요한데 이는 단순한 국가 간의 차이뿐만 아니라 자산 등급, 통화정책, 은행 시스템에 대한 이해를 수반한다.

이와 반대로 지정학을 이용한 예측은 손쉽다. 지정학은 조립 공정을 통해 예측하는 패스트푸드와 같다. 이 중 내가 가장 좋아하는 예측은 다음과 같다. 폴란드의 정책입안자들은 폴란드가 북유럽 평원에 위치하기 때문에 줄곧 거의 편집증 상태에 있을 것이다.[174] 미국은 태평양과 대서양 덕분에 영원히 안전한 곳으로 남을 것이다. (공군력만으로 바다를 정복할 수 없음을 기억하시라!) 중국은 서쪽으로는 티베트고원, 북쪽으로는 고비사막, 동쪽으로는 제1 열도선First Island Chain에 둘러싸였기 때문에 결코 국제적인 영향력을 얻지 못할 것이다.

지정학에만 의존하는 것은 마치 룸미러와 내비게이션은 있지만 앞유리가 시커멓게 칠해진 차를 운전하는 것과 같다. 운전자는 어디에서 와서 어디로 가야 하는지는 알지만 자신의 바로 앞에 무엇이 있는지는 전혀 알지 못한다. 이러한 단점에도 불구하고 지정학은 제약 프레임워크를 구성하는 중요한 제약이며 대부분의 국제 사건에 영향을 미친다. 브렉시트 난국, 중국의 국내 정치, 유로존 위기, 미·중 간의 무역전쟁을 살펴볼 때 지정학에 대한 이해가 없었다면 분석은 불완전했을 것이다. 하지만 지정학 지지자들이 주장하는 것처럼 지정학이 각 사건에서 정책입안자들에게 중대한 제약으로 작용했는지는 불분명하다.

이제 나는 지정학에 대한 이해가 있어야만 예측을 수행할 수 있는 미국의 대전략과 러시아의 해외 군사침공이라는 두 가지 시나리오에 대해 설명할 것이다.

트럼프 독트린

　미국 대통령은 모두 의도적이든 아니든 임기 중에 외교정책 독트린을 구성하고자 했다. 독트린을 한 번에 설명하는 문서는 거의 없다. 학자들과 언론인들은 연설문, 정책 결정안, 행정부의 인력 배분과 선전 문구를 통합해 독트린의 내용을 짜 맞춘다.

　2017년에 트럼프는 임기 초기였지만 정치 비평가들은 그의 행동과 발언을 통해 트럼프 독트린이 대략 어디로 향하는지 알 수 있었다. 트럼프 독트린에는 다음 세 가지 주요 사안이 담겼다.

1 교류주의

장기적인 동맹 관계와 해외 원조는 최종적으로 미국에 분명하고 즉각적이며 계산 가능한 혜택을 제공해야 한다. 그러므로 일본과 한국은 미국과의 동맹에 더 많은 값을 지불해야 한다. 그리고 NATO는 미국의 자원을 쏟아붓는 밑 빠진 독이다. 따라서 모든 미국의 동맹 관계와 원조에는 논쟁의 여지가 있다. 보호받고 싶은가? "그렇다면 돈을 더 내라."

2 중상주의

미국에게 영원한 동맹은 없으며, 미국은 무역수지 흑자만 기록하면 될 뿐이다. 트럼프 대통령은 중상주의를 추구해 중국과의 무역전쟁을 시작했고, 질질 끌어온 관세 전쟁으로 캐나다와 멕시코를 위협했으며, 다음 무역 행보의 목표지로 독일과 한국과 일본을 지목했다. 트럼프는 미국을 상대로 상당한 무역 흑자를 본 모든 국가를 겨냥했다.

❸ 국수주의

트럼프 대통령은 취임식 연설에서 "자국의 이익을 최우선시하는 것은 모든 국가의 권리"라며 미국은 "누구에게도 미국의 방식을 강요하지 않는다"고 했다. 이는 부시 2세와 오바마 행정부의 이념주의적인 정책과 완전히 상반된다. 트럼프의 외교정책은 다른 이념, 즉 국수주의를 버팀목으로 삼는다.

이제 막 시작한 트럼프 독트린 앞에서 NATO와 EU는 그저 작은 골칫거리가 아니라 미국의 국익에 방해가 되는 존재다. 만약 트럼프 독트린이 지속된다면 서방국가와 국제기관을 향한 부정적인 자세로 인해 미국의 외교정책 기조에 큰 변화가 초래될 것이었다. 미국의 기득권층이 이러한 변화에 맞서 많은 논평을 쏟아 낸다고 해도 놀랄 일이 아니다.[175]
NATO와 EU는 트럼프의 국수주의 이념에 방해가 되는 존재다. NATO와 EU는 공동 목표를 추구하기 위해 자치권을 통합한 국제기관이다. 이들이 추구하는 공동 목표는 미국이 추구하는 즉각적이고, 지역적이며, 경제적인 목표와 무관하기 때문에 미국의 국익에 위협이 된다. NATO는 미국이 물질적으로 별다른 이익을 볼 수 없는 해외 원조 활동을 지속할 것을 요구한다. 이러한 불균형이 논쟁거리가 된 것은 처음이 아니다. 오바마 대통령도 NATO 회원국이 공동 안보를 위해 공평하게 회비—방위비에 국내총생산의 2%를 배분하는 것—를 부담하지 않는다고 불평했다. 이에 오바마는 유럽 동맹국을 회유해 국방비 지출을 늘리려는 전략을 펼쳤다. 오바마는 NATO의 존재에 전혀 의구심을 품지 않았다. 그러나 트럼프는 미국이 독일의 국방비를 내는 것이 미국에 전혀 이득이 되지 않는다고 봤다. 특히 독일이 미국을 상대로 상당한 무역 흑자를 보는 상황에서 말이다. EU는 특히 미국을 상대로 큰 폭의 경상수지 흑자와 무역 흑자를 보였다. 트럼프 행정부는 EU를 러시아보다 더한 라이벌로 봤다. 순수한 중상주의 관점에서 볼 때 EU는 친구도, 적도 아니었다.

트럼프의 외교정책은 다극체제와 미국의 지정학적 쇠락에 대한 이해에 기초한다. 이런 의미에서 트럼프 독트린은 오바마 독트린과 발을 같이한다. 두 정권 모두 미국이 독단적으로 행동할 수 없으며 국제적 책무에서 한발 물러서야 한다는 것을 감지했다. 그러나 동맹국과 국제기관에 기대 미국의 국력을 신장하려 한 오바마와 달리 트럼프는 지정학적 부채를 줄이고자 했다. 이러한 태도가 중상주의와 연계되면 미국의 오랜 동맹국들은 트럼프가 예상한 것처럼 미국과 합의에 이르기 위해 더 많은 노력을 기울여야 할지도 모른다. 반대로 동맹국들이 미국의 궤도에서 멀어지는 결과로 이어질 수도 있다.

만약 트럼프 독트린이 1945년 이래로 미국이 고수해 온 동맹국들을 밀어낸다면, 동맹국들은 미국의 빈자리를 메우기 위해 다른 경제 및 보안 관계를 찾아 나설 것이다. 동맹국들은 노골적으로 적대적인 국가와 연대할 수도 있다. 일본과 한국은 잠재적인 관세 및 미군 철수 문제를 만회하기 위해 중국과 더욱 친밀한 관계를 유지해 안보 및 경제적 필요를 충족할 것이다. 미국의 지지가 없으면 일본과 한국은 분쟁을 피하고 새로운 소비 시장에 접근하기 위해 중국과 관계를 개선해야 한다. 유럽도 마찬가지다. 5장에서 언급했다시피 독일을 위시한 유럽 국가들은 미·중 간의 무역 분쟁 상황에서 중국에 수출을 늘려 열정적으로 미국의 자리를 메우고자 했다.

트럼프 독트린이 지속된다면 유라시아는 동맹이나 다른 형태의 통합을 추구할 것이다. 이는 매킨더가 두려워했던 바다. 유라시아가 통합되면 결국 자체 세력이 형성될 수 있기 때문에 트럼프 독트린은 '유라시아가 하나의 세력으로 집결되는 것을 막으라'는 미국의 대전략 중심 사상에 완전히 위배된다. 트럼프와 그의 지지자 및 고문들은 20세기는 끝났고, 제2차 세계대전 이후의 미국 동맹 관계는 쇠락했다고 믿는 듯하다. 그렇다. 러시아는 소련이 아니고, NATO가 대적할 상대가 없는 상황에서 정체성 혼란을 겪는 것도 놀랄 일은 아니다.

하지만 지리는 변하지 않았다. 미국은 여전히 유라시아로부터 멀리 떨어져 있고, 유라시아는 여전히 세계 섬이다. 미국은 20세기 전체를 통틀어 엄청난 인적 및 물적 비용을 들여 유럽에 두 차례 그리고 아시아에 세 차례 관여했고, 유라시아 대륙이 하나의 패권국 아래 놓이는 것을 막았다. 트럼프 독트린은 이를 간과하고 있다. 제2차 세계대전 이후 미국은 유럽에 관여하지 않으며 세계 섬의 통합을 막기 위해 국제기관을 설립했다.[176] 아시아 태평양 지역의 보안 및 상업 시스템도 유사한 목적 아래 움직인다.

이러한 국제적인 동맹 관계와 국제기구는 사라진 과거의 유물이 아니라 불변하는 대륙 내 지리적 상황을 관리하기 위한 지속적인 노력이다.

트럼프 독트린은 미국 패권의 중대성에 위협이 된다. 트럼프 독트린이 실행된다면 결국 세계무대에서 미국이 우세하던 시절은 끝날 것이다.

트럼프 대통령이 그의 독트린을 끝까지 밀어붙일 가능성은 높다. 특히 그가 연임에 성공해 재선을 의식한 중위투표자 제약에서 벗어나면 트럼프 독트린은 더욱 힘을 얻을 것이다. 그러나 트럼프 독트린은 광범위한 지정학적 제약 때문에 실현되기 어렵다. 1939년 독일과 러시아는 독소불가침조약을 체결했고 이에 유라시아 대륙은 모든 인력과 천연 및 기술 자원을 집결해 미국에 대적했다. 마지막으로 유라시아 대륙이 집결했을 때 약 40만 명의 미국인이 안보를 위해 목숨을 잃었다. 트럼프 독트린은 독소불가침조약 이후로 존재하지 않던 공포를 미약하나마 조장했다. 미국이 유라시아에 둔 버팀목, 즉 NATO와 유럽 동맹국을 잃는다면 미국 패권은 엄청난 충격을 받을 것이다. 또한 1492년 이래 기정사실로 받아들여졌던 서구권의 지정학적 우세함도 끝을 맺게 될 것이다.

세계 섬을 둘러싼 잠재적인 상황은 트럼프 독트린에 중대한 제약이 된다. 이것이 트럼프 대통령이 공공연히 드러낸 선호와 달리 NATO의 상호방위조약인 5조 집단방위 조항을 지지한다고 발언한 이유다.[177] 미국의 '2017년 12월 국가안보전략'은 세계 섬의 위협을 의식해 대서양을 둘러싼 균열에 대해 기존 성명문보다 완화된 입장을 취했다. 미국은 '국가안보전략'에서 NATO 동맹을 '경쟁국과 비교했을 때 가장 큰 장점'이라 칭하며 '미국은 워싱턴조약 5조 집단방위 조약을 지지한다'라고 밝혔다.[178] '국가안보전략'에 실린 지령이 트럼프의 외교정책이 영구적으로 지정학적 제약에 묶였음을 보장하지는 않는다. 그러나 지정학적 제약이 정책입안자에 영향을 미쳤음은 확실하다.

3년 후 '2017년 12월, 국가안보전략'을 작성한 저자의 대부분은 백악관에서 불명예스럽게 퇴진했다. 그럼에도 불구하고 제약 프레임워크에 따르면 백악관이 국수주의 이념에 기대 인물 교체를 했을지라도 정책입안자들은 여전히 지정학적 제약의 힘에 눌려 대전략을 고수할 것이다. 결국 물질적 제약(지정학)은 이념(국수주의)에 승리할 것이다.

러시아가 해외에서 직면한 제약

2014년 2, 3월 러시아는 크림반도를 합병했다. 유럽에서 무력으로 영토가 편입된 것은 제2차 세계대전 이후 처음이었다. 이때 투자자들에게는 '러시아가 어디까지 갈 것인가?'라는 질문이 떠올랐을 것이다.

합병 한 달 후 돈바스 전쟁이 발발했다. 돈바스는 우크라이나 동부 지역으로 도네츠강 유역에 위치했다. 돈바스 내 주요 지방인 루한스크주와 도네츠크주에서 러시아계 우크라이나인들은 대규모 소수민족 단체를 결성했다. 이 지역에서는 우크라이나인들을 비롯한 주민 대부분이 러시아어를 구사한다.

러시아가 우크라이나를 공격하고 돈바스 반란을 지지하는 것은 위선으로 보였다. 그러나 러시아의 행동이 비이성적이거나 불가해한 것은 아니었다. 러시아의 크림반도 합병은 다른 열강이 지정학적 제약 때문에 세력을 넓힌 것과 본질적으로 동일선상에 있다. 돈바스 전쟁도 지정학적 제약에 의해 야기된 것이었다. 러시아는 자국의 세력권 아래 있는 국가들에 제공할 혜택이 얼마 없었고 이는 중대한 지정학적 제약이었다. 그리고 이러한 제약은 러시아의 크림반도 합병으로 표출되었다.

러시아에게 포스트 소련 지역은 지정학적으로 매우 중요한데, 그중에서도 가장 중요한 국가는 우크라이나다. 러시아는 포스트 소련 지역 외에서는 수출 경쟁력이 없기 때문에 이 지역 내의 경제권을 보호하기 위해 관세 연합을 조성했다. 그리고 관세 연합은 유라시아 연합으로 확장되었다. 유라시아 연합의 목표는 러시아의 영향력을 강화하고 제도화하는 것이었다. 하지만 우크라이나가 없다면 유라시아 연합은 러시아와 중앙아시아 및 코카서스 지역의 약소국 집단으로 축소될 것이었다. 러시아는 유라시아 연합의 목표를 달성하기 위해 우크라이나가 필요했다.

우크라이나가 러시아의 유라시아 연합 프로젝트의 중심이 되는 데는 몇 가지 이유가 있다. 2014년에 러시아가 가장 많은 비에너지 품목을 수출한 국가가 우크라이나이며 러시아의 금융 및 비금융 기업의 주요 시장이기도 하다. 우크라이나는 민족적으로나 언어적으로 러시아와 유사하기 때문에 러시아는 줄어드는 인구를 우크라이나를 통해 손쉽게 보충했다. 또한 우크라이나는 러시아와 NATO 회원국 사이의 완충제 역할을 한다. 크림반도에는 러시아의 흑해함대 본부가 위치하며, 러시아는 크림반도를 흑해 내 전략적 정박지로 삼는다. (흑해 동부해안에 노보로시스크 항도 있다는 점을 고려했을 때 정박지로서의 중요성이 부풀려지기도 한다.)

우크라이나의 중요성을 고려했을 때 러시아가 우크라이나에 군사개입한 것은 합리적인 듯하다. 그러나 이와 관련해 러시아의 전략 변화에 대한 의문이 생긴다. 2005년 오렌지 혁명으로 우크라이나에 친서방 정권이 들어섰을 때 러시아는 군사개입을 하지 않았다. 그 대신 러시아는 인내심을 발휘해 2010년 선거에서 명목적으로 친러시아파인 빅토르 야누코비치가 당선될 때까지 정치적이고 경제적인 압력을 가했다. 러시아는 군사개입을 하지 않고도 (성공적으로) 우크라이나에 간섭했다. 그렇다면 2014년의 러시아는 왜 다급하게 군사행동을 펼쳤을까?

이에 대한 답은 러시아의 영향권 아래 있는 국가들이 얻는 (혹은 얻지 못하는) 혜택에 있다. 러시아는 영향권 내의 국가들에 다음과 같은 혜택을 제공한다.

1 지리

러시아 영향권 아래의 국가들은 제정러시아 및 소련 국경지대에 위치하며 역사적으로 러시아의 안보 완충제 역할을 해 왔다. 이들 국가는 지리적으로 러시아와 주요 산맥—코카서스산맥, 카르파티아산맥, 톈산산맥—사이에 위치한다. 러시아 바깥쪽 국경지대는 산악지대이기 때문에 이들 국가의 무역로는 러시아를 지난다. 특히 원자재 수출국인 카자흐스탄, 투르크메니스탄, 우즈베키스탄, 아제르바이잔에서 러시아 중심의 무역 흐름이 두드러진다. 그러나 우크라이나는 러시아 의존도가 낮다.

2 천연자원

러시아는 원자재 생산국이 아닌 구소련 국가들에 저렴하게 에너지를 제공한다. 하지만 여기에는 높은 정치적 비용이 뒤따른다. 값싼 에너지에 대한 보답으로 양보해야 할 이권이 있다.

③ 뒷배 봐주기

러시아는 구소련 국가들을 내외부 및 상호 위협으로부터 보호한다.[179] 이러한 관점에서 봤을 때 러시아가 우크라이나에 군사개입한 것은 다른 구소련 국가들에게도 소요 사태가 발생하면 러시아가 정부 관료를 보호할 것임을 암시한다. 야누코비치는 탄핵되었지만 러시아 덕에 잘살고 있다. 야누코비치가 아직도 금으로 만든 화장실을 쓰는지는 확실치 않다.

다른 러시아 의존국들은 크림반도에서의 군사전략에 안도했지만 일부 우크라이나인들은 러시아 영향력을 거부했다. 미디어에서는 우크라이나가 동서로 균일하게 나뉘었다고 보도했지만 현실은 보다 복잡했다. 2010년 선거 결과에서 투표자 선호는 동서로 나뉘지 않았다. 이때 친러시아 후보를 지지한 시민들에게 영향을 미친 다른 요인, 즉 혼란 변수[180]는 따로 있다. 그 결과 단순하고 1차원적인 분석에 기초한 여론조사에 나타난 것보다 훨씬 많은 시민이 친서구 성향을 보였다.

2010년에 빅토르 야누코비치가 당선된 이유는 그가 친러시아파였기 때문이 아니다. EU 통합을 우선시하고, 광범위한 유권자 연합에 호응하는 실용적이고 친우크라이나 노선을 채택한 덕분이었다.[181] 야누코비치가 우크라이나 동부에서 더 많은 표를 얻은 것은 분명하지만 EU 가입에 대해 누그러진 자세를 취하지 않았다면 친서구권 후보를 이길 수 없었을 것이다.

러시아의 입장에서 구소련 국가들이 친서구권 성향을 띠는 것은 걱정스러운 일이다. 왜냐하면 러시아는 EU가 제공하는 경제 및 사회개발에 필적하는 혜택을 제공할 수 없기 때문이다. 우크라이나는 EU와 NATO에 가입하려고 10년 넘게 서구권과 친밀하게 지내 왔다. 비록 우크라이나가 NATO에 영입될 확률은 낮지만 말이다.[182]

EU에도 단점이 있지만 EU가 자산 관리와 경영 개선에 도움이 되는 것은 분명하다. EU 가입은 복잡한 과정으로 고통스러운 구조개혁을 수반한다. 하지만 후보국은 EU의 거대한 시장에 접근할 수 있고, 서구권 투자자가 후보국 내에서 투자 기회를 찾도록 불러들일 수도 있다. EU 후보국만 되어도 EU가 회원국에 제공하는 중요한 품질인증표를 받을 수 있다.

하지만 러시아는 EU에 필적할 만한 혜택을 제공하지 않는다. 러시아 회원국은 EU 같은 혜택을 누리지 못하며 이는 전 공산주의 동료였던 폴란드, 루마니아와 우크라이나의 경제적 성과를 비교했을 때 극명하게 나타난다(〈그림 6.1〉). 우크라이나에게 있어서 소련 이후 시절은 성공할 수도 있었는데 그렇지 못한 엄청난 비극의 시기다.

러시아가 우크라이나에 군사개입한 이유는 러시아 회원권이 EU 회원권만 못하기 때문이다. 러시아와 EU가 회원국에 제공하는 가치의 불균형은 불변하는 제약이 되었고, 러시아를 군사개입이라는 유일한 선택에 이르는 최소저항선으로 밀어냈다. EU의 혜택으로 가득한 무기고 앞에서 러시아가 우크라이나에 내놓을 만한 것은 별로 없었다. 그나마 러

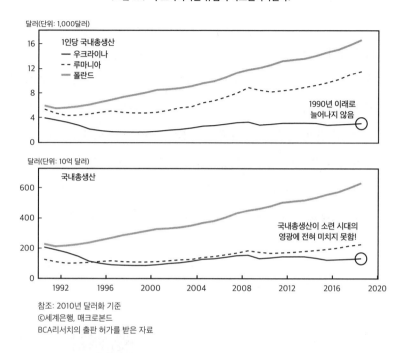

〈그림 6.1〉 **우크라이나는 유럽의 아르헨티나인가?**

달러(단위: 1,000달러)

1인당 국내총생산
— 우크라이나
--- 루마니아
— 폴란드

1990년 이래로
늘어나지 않음

달러(단위: 10억 달러)

국내총생산

국내총생산이 소련 시대의
영광에 전혀 미치지 못함!

참조: 2010년 달러화 기준
ⓒ세계은행, 매크로본드
BCA리서치의 출판 허가를 받은 자료

시아가 내놓은 싸구려 혜택은 러시아 경제를 약화시킬 뿐만 아니라 다른 러시아 회원국에게 제공할 혜택도 줄어들게 했다. 속담에 비유하자면 러시아에는 당근이 없었기 때문에 채찍을 써야만 했다.

군사개입이 심화되자 논평가들은 반군이 점령한 돈바스 지역에서 크림반도까지 육교를 짓는 데 러시아가 직접 관여할 것인지에 대해 의문을 품었다.[183] 육교를 짓기 위해서는 대도시인 마리우폴을 차지하기 위한 또 다른 군사개입이 불가피할 것이었다.

그러나 러시아는 다음의 세 가지 주요 제약 때문에 추가 군사개입을 할 수 없었다.

■1 경제적 제약

유럽, 특히 독일은 러시아보다 경제력이 우세하다(〈그림 6.2〉). 유럽이 러시아의 천연가스 공급에 의존하는 것보다 러시아가 유럽의 천연가스 수요에 더 많이 의존한다. 이론적으로 유럽은 난방의 질을 낮추면 러시아의 천연가스 없이도 살 수 있다. 독일을 비롯한 주요 유럽 국가들은 대부분 천연가스를 전력 생산이나 산업용이 아닌 난방에 사용한다. 그리고 러시아에게는 불행하게도 유럽에는 전기 히터나 이불 같은 난방 대체제가 존재한다.

〈그림 6.2〉 **천연가스 무역에서는 독일이 러시아보다 한 수 위**

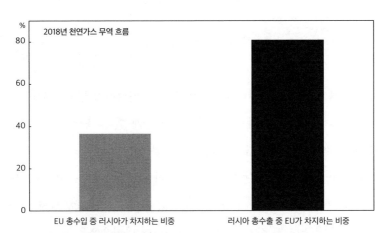

©2019년 BP 세계에너지 통계(BP Statistical Review of World Energy)
BCA리서치의 출판 허가를 받은 자료

2 정치적 제약

러시아 지도부는 중위투표자들이 영원히 푸틴을 지지할 것이라고 가정할 수 없었다. 2015년에 러시아 통화와 경제가 약화되면서 더욱 그러했다. 러시아 대중이 지도자에 백지수표를 쥐어 주며 공격적인 외교정책을 펼치도록 한다는 생각은 역사적으로 근거 없는 바람이다. 실제로 러시아에서 실패한 군사작전을 대중이 지지한 사례는 드물다. 19세기 중반의 크림전쟁, 1904~1905의 러일전쟁, 제1차 세계대전, 1980년대 아프가니스탄 참전, 1990년대 초반 1차 체첸 전쟁을 예로 들 수 있다.

집권 시기에 대한 제약으로도 예측할 수 있다시피, 군사작전에서 패배하고 전쟁이 길어질 때마다 대중의 반발이 거셌다. 특히 경제 위기가 동반되었을 때는 국내에 정치적 위기 혹은 전면적인 혁명이 찾아왔다.

3 지정학적 제약

2015년경 우크라이나의 지도를 보면 친러시아 반군이 완전한 승리를 거두지 못했음을 알 수 있다. 두 세력이 갈라선 지점은 그대로 고착되어 2020년에 이르렀다. 러시아인과 러시아어를 구사하는 우크라이나인이 다수를 차지하는 도네츠크주와 루한스크주에서도 반란군이 실제로 차지한 영역은 육지의 50%에 미치지 못했다.

러시아의 저조한 실적은 우크라이나의 인구통계 특성과 지리 때문이었다. 러시아인과 러시아어 구사자는 다수지만 이들은 인구밀도가 높은 도시 중심에 모여 있다. 그리고 농촌 지역에는 우크라이나어 구사자들이 포진해 있기 때문에 친러시아 반군이 도시 너머로 군사작전을 펼치기 어려웠다. 결국 친

러시아 반군은 사람과 땅 때문에 우크라이나 전체 영토의 5%도 차지하지 못했다.

러시아가 우크라이나 영토의 5% 선에서 멈추고, 전문가들의 예상과 달리 크림반도에 이르는 육교를 지어 남은 지역까지 진출하지 않은 데는 두 가지 이유가 있다. 러시아가 자국의 국경에서조차 성공적으로 반란을 조장할 수 없는 무능한 제3세계 세력이었거나 러시아에 놓인 제약을 감안한 것이다. 푸틴 대통령과 그의 팀은 광활하고 적대적인 영토에서 심각한 전쟁을 벌이는 데 드는 비용에 대해 알고 있었다. 적대적인 세력과 지역 주민들은 반란을 일으켜 공급선을 위협할 것이었다.

러시아의 군사력이 강하다는 전통적인 관점에서 보더라도 러시아가 군사력을 강화하기만 하면 우크라이나를 이길 것이라는 결론은 러시아의 군사전략 감각이 부족함을 반증한다. 우크라이나에서는 지리와 인구통계 특성이 중요하다. 어느 군대에게든 근래에 정복한 멀리 떨어진 영토에서 공급선을 수호하는 일은 어렵다. 특히 50년이 넘도록 유사한 전쟁 경험이 없는 러시아에게는 더욱 어려운 일이다.

나는 크림반도까지 육교를 지으려면 첫 침공과 공급선 확보와 지역 주민을 달래는 군사작전에 6만에서 10만의 러시아 군인이 필요하다고 예상한다. 만약 우크라이나 전체를 침공한다면 20만의 러시아 군인이 필요할 것이다. 이러한 세력 과시는 러시아의 군대와 경제를 압도할 것이고 러시아는 서구 적국의 손에 놀아나게 될 것이다.

러시아는 두 가지 제약 때문에 추가 군사 행동을 펼치지 않았다. 하나는 러시아 영향권의 지리고, 또 다른 하나는 소련의 영광스러운 시절에 미치지 못하는 러시아의 군사력이다. 푸틴 대통령은 우크라이나 내의 교착상태와 돈바스 내의 미미한 영토 획득을 의식해 이슬람 테러에 대응하는 데 집중했다. 2015년 9월 30일 러시아는 시리아에 군사개입을 시작했다. 러시아의 공영 TV도 러시아가 지정학적 제약에 놓이고 군사력이 부족한 전쟁터 대신 그렇지 않는 전쟁터에 대한 보도를 늘렸다.

지정학의 교훈

스트랫포에서 일할 때 조지 프리드먼의 연구 분석 중 내가 가장 좋아했던 것은 오바마 대통령에 대한 분석이었다. 버락 오바마는 2008년 말에 대통령에 당선되었다. 이때 조지는 버락 오바마가 정권을 잡은 향후 4년 동안 어떤 외교정책을 펼칠지 분석하는 일을 맡았다. 당시 주요 외교 변수는 오바마가 이라크 주둔군을 어떻게 할지, 러시아와 데탕트를 이룰지, 관타나모만 수용소를 닫을지에 대한 것이었다.

조지가 고객들에 보낸 메시지는 실망스러웠다. 조지는 오바마가 부시 2세의 정책을 답습할 것이라고 예측했다. 이라크 주둔군은 사람들이 원하는 것만큼 빨리 철수하지 않을 것이고, 러시아와의 데탕트는 이뤄지지 않을 것이며, 관타나모만 수용소는 계속 열려 있을 것이었다. 아, 얼마나 많은 항의 서신이 쏟아졌던가! 보수적인 고객들은 조지의 예측에 분노했다. 히피 자유주의자인 오바마가 매파 보수주의자들과 같을 수는 없었다! 오바마는 미국의 꼬리를 내리고 이라크를 버릴 것이었다! 오바마는 러시아와 평화롭게 지낼 것이었다![184] 그리고 오바마는 관타나모만 수용소에 있는 테러리스트들을 풀어 줄 것이었다! 한편 진보주의 고객들은 조지가 자신들을 선동한다고 생각했다. 오바마가 어떻게 실패한 대통령의 전철을 밟는단 말인가?

오바마의 선거 공약에는 지정학적 제약이 뒤따랐다. 부시 2세도 지정학에 의해 최소저항선으로 몰리기는 마찬가지였다. 그리고 부시 2세의 정책은 오바마가 취임식부터 짊어져야 할 짐이었다. 조지가 받은 엄청난 항의 서신은 고객들이 자신의 정치적·이념적 프레임워크를 넘어설 수 없음을 보여 준다. 지정학적 제약은 정당을 가리지 않는다.

지정학은 강력한 제약이지만 나는 다른 요인은 고려하지 않고 지정학만 사용하는 것이 불편하다. 투자 전략가로서의 경험에 의하면 지정학적 알파가 지정학적 제약에 의해서만 창출되는 일은 거의 없다. 그럼에도 불구하고 지정학이 강력하게 작용하는 특정한 상황이 있고, 이때에도 지정학은 신중하게 사용되어야 한다.

Chapter 7

헌법 및 법률 제약

> "권한 내에서 ECB는 유로를 지키기 위해 무엇이든 할 준비가 되어 있다.
> 그리고 나를 믿어 달라. 이는 충분할 것이다."
>
> -마리오 드라기, ECB 총재, 2012년 7월 26일

나는 망설임 끝에 이 장을 쓴다. 이 책은 물질적 제약에 대한 것이고, 정책입안자들이 어떻게 물질적 제약에 의해 그들이 선택한 길이 아닌 최소저항선으로 향하게 되는지에 대한 것이다. 그러나 이번 장에서 다루는 제약은 선택적 선호처럼 작용할 때가 많다.

법치 사회에서 법은 개별 시민들에게 강력한 제약이 되기 때문에 헌법 및 법률 제약은 중요한 것이어야만 한다. 아무도 주차 딱지를 떼이거나 감옥에 가거나 탈세로 체포되고 싶어 하지 않는다. 그 결과 대부분의 사람은 최소저항선을 따르고 법의 제약 아래에서 행동한다.

그러나 헌법 및 법률 제약은 정책입안자의 손에 놀아나기도 한다. 정책입안자들은 투자자들이 생각하는 것보다 더 자주 법망을 피해 다닌다. 헌법 및 법률 제약에는 위법행위가 따르기 마련이다. 특히 위기 중에는 더욱 그렇다. 유럽과 미국에서는 정책입안자들이 침체된 경제 제약 때문에 법률뿐만 아니라 헌법 제약에도 손을 댄다.

2008~2009년의 대침체 기간 동안 미국 은행 시스템은 아마겟돈급의 유동성 문제에 직면했다. 은행들은 대차대조표상의 담보 가치가 폭락하자 급작스럽게 은행 및 실질경제를 상대로 한 대출 활동을 멈췄다. 은행들은 자신의 대차대조표가 얼마나 엉망인지 정확히 알고 있었고, 다른 은행들도 마찬가지라고 추정했다. 미국의 FASB(Financial Accounting Standards Board, 미국 회계기준심의회)는 현실을 부정하고 은행들이 대출 활동을 지속하도록 시장가치 규정인 FAS 157을 개정했다. 은행들은 FAS 개정으로 인해 대차대조표상의 자산 가치를 스스로 책정하게 되었다.[185] 특히 FASB가 2009년 4월 2일에 내린 결정으로 인해 식별 가능한 자료—즉 현실—가 아니라 은행의 자체적인 가정을 기초로 한 자산 평가가 가능해졌다.[186] 휴우. 금융위기가 단번에 해결될 참이었다!

유로존 위기를 피해 가다

유럽의 정책입안자들은 EU 규정을 개정했을 뿐만 아니라 EU 헌법도 모조리 무시했다. 리스본조약 125조와 마스트리흐트 조약 104b조에 의하면 EU 회원국의 구제금융은 금지된다. 리스본조약에 따른 EU의 최초 재정안정 방안은 전체 부채가 아닌 국가 간의 대출만을 포함했다. 그러나 2010년 5월 9일 유로존 회원국들은 유럽의 사실상 첫 구제금융 메커니즘인 EFSF(European Financial Stability Facility, 한시적 유럽재정안정기금)를 도입했다. EFSF는 장부 외 특수목적기구(SPV, Special Purpose Vehicle)였다. 그리고 EU는 결국 헌법 개정을 승인해 보다 영구적인 재정안정기금인 ESM(European Stability Mechanism, 유로안정화기구)을 출범했다. 그러나 유로존 위기가 정점에 이르자 정책입안자들은 법을 재개편하는 데서 한발 더 나아가 법을 위반하기에 이르렀다.

투자자들과 기업 간부들은 종종 세부적인 헌법 및 법률 조항에 발목이 잡히기도 한다. 하지만 그럴 필요 없다! 헌법은 국정을 호령하다가 국가와 함께 몰락해 버리는 자살동반자가 아니다. 일반적으로 헌법 및 법률 제약은 다른 제약보다 뒤에 놓인다. 정치자본이 있는 상황이라면 경제 및 금융에 미치는 영향이 중요하다. 그리고 지정학적으로 중요한 문제 앞에서라면 정책입안자들은 즉각 법을 개정할 것이다.

나는 4장에서 유로존 위기에 대해 정치적 제약의 관점에서 논하며, 정치적 제약이 헌법 및 법률 제약보다 강력하다는 것을 예를 들어 설명했다. 유로존 위기는 정책입안자들이 진정으로 '무엇이든 할 것'이라고 시장을 설득했을 때에야 비로소 해결되었다. EFSF를 설립하는 것만으로는 부족했고, 마리오 드라기가 나서야만 했다.

2012년 7월 26일 드라기는 그 유명한 '무엇이든 할 것'이라는 발언을 했다. 그는 이 발언에서 ECB의 규정을 의식해 'ECB의 권한 내에서'라며 선을 그었다. 그러나 그는 '나를 믿어 달라. 충분할 것이다'라는 말도 덧붙였다.[187] 드라기는 ECB가 유로화를 지키기 위해 자체 규정을 바꿀 것임을 분명히 했다. 유로화의 실패를 좌시하지 않는 다른 제약의 힘 앞에서 빈약한 법규를 개정하기는 매우 쉬웠다. 2011년 드라기는 국채매입프로그램(SMP, Securities Markets Program)을 통해 이탈리아와 스페인의 채권시장에 관여했다. 이들 국가의 채권시장이 제대로 작동하지 않으면 적절한 통화정책을 수립하고 가격 안정화를 이루는 것이 불가능했기 때문이다. 마침내 ECB의 기술 관료들은 드라기가 '무엇이든 할 것'이라고 한 말을 전면적 통화거래(OMT, Outright Monetary Transactions)로 풀어냈다. 전면적 통화거래는 ECB가 실제로 사용한 적은 없지만 드라기가 내세운 바주카포 한 방이었다.

COVID-19 팬데믹이 팽배한 지금 ECB가 유로존 위기에 붙여 놓은 반창고는 21세기에 중세 유럽을 돌아보는 것처럼 먼 옛날 같다. 드라기의 후임자인 크리스틴 라가르드 ECB 총재는 바주카포만 사용하지 않았다. 그녀는 경제에 싱크대나 욕조 같은 온갖 가재도구를 집어 던졌다. 몇 달이나 몇 주가 아니라 며칠 사이에 ECB는 비정통적인 통화정책을 다 사용했다. 그리고 마침내 마크롱과 메르켈이 재정통합안에 합의했을 때 EU는 최후 한계선을 넘어섰다.

정책입안자들이 쉽게 법률 제약을 뛰어넘는 것은 정치적·경제적·지정학적 제약이 얼마나 강력한지를 반증한다. 통합을 향한 지정학적이고 정치적 의지와 논리만 있다면 유럽 정책입안자들은 유로존을 지키기 위해 '무엇이든 할 것'이다.

트럼프와 무역

헌법 및 법률을 통한 분석이 항상 법이 등한시되는 상황만 다루는 것은 아니다. 때때로 정책입안자들은 법에 의해 최소저항선으로 내몰리기도 한다.

2017년 1월 트럼프 대통령은 포괄적 이민법 개정과 오바마케어 폐지를 야심 차게 진행하려 했다. 하지만 공화당 상원의석수가 입법 교착상태를 넘어서기에는 부족했기 때문에[188] 트럼프는 첫 임기 동안 외교정책 및 무역에만 집중해야 했다.

나는 2016년 11월 선거 후에 팀 동료인 맷 게르트켄과 함께 트럼프 대통령의 임기에 대한 예측 연구를 했다. 우리는 트럼프의 우선순위와 선거 공약을 하나씩 훑었는데 트럼프 법안은 공화당이 다수를 차지하더라도 의회에서 통과되지 못할 것 같았다. 당시 의회에는 친무역 성향을 띠는 공화당원과 민주당 의원이 가득했고, 이들이 트럼프의 무역을 향한 공격적인 위협을 견제할 것이라는 의견이 대세였다. 그러나 이러한 의견은 역사에 비춰 볼 때 개연성이 떨어졌다. 금본위제가 폐지되었던 1971년에 닉슨 대통령은 거의 모든 수입품에 관세를 부과했다. 오바마도 임기 첫 달부터 선택적이기는 했지만 관세를 부과했다.

2017년 초 많은 투자자는 대통령이 별다른 제약 없이 무역정책을 펼칠 수 있다는 사실을 잘 알지 못했다. 미국 의회는 헌법 1조 8항과 2조 2항에 의거해 무역을 관장한다. 그러나 의회는 1930년대부터 몇몇 법안을 통해 이 권한을 행정부에 위임했다.[189]

트럼프는 이렇게 지난 세기에 제정된 법안들 덕분에 관세를 부과할 수 있었다. 1974년 통상법에 의하면 미국 대통령은 불공평한 외교무역 관계를 정정하기 위한 노력의 일환으로 관세를 부과할 수 있다. 그리고 트럼프 대통령은 이 법안의 301조를 들어 중국에 관세를 부과했다. 또한 1962년 무역확장법에 의하면 미국 대통령은 국가안보를 위해 관세를 부과할 수 있고, 트럼프 행정부는 이 법안의 232조를 들어 우방국인 캐나다를 포함한 몇몇 수입국을 상대로 관세를 인상했다.

트럼프 대통령에게는 비상사태를 선언하고 1917년 적성국 교역법을 발동할 수 있는 권한도 있었다. 이 법안에 따르면 대통령은 모든 상업 활동을 규제하고 외국 자산을 몰수할 수 있다. 1971년에 닉슨 대통령은 이 법안으로 모든 수입품에 10%의 추가 관세를 부과했다. 이때 닉슨은 19년 전에 끝난 한국전쟁을 비상사태로 들며 한국전쟁이 공식적으로 끝나지 않았다고 했다.

닉슨이 엉성한 법규를 이용해 관세를 인상했기 때문에 국회는 결국 1974년 통상법을 통과시켰다. EU가 EFSF를 ESM으로 대체되도록 법을 개정한 것처럼 미국 의회도 닉슨의 정책을 소급적으로 정상화한 것이다. 맷은 무역에 관한 권한을 미국 대통령에 부여하는 모든 법안을 담은 표를 만들었다. 우리는 그 표를 차트에 적용했고, 트럼프가 중국을 상대로 무역전쟁을 벌이는 데 법적 제약이 없다는 결론에 도달했다. 그러나 2017년 4월 마라라고 정상회담에서 중국과의 무역전쟁이 보류되자 미·중 관계에 낙관적이던 이들은 우리를 비난했다. 논점을 잘못 이해한 것이었다.

무역전쟁에 법률적 제약이 없는 상태는 위험했다. 마라라고에서 트럼프가 선호한 바는 협상 타결이었다. 그러나 이러한 트럼프의 선호가 바뀐다면 그를 막을 헌법 및 법적 제약이 전혀 없을 터였다. 그러므로 선호에 베팅하는 것은 어리석었다.

제약의 우선순위를 따지자면 헌법 및 법적 제약은 맨 아랫자리에 온다. 만약 당신이 예측할 때 헌법 및 법적 제약이 중대한 제약이 된다면 아마도 뭔가 잘못되었을 것이다. 적절한 평가는 결코 법적인 분석으로 시작하지 않는다. 우선순위가 높은 정치, 경제, 금융, 지정학적 제약에 대한 이해부터 시작하며, 그다음에야 헌법 및 법적 문제가 전면에 나선다. 정책입안자들에게 있어서 헌법 및 법률 제약은 마치 선호처럼 다른 제약에 따라 결정된다.

헌법이나 법률을 잘 따르지 않는 국가에서 법률 제약은 정책입안자에게 무관한 요소다. 그래서 나는 이런 경우에는 제약 프레임워크에서 헌법 및 법률 제약을 순수한 선호로 취급한다. 러시아 대통령의 재임 기간을 생각해 보면 쉽게 이해가 될 것이다.

나는 다른 제약으로 상황을 설명할 수 없는 경우에만 헌법 및 법률 제약을 예측에 반영한다. 미국 세금감면안에 대해 나는 통과를 제지하는 정치적 제약이 존재하지 않는다고 확신했다. 나는 정치적 제약만 놓고는 가설을 증명할 수 없을 때에야 법적 제약을 둘러봤고, 공화당이 적자예산 폭을 늘릴 법안을 통과시킬 능력이 있는지를 고려했다.

예산조정제도와 시장

트럼프는 임기 초기부터 중국과 무역전쟁을 하고, 이란과 핵 협상을 끝내고, 오바마케어를 폐지하겠다고 엄포를 놓았다. 하지만 시장에서 가장 중요한 이슈는 법인세 인하안이었다. 대부분의 투자자는 트럼프가 법인세 인하안을 가결할 수 있을지에 의문을 품었다. 이들은 예산조정제도로는 세수 중립적인 법안만 가결할 수 있다고 생각했다. 과연 그럴까?

예산조정제도는 1974년 의회예산법에 의해 도입되었으며 예산안 처리 과정을 단순화한다.[190] 트럼프의 법인세 인하안과 예산조정제도 간 상관관계를 설명하기 위해서는 미국의회가 어떻게 예산안을 처리하는지를 이야기해야 한다. (만약 예산조정제도에 대한 설명이 옛날이야기에 시간낭비라고 생각한다면 재고하시라. 바이든도 미국 기업들과 투자자들의 경영 방침을 완전히 바꾸기 위해 예산조정제도에 기대게 될지도 모른다. 예산조정제도는 지루하지만 매우 중요하다.)

미국예산제도

미국의 예산제도(《그림 7.1》)는 미국 대통령이 의회에 백악관 예산요청안을 제출하는 것으로 시작된다. 이 단계는 의식적인 절차고 예산책정 절차에 대한 실질 권한은 의회가 가진다.

의회는 상원과 하원에서 예산결의안을 통과시켜 대통령의 요청안을
숙려한다. 그러나 예산결의안은 대통령에 제출되지 않으며 법안으로 상
정되지도 않는다. 예산결의안은 예산제도의 지침표가 되며 승인 과정을
거쳐 지출승인법안으로 채택된다.

〈그림 7.1〉 **미국예산제도: 이상적인 일정표**

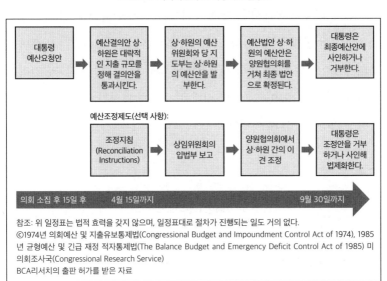

참조: 위 일정표는 법적 효력을 갖지 않으며, 일정표대로 절차가 진행되는 일도 거의 없다.
ⓒ1974년 의회예산 및 지출유보통제법(Congressional Budget and Impoundment Control Act of 1974), 1985
년 균형예산 및 긴급 재정 적자통제법(The Balance Budget and Emergency Deficit Control Act of 1985) 미
의회조사국(Congressional Research Service)
BCA리서치의 출판 허가를 받은 자료

예산법안으로도 알려진 지출승인법안은 여러 연방정부부처와 기관
및 프로그램을 위한 자금을 대략적으로 포괄한다. 1987년 이래로 개정
된 일정표에 의하면 의회 양원은 4월 15일까지 예산결의안을 확정해야
한다. 그러면 의회는 여유 있게 재정연도 시작 일인 10월 1일 전까지 예

산안을 통과시킬 수 있다. 그러나 의회는 일정을 따를 의무가 없으며 어겨도 처벌받지 않는다.

사실 의회는 오바마 대통령의 연임 기간 동안 거의 매번 극단적인 대립 끝에 예산결의안을 통과시키지 못했다. 따라서 정부는 잠정예산안에 기대 운영되었다. 잠정예산안은 전 재정연도와 같은 수준으로 기존의 지출승인법안을 연장한 것이다.

트럼프 대통령 아래서도 상황은 나아지지 않았다. 2018년 1월 정부는 3주 동안 셧다운[191] 되었다. 2018년 말과 2019년 초에 또다시 셧다운 사태가 일어났다. 특히 트럼프 대통령과 하원의 민주당이 지출승인법안을 두고 대립한 2019년 후반의 셧다운 사태는 35일간 이어졌으며 이는 역사상 가장 긴 셧다운이었다.

예산조정제도

원래 예산조정제도는 치열한 입법 과정에서 법률 개정을 단순화하고, 의회가 적시에 예산결의안에 맞춰 수익과 지출 수준을 조정하도록 도입되었다. 예산조정제도는 상원 토론 시간을 20시간으로 제한했다는 점에서 2017년 세금개정안에 중요하게 작용했다. 상원의원들은 시간 제약 때문에 예산조정제도에서 제출된 법안에 대해 필리버스터를 행할 수 없었다. 공화당원들은 토론 종결 절차를 강행할 60명의 의석수를 갖추지 못했지만 예산조정제도를 통해 필리버스터를 예방했다.[192]

예산조정제도는 강력한 입법 도구다. 의회는 예산조정제도를 이용해 정부 세수와 지출 규모에 대한 논란의 여지가 있는 법안을 통과시킬 수 있다. 그리고 세금감면안은 정부 세수에 대한 법안이었다.

부시 2세는 2001년과 2003년에 세금을 인하하기 위해 예산조정제도를 이용했다. 반면 그의 아버지인 부시 1세는 1990년에 세금을 인상하기 위해 예산조정제도를 이용했다. 부시 1세는 1986년 로널드 레이건의 세제 개혁으로 인하된 세금 중 일부를 다시 인상했다. 1996년 복지개혁으로 도입된 개인책임 및 노동기회조화법 또한 예산조정제도에 따라 통과되었다.

예산조정제도를 거쳐 간 법안들의 공통점은 연방정부의 세수나 지출 규모에 변화를 가져온다는 것이다. 만약 법안에 예산요청안과 관련 없는 조항이 포함된다면 버드 룰Byrd rule에 막혀 진행되지 않는다. 버드 룰을 철회하기 위해서는 상원의 5분의 3, 즉 60명이 찬성표를 던져야 한다. 따라서 토론 종결에 필요한 의석수와 동일한 60석이 있으면 예산조정제도 전체를 무용화할 수 있다.

이미 과거에 통과된 법안에 대한 자세한 설명은 구닥다리 법률 역사 같기도 하지만 다가오는 2020년 선거를 앞둔 시점에서 매우 중요하다. COVID-19로 인한 경기침체로 트럼프의 연임 가능성이 낮다고 생각해 보자. 2021년 1월 바이든은 민주당이 우세한 하원과 반수를 약간 넘는 상원을 등에 업고 취임할 것이다. (경기침체라는 순풍과 트럼프 행정부가 COVID-19의 위험을 과소평가한 덕분이다.) 바이든 신임 대통령은 예산조정제도를 통해 상원에서 60석을 차지하지 않고도 온갖 종류의 법안을 통과시킬 수 있다. 트럼프가 겨우 반수를 넘긴 의석수로 법인세를 인하한 것처럼 바이든은 법인세를 인상할 것이다. 오바마가 겨우 반수를 넘긴 의원수로 오바마케어를 통과시킨 것처럼 바이든은 오바마케어를 강화할 것이다. 그리고 투자자들에게 가장 중요한 것은 바이든 대통령이 예산조정제도를 (그리고 부통령 덕분에 가까스로 반수가 넘는 상원의석수도) 이용해 자본이득세금을 인상할 요량이라는 것이다. 바이든은 분명히 그렇게할 것이다.

예산조정제도와 2017년 세제 개혁

투자업계는 공화당이 어떻게 2017년 세금감면안을 통과시킬지 가늠하지 못했다. 투자자들은 공화당이 그해 중순에 오바마케어 폐지에 실패하자 머뭇거렸다. 이들은 오바마케어 폐지가 실패한 마당에 어떻게 세제 개혁이 성공할지 가늠할 수 없었다. 하지만 이러한 정치적 퍼즐은 제약을 기반으로 오바마케어 폐지와 세금감면안을 비교하자 풀렸다. 오바마케어 폐지를 막은 것은 강력한 정치적 제약이었다. 그러나 법은 정치적 제약을 비켜 가도록 만들어졌고, 공화당은 예산조정제도를 통해 법인세를 감면했다. 이러한 특별한 사례에서 법적 제약은 당 내외의 정치적 제약을 모두 제거했다.[193]

예산조정제도는 미국의 복잡한 세법을 개정하는 지름길 역할을 하도록 제정되었다. 그리고 예산조정제도는 2017년 세금감면안을 두고 그 목적에 걸맞게 사용되었다. 그러나 2017년에 투자자들은 세금감면안이 경기부양책적인 성격을 띨 것인지에 대해서는 여전히 가늠할 수 없었다.

세금감면안의 효과에는 불확실성이 뒤따랐다. 트럼프 대통령이 얼마 남지 않은 미국의 재정건전성에 기름을 붓고 불을 붙여 소진하는 것을 티 파티가 좌시할 것인가? 투자자들은 확신이 서지 않았다. 또한 입법자들이 예산조정제도를 통해 낭비성 법안을 통과시킬 수 있을지도 의심스러웠다. 세수 감소를 정당화하려면 지출 감소나 세수증대안이 포함되어야 하지 않을까?

1980년대부터 1990년대까지 의회는 의도한 대로 예산조정제도를 이용해 의무 지출을 줄이거나 세수를 늘려 적자예산을 줄였다. 하지만 2000년대에 이르자 의회는 예산조정제도를 이용해 적자예산을 늘렸다. 2001년과 2003년, 부시 2세 시대의 예산조정제도는 세금을 큰 폭으로 감면했다.

앞서 언급한 버드 룰을 기억하는가? 버드 룰은 예산과 관련된 법안이 상정되도록 할 뿐만 아니라 예산조정제도에 상정된 법률의 기한 이후에 적자예산이 증가한다면 모든 관련 조항을 만료하거나 일몰 조항[194]을 달게 한다.

2001년과 2003년 부시 2세 시대의 세금감면안은 2011년(부동산세)과 2013년(투자자들에게 2013년 재정 절벽으로 기억되는 해)에 각각 만료되었다. 그러나 일몰 조항 기한이 반드시 10년이 아니어도 된다. 이 기한은 훨씬 더 길게 책정될 수도 있고 따라서 세금개혁안은 거의 영구적인 법안이 될 수도 있다. 2017년 세금감면안은 10년 기한의 일몰 조항을 두고 책정되었다. 그러므로 이 세금감면안의 조항은 2020년대 중반에 만료될 것이다.

　민주당은 2006년 중간선거에서 승리하고 상원에서 우위를 점하자 예산조정제도 규칙을 바꿔 일몰 조항 여부와 관련 없이 적자예산을 늘리는 모든 방안을 금지했다. 하지만 2014년 중간선거에서 승리하며 상원에서 다수의원석을 차지한 공화당이 2015년에 이 규정을 다시 바꿨다. 이는 법률 절차상 규정을 이용하면 예산조정제도를 거쳐 적자예산을 큰 폭으로 늘릴 수 있음을 의미한다. 미디어에서 전문가들이 예상한 것과는 반대로 공화당은 무제한으로 적자예산을 늘릴 수 있음을 이용해 의회에서 재정낭비법안을 통과시켰다. 이 모든 것이 나의 고객들이 뉴스와 공화당원들의 말만 믿고 예산을 갉아먹는 세금감면안이 통과되는 것은 불가능하다고 여길 때 발생한 일이다.

적자예산을 늘리는 세금감면안을 추진하는 방법

　오바마케어 폐지와 세금감면안을 막아 냈을지도 모를 제약이 하나 남았다. 바로 의석수다. 적자예산을 늘리는 세금감면안에 공화당 하원 의원들은 모두 동의한 듯했으나 일부 상원의원들은 반대할 가능성이 있었다. 그해 초에 공화당 상원의원 세 명이 오바마케어 폐지를 반대했다. 매파가 한 명만 있어도 입법 과정은 지연될 수 있었다. 기회주의적인 매한 마리가 재정부양책 성격을 띠는, 세금감면안이라는 육즙이 가득한 시체가 있는 시장을 빼앗아 갈 것이었다.

나는 3장에서 어떻게 티 파티 대표인 마크 매도우의 발언에서 세금감면을 예측했는지 설명했다. 그러나 티 파티 출신 의원의 발언만 가지고 자신 있게 세금감면을 예측한 것은 아니었다.

일단 상황이 닥치자 갖은 정책 외에도 공화당이 쓸 수 있는 방법이 있었다. 특히 공화당은 동태추계Dynamic scoring[195]에 기댈 수 있었다. 동태추계는 세금감면 정책에 따른 비용은 상쇄된다는 이론에 기초해 결과를 예측한다. 정부가 세금감면으로 인해 세수를 잃었다는 말은 반쪽의 이야기에 불과하다. 왜냐하면 세금감면이 성장을 불러와 경제 전체에 기여하는 바가 있기 때문이다. 이러한 성장 효과는 세금감면의 거시경제적 피드백이라고 하며, 실제로 세수에 더해지는 요소들을 포함한다.

의회예산처는 동태추계 앞에서 망설일 것이다. 그러나 똑똑한 사회주의 경제학자들이 세금개혁안에 걸림돌이 되지 않을 것임은 분명했다. 최악의 경우 의회예산처는 세금개혁안을 거부하는 대신 공화당원들이 일몰 조항을 달도록 할 것이다.

비관적인 투자자들은 제약에 기반을 둔 나의 예측을 믿지 않았다. 고객들과 회의를 할 때마다 사람들은 나에게 세수 중립을 내세우는 티 파티 세력이 세금감면이 불러오는 재정부양 효과를 무마할 것이라고 말했다. 여기서 투자자들이 실수한 것은 세수 중립이라는 말을 심각하게 받아들인 것이었다.

공화당 하원의원들은 세금감면을 상쇄할 세수증대안을 제안했다. 국경조정세, 사업 이자비용 공제 철폐, 주 및 지역 개인소득세 공제 철폐와 같은 방안이 이에 해당한다. 그러나 이러한 방안은 지나치게 엄격하거나 세금감면의 비용을 상쇄하기에 턱없이 부족했다. 그렇게 정책입안자들이 채택한 최소저항선은 적자예산 증대였다. 그러고 나서 정책입안자들은 예산 기한 내에 관련 조항이 만료되도록 하고, 그동안 동태추계를 이용해 세금감면은 상쇄된다는 것을 증명할 것이었다.

헌법 및 법률 제약의 교훈

제약을 분석하는 데 있어 헌법 및 법률 제약에 대한 지식이 필수적일 때도 있다.[196] 세부 사항이 중요한 때도 있다. 특히 예측을 할 때 그렇다. 분석가들은 임기응변식으로 제약을 분석할 때를 제외하면 문제를 단순화시켜 수식으로 표현하고, 시간과 사건을 통틀어 비교하려는 경향이 있다. 그러나 예산조정제도는 이러한 편리한 틀에 들어맞지 않았다. 내가 2017년에 만난 대부분 고객은 예산조정제도의 중요성을 간과했다. 고객들은 버드 룰 때문에 예산조정제도가 사용될 수 없다고 주장했다. 민주당이 규정을 바꿔 예산조정제도가 적자예산 폭을 늘리는 데 사용될 수 없음을 기억해 낸 고객들도 있었다. 하지만 이들은 2015년에 티 파티 공화당 세력이 역설적이게도 재정 낭비를 가능케 하는 방향으로 조용히 규정을 바꿨음은 기억하지 못했다.

예산조정제도는 의회가 2017년 세금감면안을 통과시킬 수 있었던 유일한 이유는 아니다. 트럼프 대통령은 그를 지지하는 중위투표자로 대변되는 정치자본을 검약을 강조하는 공화당원들을 상대로 휘둘렀다. 트럼프는 자신의 뜻대로 공화당원, 특히 티 파티 회원들을 움직일 정치자본이 있었다. 예산조정제도가 중요한 이유는 투자자들이 이를 통해 어떤 사안에 놓인 정치적 제약의 크기—정치적 제약이 법안을 부결하거나 가결할 만큼 강력한지—를 알 수 있기 때문이다.

지나치게 기술적이거나 법적이거나 합헌성 여부에 기댄 거시적 투자 관점에 주의하라. 그리고 제약의 우선순위도 잘 기억하라. 합헌성 여부에 지나치게 기댄 관점의 좋은 실례는 EU 회원국 지위를 놓고 치른 2016년의 영국 국민투표가 불러온 파장이다. 브렉시트 국민투표는 구속력이 없는 협의적인 국민투표로 헌법 및 법적 영향력은 거의 없었다. 그러나 결국 브렉시트 국민투표는 정치적 효력을 갖게 되었고 법적 제약은 강력한 정치적 제약 앞에 몸을 숙였다.

Chapter 8

시간 제약

"거짓은 날아간다. 그러나 진실은 그 뒤를 절름거리며 따라온다."
_조나단 스위프트

나는 COVID-19 팬데믹이 심각하던 2020년 1월부터 4월 사이에 이 책을 썼다. 앞날을 예측하는 것이 아닌 프레임워크에 대한 책을 쓰기로 한 것은 천만다행이었다.

나는 1장에서 향후 10년에 대한 전망을 분명히 했다. COVID-19 때문에 바뀐 것은 없다. 나는 탈세계화의 길을 걸을 것이라고 예측한다. 나는 자유방임경제가 국가 통제경제로 전환될 것이라고 예측한다. 나는 유럽 통합이 가속화될 것이라고 예측한다. 나는 미국과 중국이 다극체제 때문에 경제적으로 완전히 갈라서지는 않더라도 싸움을 계속할 것이라고 예측한다.

COVID-19 팬데믹은 이러한 추세를 강화하고 가속화할 것이다. 특히 미국과 영국에서, 워싱턴 컨센서스에서 부에노스아이레스 컨센서스로의 움직임이 두드러질 것이다. 이 책이 출판될 즈음이면 더욱 분명해질 것이다. 세계화의 정점, 자유방임주의의 종말, 부에노스아이레스 컨센서스, 미·중 갈등은 2020년이 아닌 2010년대 초에 이미 예측 가능한 문제였다.

COVID-19 위기는 제약 프레임워크의 한계에 대한 방법론적 교훈도 준다. 나도 처음에는 다른 투자자들처럼 코로나 바이러스가 전 세계에 미치는 위력을 과소평가했다. 나는 2020년 2월에 고객들에게 현금을 보유하되 전면적인 공매도 거래에는 나서지 말라고 조언했다.

제약 프레임워크에는 맹점이 하나 있다. 시장 참가자들의 집단 심리를 반영하지 않는다는 점이다. 이는 제약 프레임워크와 전통적인 예측 방법의 유일한 공통점이다. 두 방법 모두 시간에 의해 좌지우지된다. 어떤 분석에서든 예측된 사건의 실제 발생 시점이 너무 이르거나 너무 늦거나 정확하게 맞아떨어지는가에 따라 알파의 생성 여부가 결정된다.

제약 프레임워크에서 시간에 가장 민감한 요소는 중위투표자의 시대정신이다. 4장에서 언급했다시피 가장 강력하고 예측성 있는 제약—정치적 제약—은 전적으로 중위투표자의 선호에 달렸다. 보통 중위투표자의 선호는 물질적이고, 신뢰할 수 있고, 수량화할 수 있을 만큼 규모가 크며, 더 중요하게는 집단의 중앙값을 대변한다. 중위투표자의 선호가 크기 때문에 정책입안자의 행동에 별다른 영향을 미치지 않는 비논리적이거나 극단적인 관점은 아웃라이어로 치부된다.

그러나 중위투표자 집단이 어느 한 사건에 비이성적으로 반응하면 예측성이 낮아진다. 소수의 사람이 트위터를 도배해서 중위투표자를 압도하는 일도 있다. 이러한 혼란스러운 상황에서는 아웃라이어가 중앙값이 된다. 그리고 시대정신이 극단으로 치닫고, 갑자기 중위투표자의 선호는 걷잡을 수 없게 된다. 이때 혼란은 물질적이고 제약에 기초한 결과의 발생 시점을 늦춘다. 그 결과 예측된 발생 시점이 변하기도 한다.

나는 이 장에서 시간을 둘러싼 제약 프레임워크의 한계에 대해 테러리즘과 COVID-19 팬데믹이라는 최신 집단적 비이성의 사례를 들어 설명할 것이다.

물질적 제약과 테러리즘

2014년 초 오바마 대통령은 이슬람 국가IS에 대해 이렇게 말했다.

"우리가 여기서 가끔 쓰는 '2군 선수 팀이 레이커스 팀의 유니폼을 입는다고 코비 브라이언트가 되지는 않는다'는 비유가 정확한 것 같군요."[197]

이 발언이 있었던 달에 이슬람 국가는 이라크의 수니파가 이끄는 안바르 주 주요 도시인 팔루자와 라마디의 대부분을 점령했다. 2014년 6월이 되자 이슬람 국가의 무장 세력이 이라크에서 두 번째로 큰 도시인 모술을 정복했다. 10월 중순에 이르자 이슬람 국가는 바그다드 외각에서 이라크군 및 여러 이란 연합 시아파 민병대와 전투를 이어 갔다.

오바마의 이슬람 국가에 대한 발언은 트럼프의 COVID-19에 대한 초동 대처와 오싹할 정도로 닮았다. 2020년 2월 28일, 트럼프는 사우스 캐롤라이나 유세에서 코로나 바이러스는 대중매체와 민주당이 경제를 망치려고 만들어 낸 거짓말이라고 했다.[198]

내가 이렇게 말하면 미국 독자들의 90%가 항의 서신을 보낼 테지만, 나는 오바마와 트럼프의 말에 동의한다.[199] 그렇다. 이슬람 국가는 공포를 조장할 만한 역량이 있었고, 코로나 바이러스는 거짓이 아니다. 두 대통령의 발언은 명백히 잘못되었다. 그러나 오바마와 트럼프가 물질적인 측면에서 이 두 위협이 과장되었다고 내린 1차 평가는 모두 정확했다.

두 대통령의 발언이 잘못된 유일한 이유는 2014년 초와 2020년 초에는 물질적인 현실이 중요하지 않았기 때문이다. 중요한 것은 가까운 (예측 가능한) 미래에 대한 대중과 시장의 현실 인식이었다. 대중은 이슬람 국가가 날뛰며 사람들을 참수하자 이성을 잃었다. 80세 노인들에게 치명적인 COVID-19 팬데믹이 창궐했을 때도 마찬가지였다.[200]

그 후 2년 동안 오바마―그리고 적어도 그의 중도주의자 동료들―는 이슬람 국가에 대한 경솔한 발언에 대한 값을 치렀다. 이슬람 국가가 시리아와 이라크에서 광란을 부리고, 그 후에 2015년 유럽 이민 위기가 발생하자 반체제 포퓰리스트들이 인기를 얻었고, 2016년 영국의 브렉시트 국민투표는 '탈퇴'로 결론 났다. 네덜란드에서는 헤이르트 빌더르스가, 프랑스에서는 마린 르 펜이 각각 유력한 총리 후보로 떠올랐다. 이탈리아에서는 극우 정당 동맹이 세력을 집권했다. 이슬람 국가의 잔혹 행위가 트럼프의 당선에 얼마나 영향을 미쳤는지 정확히 가늠하기는 어렵다. 그러나 트럼프가 2015년 후반부터 2016년에 이르는 선거운동 기간 동안 혜택을 입은 것은 분명하다.

이슬람 국가는 실제로 저질 테러 단체였다. 이슬람 국가가 여러 선진국에서 일어난 테러 공격에 영향을 미치기는 했지만 이슬람 국가의 실력은 2군에 가까웠다. 이슬람 국가는 알카에다와 비교했을 때 질보다 양이 앞서는 공격을 일삼았다. 그 결과 이슬람 국가는 비교적 적은 수의 서구권 사망자를 냈고, 주요 사회간접시설을 목표로 삼지 못했으며, 마침내 서구권 대중은 무감해졌다. 대중이 계속되는 공격에 익숙해지자 다음 공격에서 오는 투자자본수익률(ROI, Return On Investment)은 하락했다.

전통적인 전쟁터였다면 이슬람 국가는 상대도 되지 않았을 것이다. 그렇다. 이슬람 국가가 초기에 이라크 군대의 사기를 꺾은 것은 맞다. 그리고 이슬람 국가는 시리아의 무법천지 사막에서 폭주했다. 그러나 이슬람 국가의 위협은 과장되었다. 이슬람 국가가 성공한 유일한 이유는 시리아와 이라크에서 시민군이 봉기하며 생긴 권력 공백이었다. 그럼에도 불구하고 소위 지식인들은 한때 이슬람 국가가 사우디아라비아를 침공할 가능성에 대해 심각하게 고려했다.

민중동원국[201], 이란의 쿠드스Quds 특수부대, 미국의 특수부대와 군용기, 시리아 내의 러시아 군용기가 함께 공격하자 이슬람 국가는 몇 달을 못 버티고 무너져 내렸다. 이슬람 국가가 승리할 때 이득을 보는 국가는 하나도 없었다. 심각한 위협이었던 알카에다만큼의 지휘력이나 통제력을 갖추지 못한 이슬람 국가의 위협은 대단히 과장된 것이었다.

이슬람 국가의 폭주가 시작되던 무렵 나는 BCA리서치에서 일하며 이렇게 예측했다. 나는 여기에 더해 2015년의 유럽 이민 위기가 몇몇 물질적 제약 때문에 일 년 안에 사라질 것이라고 장담했다. 하지만 나의 예측은 중요하지 않았다. 항의 서신이 쏟아졌고, 몇몇 고객은 내 면전에 대고 내가 미쳤다고 말했다.

결과적으로 물질적이며 제약에 기반을 둔 분석은 옳았다. 이슬람 국가는 세계열강과 지역 세력이 최소한의 노력을 기울이자 패배했고, 이슬람 국가에 영향을 받은 테러 공격은 잦아들었다. 이민 위기도 사라졌다. 그렇지만 나는 소셜미디어가 집단심리에 미치는 영향을 과소평가했다. 참수당하는 사람들과 국경을 건너는 이민자들, 세계 주요 도시에서 미쳐 날뛰는 저격수의 비디오에 유권자들은 테러리즘과 대규모 이민이 물질적인 현실보다 더 위협적이라고 믿었다.

내 예측이 실현되기까지 생각보다 오랜 시간이 걸렸다는 것은 제약 프레임워크가 지나치게 미래지향적인 측면이 있음을 보여 준다. 예측가들은 제약 프레임워크를 통해 미디어에 팽배한 내러티브 뒤에 무엇이 있는지를 볼 수 있다. 그러나 시장은 미디어에 반응할 것이다. 시장이 반드시 제약에 기초한 장기적인 예측에만 반응하는 것은 아니다. 그러므로 당신이 수탁의무를 진 투자자라면 프레임워크를 사용할 때 주의해야 한다. 내러티브에는 전술적인 투자자처럼 대응하고, 제약에는 전략적인 투자자처럼 대응하라!

물질적 제약 대 COVID-19

앞서 언급한 주의 사항은 시장 역사상 가장 큰 불안을 야기한 COVID-19 팬데믹에도 적용된다. 2020년 3월 현재 나는 COVID-19 팬데믹이 짧지만 굵은 경기침체를 불러올 것이라고 생각한다. COVID-19로 인해 시장이 급락할 것이라는 나의 관점은 인기가 없을 것이다. 그리고 학계는 팬데믹과 경기침체를 세일럼 마녀재판의 절정과 비슷한 집단 광기의 예로 들어 수 세기 동안 연구할 것이다.

그러나 투자자가 할 일은 상아탑에서 집단 광기를 비웃는 것이 아니라 시장을 예측하는 것이다. 그런 의미에서 지난 1월에 COVID-19 위기가 시작되었을 때 엄청난 하락세를 점친 나의 실수는 뼈아프다. 제약 프레임워크는 이슬람 국가에 대한 예측에서도 물질적 현실에 지나치게 집중한 나머지 어느 시점에, 얼마나 오랫동안 예측이 늦춰질 것인지 알아차리지 못했다. 제약에 기반을 둔 분석을 이용하면 세계가 1930년대 같은 공황에 직면할지 판별할 수 있다. 2020년 3월 현재 이는 매우 중요한 사안이다. 왜냐하면 이미 36% 하락한 주식시장이 30~50% 추가 하락할 수도 있고, 아니면 3월 23일 자로 위험 자산이 재반등할 수도 있기 때문이다. (나는 후자라고 예측한다.)

COVID-19 팬데믹에는 다음 세 가지 제약이 뒤따른다. 그리고 팬데믹 위기는 그 심각성에도 불구하고 결국 감당할 수 있는 수준에 머물 것이다.

◻1 COVID-19는 노인발병률이 높다

2020년 3월 현재, 우리는 코로나 바이러스에 대해 모르는 것이 많다. 그러나 우리는 노년층 병원 입원률과 사망률이 높게 나타난다는 것은 안다. 위험이 일정 계층에 집중되면 경제에 타격을 덜 입히는 전략을 수립할 수 있다. 만약 이러한 전략이 나오지 않더라도 취약계층이 자가 격리에 들어가도록 인간의 행동을 조절할 수 있다.

◻2 두려움에 따른 비용은 변한다

두려움이 지속되면 결국 비용이 뒤따른다. 시간이 흐르면서 두려움에 따른 행동은 증가하는 사회경제적 비용 앞에 굴복할 것이다. 두려움의 단가는 결국 증가할 것이다.

◻3 중위투표자의 좌측 편향

1장과 4장에서 언급했다시피 미국의 중위투표자들은 자유방임주의 정책을 버리고 좌파 이념으로 돌아섰다. 따라서 COVID-19 팬데믹 대응 정책은 투자자들이 예측한 바보다 대규모로 빠르게 진행될 것이다.

2020년 3월에 이렇게 예측하는 것은 의외일 수 있다. 모든 경제활동을 거의 완전히 중단할 것을 촉구하는 확산곡선 평탄화 내러티브가 COVID-19 팬데믹에 맞선 주요 방침이 되었다. 만약 확산곡선 평탄화 방침을 끝까지 밀어붙인다면 공황이 초래될 것이고, 그렇다면 나의 예측은 틀릴 것이다.

이념과 지리적 위치를 막론하고 정책입안자들은 폭넓은 봉쇄 조치의 이유로 확산곡선 평탄화를 든다. 캘리포니아 주지사인 개빈 뉴섬은 3월 중순에 캘리포니아 주 전체에 자택 대피 명령을 내리며 감염자 수를 줄일 필요성에 대해 역설했다. 감염자 수를 줄여야 한다는 관점은 널리 퍼져서 친구들, 학교 선생님들, 약국에서 만난 사람들 모두 이에 대해 이야기했다. 스위스에 있는 나의 부모님, 밀라노에 있는 여동생, 밴쿠버에 있는 고모 등 모두가 아마추어 질병역학자가 되어 확산곡선 평탄화 방침에 동의했다.

WHO는 가장 위압적으로 확산곡선 평탄화 방침을 강요해 왔는데, WHO의 매우 엄격한 방침은 두 가지 출처에서 비롯되었다. 하나는 COVID-19 관련 데이터를 이용한 임페리얼칼리지런던의 연구[202]이고 다른 하나는 블로그 포스트[203]다. 그러나 임페리얼칼리지런던이 연구에 사용한 데이터는 질이 낮았다. 동료 평가 과정을 거친 《사이언스》지에 출판된 연구에 의하면 중국에 여행금지령이 떨어진 2020년 1월 23일 이전의 감염자 중 86%가 등록되지 않은 것으로 추정된다.[204] 미국이나 다른 국가의 코로나 테스트 사례가 충분하지 않다는 점을 고려하면 미국에서도 COVID-19의 확산이 매우 과소평가되었을 것이다. 이는 결국 미국 내 사망률과 입원률이 과대평가되었음을 의미한다.

나의 관점을 뒷받침하는 또 다른 연구도 있다. 《네이처 메디신》에 게재된 연구에 의하면 COVID-19의 진원지인 우한의 2020년 3월 당시 사망률도 WHO에 보고된 것보다 훨씬 낮았다.[205] 나는 앞으로 12~18개월 사이에 추가 연구가 진행되면 사망률이 매우 부풀려졌음이 입증

될 것이라고 생각한다. 나의 겁 없는 예측에 의하면 COVID-19의 최종 사망률은 0.1%~0.3% 선에 머물 것이다. 독감보다는 높은 수준이지만 2~3%라고 알려진 바보다는 훨씬 낮다.

여기서 핵심은 전 세계가 극도로 제한된 데이터를 이용한 선형외삽법[206]에 의존해 불확실한 공공 정책을 만들어 내고 있다는 것이다.[207] 그렇다고 모든 데이터가 제한적이지는 않다. 전 세계가 COVID-19에 대해 아는 것도 분명히 있다. 통계적으로 유의미한 데이터에 의하면 COVID-19는 노인 차별적이고 나이에 따라 다르게 반응한다. 부풀려진 수치이기는 하지만 전 세계적으로 사망률은 연령별로 다르게 나타난다. 〈그림 8.1〉은 5월과 6월에 나온 데이터다. 하지만 3월에 중국과 이탈리아에서 나온 다량의 데이터로도 일찌감치 같은 결론에 도달할 수 있었다.

임페리얼칼리지런던의 연구에 따르면 입원률은 전반적으로 사망률과 연계된다. 그러나 이 연구는 모든 데이터를 부풀리고 부정적으로 왜곡했을 가능성이 있다(〈그림 8.2〉).

만약 입원을 요하는 증상을 가진 환자의 68.2%가 60세 이상의 노인이라면, COVID-19에 맞서 연령별 정책이 나오지 않는 이유를 묻는 것이 현명하다.

COVID-19 이야기로 돌아오기 전에 나의 전문 분야를 상기시키고 싶다. 나는 시장과 경제적 관점에서 지정학 및 정치를 분석한다. 정치적 정책과 지정학적 사건이 거시경제에 미치는 영향에 대해 연구하는 것이다. 그러니 이제 나는 엄중한 확산곡선 평탄화 정책의 영향에 대해 예측

<그림 8.1> COVID-19는 노인을 차별한다

국가별 COVID-19에 의한 사망률													
스페인		이탈리아		스웨덴		스위스		한국		일본		중국	
나이	사망률(%)	나이	사망률(%)	나이	사망률(%)	나이	사망률(%)	나이	사망률(%)	나이	사망률(%)	나이	사망률(%)
0-9	0.2	0-9	0.2	0-9	0.3	0-9	0.5	0-9	0.0	0-9	0.0	0-9	0.0
10-19	0.3	10-19	0.0	10-19	0.0	10-19	0.0	10-19	0.0	10-19	0.0	10-19	0.2
20-29	0.2	20-29	0.1	20-29	0.1	20-29	0.0	20-29	0.0	20-29	0.0	20-29	0.2
30-39	0.3	30-39	0.3	30-39	0.2	30-39	0.1	30-39	0.1	30-39	0.2	30-39	0.2
40-49	0.6	40-49	0.9	40-49	0.4	40-49	0.1	40-49	0.2	40-49	0.3	40-49	0.4
50-59	1.5	50-59	2.7	50-59	1.3	50-59	0.6	50-59	0.7	50-59	0.7	50-59	1.3
60-69	5.1	60-69	10.6	60-69	5.4	60-69	3.4	60-69	2.5	60-69	3.5	60-69	3.6
70-79	14.5	70-79	26.0	70-79	22.1	70-79	11.6	70-79	9.8	70-79	9.8	70-79	8.0
80-89	21.2	80-89	32.9	80-89	35.3	>80	28.4	>80	25.4	>80	18.9	>80	14.8
>90	22.2	>90	31.0	>90	40.0								
5월 22일 현재 ⓒ스페인 보건부		6월 15일 현재 ⓒ이탈리아 국립보건원		6월 22일 현재 ⓒ스웨덴 공중보건원		6월 22일 현재 ⓒ스위스연방 공중보건원		6월 22일 현재 ⓒ대한민국 질병관리청		5월 27일 현재 ⓒ일본 게이자이		2월 11일 현재 ⓒ중국 질병통 제예방센터	
클락타워 그룹의 출판 허가를 받은 자료													

<그림 8.2> 입원률과 치사율

나이	입원을 요하는 증상 비율(%)	중환자실 입원 비율(%)	사망률
0~9세	0.1%	5.0%	0.00%
10~19세	0.3%	5.0%	0.01%
20~29세	1.2%	5.0%	0.03%
30~39세	3.2%	5.0%	0.08%
40~49세	4.9%	6.3%	0.15%
50~59세	10.2%	12.2%	0.60%
60~69세	16.6%	27.4%	2.20%
70~79세	24.3%	43.2%	5.10%
80세 이상	27.3%	70.9%	9.30%
ⓒ임페리얼칼리지 연구 클락타워 그룹의 출판 허가를 받은 자료			

하는 일을 해 보겠다.

만약 G20 국가들이 무차별적 확산곡선 평탄화 정책을 무기한으로 펼친다면 공황이 야기될 것이다. 2008년 같은 불황이 아니라 1930년 같은 대공황이 올 것이다. 철저하게 격리와 봉쇄를 하는 중국식 정책과는 달리 확산곡선 평탄화 정책은 COVID-19 감염자 수가 갑자기 줄어들지 않을 것임을 받아들인다. 이는 국가들이 의료 시스템으로 입원 치료와 검사를 감당할 수 있는 한 오랫동안 팬데믹과 사회적 거리두기 정책을 유지한다는 점을 시사한다. 여기서 '오랫동안'은 백신을 생산하는 데 걸릴 18개월이라고 볼 수 있다.

그러면 여름은 물론이고 그 이후까지 경제적 불확실성이 지속될 것이다. 2019년 미·중 무역전쟁으로 이미 약화된 기업 투자는 불확실성으로 인해 전면 중단될 것이다. 저수익이 예측되는 상황에서 대규모 실업도 이어질 것이다. 정부 보조금이 얼마가 나온들 기업—특히 대부분의 미국 노동자를 고용하는 중소기업—은 해고를 피할 수 없을 것이다. 불확실성으로 인해 수익도 대폭 감소할 것이다. 외식업계를 통해 현 상황을 예측하자면 경제 대부분의 수익이 0으로 떨어질 것이다(〈그림 8.3〉). 이러한 재앙은 숙박업계, 항공사, 체육관, 의료서비스(물론 COVID-19과 관계없는 의료서비스에만) 등에도 뻗어 나갈 것이다. 해고된 노동자들은 다른 업계에서 생산되는 재화와 서비스에 대한 수요를 줄일 것이다. 그리고 핵폭탄급의 연쇄효과가 이어질 것이다.

어느 경기침체기에도 보지 못한 경제 불황이 전망된다. 대공황보다도 더할 것이다. 분석가들은 지금 합리적으로 예측할 수 없는 경제적 재앙을 마주했다. 만약 중국의 상황이 전 세계에서 재연된다면 (그리고 평탄화 정책 지지자들이 권장하는 대로 지속적인 사회적 거리두기 때문에 계속된다면) 공황을 피할 길이 없다. 이러한 혼란이 두 달 넘게 지속되면 소비자 수요가 영구적으로 줄어들 수도 있다. 특히 전 세계 국내총생산의 15%를 차지하는 미국 소비자들이 위험에 처했다. 경기침체가 계속되어 공황으로 발전하면 수요이력효과[208]가 발생하기도 한다. 수요이력효과가 발생하면 소비자들은 COVID-19라는 외부 충격과 회복 불가능한 수준의 가계 부채 때문에 계속 소비를 줄인다. 미국 내 높은 마이너스 저축률을 감안했을 때 소비자들의 가계 부채는 몇 주일 내에 증가할 것이다. 이제 며칠 안 남았다.

〈그림 8.3〉 0을 향해 가는 수익

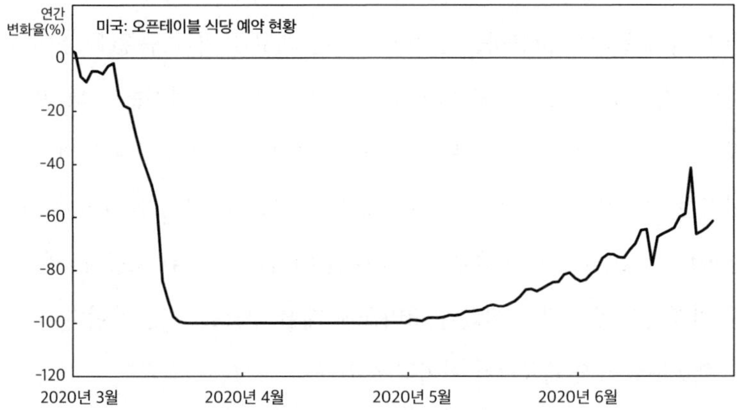

* 전화, 온라인, 방문 주문 포함
ⓒ오픈테이블(Opentable)
클락타워 그룹의 출판 허가를 받은 자료

그런데 여기서 잠깐, 인생은 불확실하다. 어쨌든 경기침체는 끝나기 마련이지 않은가? 그러니 주식시장이 30% 더 하락한들 어떻고, 우리가 1~2년(10년) 더 허리띠를 졸라매야 한들 어떠한가? COVID-19로 인한 사망자가 한 명이라도 덜 나온다면 그만한 가치가 있을 것이다.

그렇지만 심각한 불경기는 COVID-19보다 더 많은 사망자를 낳을 것이다. 유명한 불경기 효과인 자살 증가를 제쳐 두더라도 말이다. 2016년 《란셋》 연구에 의하면 2008년 대침체 때문에 OECD 국가에서 발생한 암 관련 사망자 수는 26만 명이 넘는다.[209] 2008년 대침체에 암 관련 사망자만 이렇게 증가했는데, 공황이 오면 어떠하겠는가?

이에 답하기 위해 나는 그리스로 향한다. 2018년 《란셋》 연구는 2010년에서 2016년 사이에 그리스에서 사망률이 17.8% 증가했다고 결론 내렸다(〈그림 8.4〉). 이 수치는 전 세계적으로 사망률이 감소하던 당시 서구 유럽에서의 사망률보다 세 배나 높았다.[210] 미국에서 사망률이 20% 증가하면 연평균 250만에서 300만 명의 사망자가 더 발생할 것이다. 그리스의 공황 사태에서 나타났다시피, 이때 사망자는 COVID-19와는 달리 노년층에 집중되지 않을 것이다.[211]

하지만 치명적인 사망률은 공황의 2차 효과일 뿐이다. 1930년대의 정치 및 지정학을 통해 3차, 4차로 이어지는 공황의 효과를 들여다보자. 1930년대와 마찬가지로 2020년에도 고립주의를 택한 미국과 영향력을 넓히려는 여러 신흥국이 다극체제를 통해 권력을 배분한 양상을 띤다. 이렇듯 역사적으로 유사한 모델을 참조하면 2020년대 공황의 효과를 쉽게 추론할 수 있다. 공황은 바로 탈세계화, 포퓰리즘, 징고이즘[212] 그

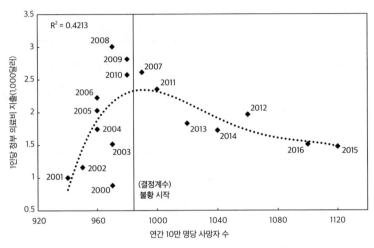

〈그림 8.4〉 그리스 내 사망률 증가

ⓒ세계은행, 매크로트렌드(Macrotrends), 란셋공공의료(Lancet Public Health)
클락타워 그룹의 출판 허가를 받은 자료

리고 마침내 세계 전쟁으로 이어질 것이다.

　그러므로 정책입안자들은 질병역학자와 블로거들이 공공 정책을 수립하도록 그냥 두지 않을 것이다. 의사와 간호사들은 지지를 받아 마땅하다. 더욱이 팬데믹 때문에 의료체계가 붕괴될 위험에 처하고 의료종사자들이 엄청난 희생을 감수하는 상황에서는 더욱 그러하다. 그러나 이들의 우선순위는 경제공황을 예방하는 것이 아니다. 게다가 공황 가능성은 이들에게 제약이 되지 않는다. 의료종사자들은 히포크라테스 선서를 한 사람들이고, 의료 위기 상황에서 1차 효과에 집중해야만 한다. 이들은 일단 생명을 살리고 나머지는 다른 사람들이 처리하도록 한다. 의료종사자들은 2차, 3차, 4차 효과를 고려하도록 훈련받지 않았으며, 우리도 그들이 1차 효과 외의 요소에 정신이 팔리는 것을 원하지 않는다.

공공 정책을 수립하는 것은 의사가 아닌 정책입안자들의 일이다. 정책입안자들은 팬데믹의 여러 효과 중에는 공황이 포함된다는 물질적 현실에 제약을 받는다. 경제공황은 정책입안자들에게 엄청난 제약이다. 그러므로 확산곡선 평탄화 정책은 결국 바뀌고 말 것이다.

COVID-19 초기 모델링은 지나치게 요란했다

바이러스는 변하지 않는데 어떻게 정책을 바꿀 수 있을까? 이 질문에 답하려면 데이터의 세계로 들어가야 한다.

여름이 되자 데이터는 COVID-19 발발에 대한 보다 큰 그림을 보여 줬다. 위에 언급했다시피 나는 3월에 최종 사망률이 0.1~0.3% 수준에 머무를 것이라고 예측했다. WHO가 사망률을 3.4%라고 봤던 COVID-19 발발 초기에 내가 어떻게 이처럼 자신 있게 예측할 수 있었을까?

나의 초기 예측은 간단한 사실을 바탕으로 한다. 어떤 질병이든 발발 초기에 감염자 수는 매우 축소되는 반면 사망률은 과장된다.[213] 사망률이 훨씬 낮다고 보는 연구도 처음에는 얼마 안 되었지만 결국 그 수가 많이 늘어났다. 2009년의 신종인플루엔자와 2014년의 에볼라 발발처

럼 이번에도 초기 사망률은 과장되었다.[214]

나는 사망률이 매우 과장될 것이라고 예상했다. 나는 또한 2014년 에볼라가 발발했을 때 몸소 연구하며 배운 대로 COVID-19 발발 초기의 질병역학적 모델링을 완전히 신뢰하지 않았다. 2014년에 CDC(The Centers for Disease Control and Prevention, 질병통제예방센터)는 140만 명이 에볼라에 감염되고 10만 명이 한 달 내에 사망할 것이라고 내다봤다.[215] 그러나 결과적으로 2만 8,646명이 에볼라에 감염되었고, 이 중 1만 1,323명이 사망했다. 왜 이러한 차이가 날까?

물론 모델링은 어려운 작업이다. 특히 바이러스 발발과 같은 비선형[216] 환경에서는 더욱 어렵다. CDC는 인간 행동의 변화를 정확히 파악하는 데 애를 먹었다. 공공의료 부문이 훌륭하게 대처하고 개개인이 행동을 바꾼 덕분에 에볼라 확산은 완화되었다. 나는 COVID-19도 같을 것이라고 생각했다.

그런데 초기 모델링이 지나치게 요란했던 데는 또 다른 이유가 있다. 내 생각에는 초기 모델링에 공공서비스적인 요소가 있었던 것 같다. 초기 모델링은 사람들에게 겁주고 종국에는 그들의 행동을 바꾸려 했다. CDC가 젊은이들도 COVID-19에 취약하다며 이들을 설득하기 위해 기울인 엄청난 노력을 보라. 내가 고객들과 투자자들에게 COVID-19에 의한 사망자의 평균 나이는 결국 대부분의 나라에서의 기대 수명과 같다고 설명하고 있을 때, CDC는 젊은층도 취약하다고 숨 가쁘게 연구 결과를 발표했다. 3월 중순 CDC가 발표한 새로운 데이터에 의하면 미국 내 젊은 성인층의 입원률이 다른 국가들보다 높았다. 그 결과《뉴욕타임스》를 위시한 여러 미디어는 미국 내 젊은 성인층의 입원률이 상승했다고 보도했다.[217] CDC의 보고서에는 〈그림 8.5〉가 첨부되었다.

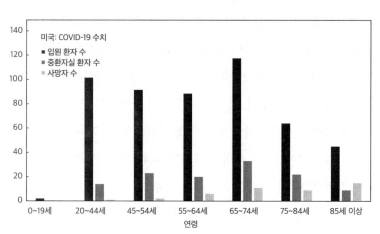

〈그림 8.5〉 **CDC가 데이터를 조작했을까?**

참조: 2020년 2월 12일부터 3월 16일까지의 자료에 기초함
ⓒ미국 CDC
클락타워 그룹의 출판 허가를 받은 자료

〈그림 8.5〉에 대해서라면 나는 한 장을 다 할애할 수도 있다! 나는 오랫동안 금융계 매도 측에서 훌륭하게 일해 왔기 때문에 딱 보면(만들면) 차트가 조작되었는지를 안다. CDC의 보고서는 수학을 잘 못하는 고등학생이 썼거나 완전히 홍보물(선전물)이다.

〈그림 8.1〉에 실린 데이터는 각국의 보건기관에서 얻은 것으로 10년 단위로 나눈 연령 집단별 입원률과 사망률을 나타낸다. 이와 달리 CDC 연구는 20~44세 사이의 젊은 성인이라는 범주를 만들어 냈다. 나도 젊

은 성인인 것이다! 야호!

이렇듯 편파적인 범주가 의미하는 바는 CDC에 의하면 다른 연령 집단은 10년을 단위로 삼는 가운데 한 연령 집단은 25년을 아우르는 것이 실증적으로 받아들일 만하다는 것이다. 20~44세 집단의 입원률은 40~44세 집단의 입원률보다 높을 수 있다. 또한 20~44세 집단은 가장 큰 인구 집단이기도 하니 입원률이 높은 것도 당연하다. 그런데 잠깐만…. 이 차트는 비율로 표시되지도 않았다. 이 차트에는 입원 환자 수가 절대 수치로 나타난다. 차트 하나에 담긴 방법론적 오류의 숫자만으로도 이 차트를 만든 사람의 선호가 '조작'임을 알 수 있다.

CDC의 보고서는 MZ 세대가 사회적 거리두기를 심각하게 받아들이도록 작성되었음이 틀림없다. 그래도 CDC의 목적은 수단을 정당화하지 않는다. 게다가 CDC의 수단은 효과적이지도 않다. 조작된 데이터를 발표하는 것은 COVID-19에 맞서 싸우는 데 도움이 되지 않을 것이다. 게다가 이미 COVID-19 검사 시작부터 삐걱댔던 국가기관에 대한 대중의 환심을 되돌릴 수도 없을 것이다.

여름이 되자 또 다른 데이터 오류가 나타나기 시작한다. 추가 확진자 수와 사망자 수 사이에 간극이 벌어진 것이다. 나는 스웨덴의 데이터를 보며 이 간극을 처음 알아차렸다. 그리고 이 간극은 6월이 되자 전 세계적으로 나타났다(〈그림 8.6〉).

이제 사망자 수가 늦게 나오기는 하지만 팬데믹 초기와 같은 수준으로 올라가지는 않을 것으로 보인다. 봉쇄 조치를 거두면 어떻게 될지를 보여 주는, 세균배양 접시 역할을 했던 스웨덴에서는 사망자가 나오기

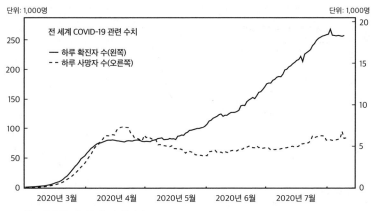

〈그림 8.6〉 전 세계적으로 확진자 수와 사망자 수 사이에 간극이 벌어졌다

단위: 1,000명   단위: 1,000명

전 세계 COVID-19 관련 수치

── 하루 확진자 수(왼쪽)
-- 하루 사망자 수(오른쪽)

참조: 두 곡선 모두 일주일 평균값이다.
©WHO, 유럽 CDC, 매크로본드
클락타워 그룹의 출판 허가를 받은 자료

까지 두 달이 걸렸다(〈그림 8.7〉). 이는 링곤베리[218]가 COVID-19의 치료 제이거나 못 미더운 스웨덴이 데이터를 조작했거나 그것도 아니라면 무 언가 구조적인 현상이 진행 중이기 때문이다.

이와 관련해 나는 다음 세 가지 현상이 진행 중이라고 본다.

① 검사 증가

그렇다. 검사를 많이 할수록 감염자 수는 증가한다. 불행히도 트럼프 행정부 가 선거 유세 기간 내내 이렇게 울부짖었기 때문에 독자들은 내가 집에 앉아 서 '다시 미국을 위대하게'라고 적힌 모자를 쓰고, 마지막 한 봉지 남은 황산 하이드록시클로로퀸[219]을 만지작거린다고 생각한다. 미국의 많은 주에서 테

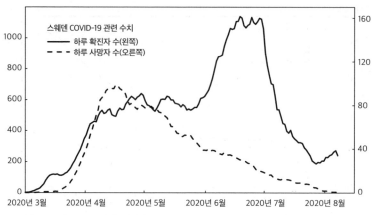

〈그림 8.7〉 스웨덴: COVID-19 배양 접시

참조: 두 곡선 모두 일주일 평균값이다.
©스웨덴 공중보건원
클락타워 그룹의 출판 허가를 받은 자료

스트가 늘었다고 확진자도 늘어나지는 않았다. 그러나 메모리얼 데이 연휴 동안 수영장에서 시원한 맥주를 마시며 파티를 즐겼던 지역에서는 확진자 수가 늘었다.

② 바이러스 수치

COVID-19의 중증도, 질병, 초기 수치 간에 관계가 있다고 보는 과학 연구가 있다.[220] 쉽게 말해 이 연구는 슈퍼마켓에서 우유를 사다가 병에 걸리는 것과 누군가 사무실에서 당신의 얼굴에 대고 재채기를 해서 병에 걸리는 것은 다르다는 뜻이다. 사회적 거리두기 방침으로 스포츠 경기 같은 실내 슈퍼전파 사례를 줄이고, 바이러스의 위험에 맞춰 인간 행동을 조절했기 때문에 높은 바이러스 수치에 의한 감염 가능성은 줄어들었다. 5월 말 밀라노의 산 라파엘레 병원의 알베르토 장그릴로 원장은 이렇게 말했다.

"지난 10일간의 COVID-19 테스트 면봉에서 검출된 바이러스 수치가 1, 2 달 전의 검사에서 나온 수치보다 절대적으로 적다."[221]

그러나 이 발언을 실은 로이터 기사는 오해의 소지가 있는 '저명한 이탈리 아 의사가 새로운 코로나 바이러스는 힘을 잃었다고 말하다'라는 제목을 달 았다. 미국 미디어는 당연히 어리석은 이탈리아인을 믿지 말라는 질병역학 자들의 의견을 실었다.[222] 그들은 COVID-19를 일으키는 바이러스는 변하 지 않았다고 재빨리 반박했다. 그들은 또한 코로나 바이러스가 여전히 강력 하다고 말했다. 그 말도 맞다. 하지만 이탈리아 내 최고의 병원을 책임지는 COVID-19 전문가인 장그릴로는 코로나 바이러스가 힘을 잃었다고 주장하 지 않았다. 그는 단순히 감염자들의 바이러스 수치가 그가 2~3월에 매일 관 찰했을 때와 비교해서 절대적으로 적다고 말했을 뿐이다. 만약 이것이 사실 이라면 미국과 스웨덴에서 확진자 수 폭증과 사망자 수 증가 사이의 계속되 는 격차를 설명할 수 있을 것이다.

❸ 인간 행동

나는 처음에 정책입안자들이 결국에는 노인층을 다른 사람들로부터 격리하 는 수직적 거리두기 전략을 법제화할 것이라고 생각했다. 이 생각은 정책입 안자들이 고려했을 때 지나치게 엄격한 듯했으나 실제 노인들이 시행하기에 는 그렇지 않았다. 플로리다에서 나온 데이터에 의하면 여름에 이르자 노년 층의 행동이 변화했다(〈그림 8.8〉). 수직적 격리 전략은 인간이 행동을 바꾼 덕분에 실제로 시행된 것이다.

〈그림 8.8〉 **노년층은 바보가 아니다**

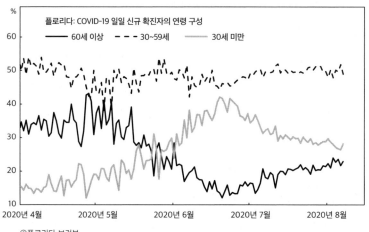

©플로리다 보건부
클락타워 그룹의 출판 허가를 받은 자료

이 논의는 이론적이지만은 않다. 미국이 경제활동을 재개하면 감염률, 즉 R0(재생산지수)가 증가할 것이다. 〈그림 8.9〉는 댈러스 연준의 사회적 이동지수[223]와 COVID-19 R0 사이의 상관관계를 나타낸다. 만약 입원률과 사망률이 4월 수준으로 상승하기 시작한다면, 유의미하게 1을 초과하는 R0는 또다시 위기 상황을 초래할 것이다. 그러나 COVID-19의 영향력이 약화되었다면, 사람들은 서서히 R0가 증가하는 위험에 대해 둔감해질 것이다. 실제로 시장 관점에서 일일 신규 확진자 수는 더 이상 중요하지 않다.

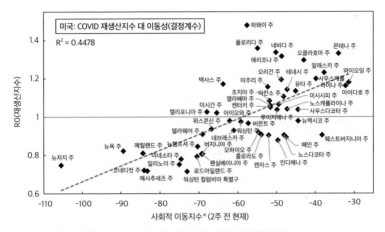

〈그림 8.9〉 경제활동 재개로 인한 신규 확진자 증가

*정상 이동성 행동과 COVID-19로 인한 이동성 행동 사이의 편차를 측정한다.
ⓒ댈러스 연방준비은행
클락타워 그룹의 출판 허가를 받은 자료

나는 지정학적 예측가로서 나 자신을 허무주의적 무관심으로 가득
채웠다. 신종 코로나 바이러스가 일반 인플루엔자보다 훨씬 심각한 공
공의료 위기를 초래한 것은 분명하다. 그러나 코로나 바이러스가 초래
한 위기는 특정 연령 집단에 집중되었기 때문에 사람들은 결국 이에 둔
감해질 것이다. 2020년에 내가 만난 많은 투자자는 이러한 예측에 경악
했다. 투자자들은 자신의 늙은 부모가 괴로워하고 죽는 모습을 보고 싶
지 않았다. 나도 마찬가지다. 나도 우리 부모님을 사랑한다! 하지만 나
의 효심은 시장을 예측하는 나의 일과는 무관하다.

2020년 내내 데이터는 초기 COVID-19 모델이 잘못되었음을 시사했
다. 게다가 많은 투자자도 바이러스에 대한 대응 정책이 아닌 바이러스

자체에 집중했다. COVID-19 팬데믹에 대한 초기 대응은 큰 실수였다.

별거 없어, 정부 돈일 뿐

확산곡선 평탄화 정책 지지자들이 원했던 것처럼 3~4월에 시작된 평탄화 정책이 무기한 연장되었다면 경제는 심각한 타격을 입었을 것이다. 그러나 신규 확진자 수 증가에 비해 입원률과 사망률이 현저히 뒤떨어지면서 COVID-19는 위력을 잃었다. 신규 확진자 수를 바탕으로 거래하는 투자자들은 핵심을 놓치고 있다. 투자에 가장 중요한 정보는 팬데믹 위기에 대응해 대규모 부양책이 나오고 있다는 것이다.

경기는 회복세를 보였고, 그 추세 또한 흔치 않은 형태를 보였다. 경기가 V 자 형태로 회복될 거라는 예측은 지나치게 신중했다. 실제 경기는 I 자 형태로 회복되고 있었다. 팬데믹 초기에 대부분의 투자자는 수익이 0이 될 항공사, 식당, 크루즈선, 렌트카 회사 등의 서브섹터에 집중했다. 하지만 현실적으로 이러한 서브섹터를 모두 합한 비중은 국내총생산의 5.4%에 불과했다. 게다가 수익은 잠시 동안만 0에 머물 것이었고, 아무리 사면초가에 처한 서브섹터라도 5월이면 회복될 것이다.

서브섹터보다 중요하고 파급력이 큰 경제 부문은 내구재와 주택 및 자동차 판매 섹터인데 이 부문 또한 빠르게 회복했다. 특히 여가용 재화와 차량에 대한 개인 소비가 두드러지게 증가했다. 이는 특정한 경제 부문—여행, 식당, 레저 활동—에 소비되지 않은 지출은 다른 부문을 향한다는 것을 보여 준다(〈그림 8.10〉).

〈그림 8.10〉 강한 회복세가 진행 중이다

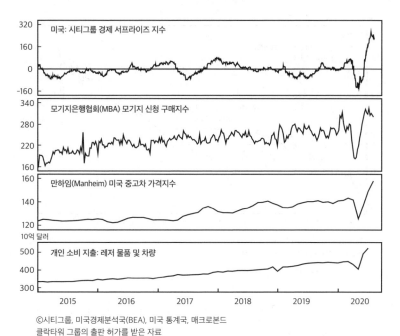

ⓒ시티그룹, 미국경제분석국(BEA), 미국 통계국, 매크로본드
클락타워 그룹의 출판 허가를 받은 자료

내구재에 대한 소비 회복은 놀라운 수준이었다. 글로벌 금융위기 이후 내구재 소비가 2007년 최고 수준을 회복하는 데 6년이 걸렸다. 하지만 이번에는 단 두 달 만에 소비가 회복되었다. 아직도 COVID-19 이후 시장 반등을 소매시장이 주도했다거나 비펀더멘털 요소에 기초한 것이라고 생각하는 사람이 있다면 〈그림 8.11〉을 주의 깊게 살펴봐야 할 것

이다.

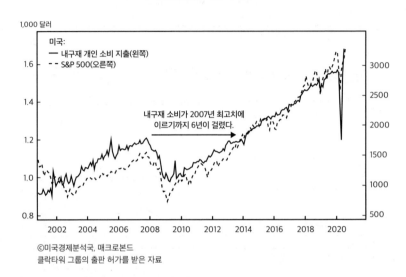

1,000 달러

미국:
― 내구재 개인 소비 지출(왼쪽)
-- S&P 500(오른쪽)

내구재 소비가 2007년 최고치에
이르기까지 6년이 걸렸다.

©미국경제분석국, 매크로본드
클락타워 그룹의 출판 허가를 받은 자료

시장 하락세를 점친 투자자 대부분이 알아차리지 못한 것은 2020년
의 주요 테마는 COVID-19가 아니라 뒤이어 나온 대규모 부양책이라
는 것이다. 특히 이번 통화부양책은 그저 연방준비제도에만 기댄 것이
아니었다. 경제 실물과 펀더멘털에 직결된 정부 재정에서 나온 것으로
돈을 찍어 내는 것이 아닌 펀더멘털에 기초한 것이다. 경제의 재정적 측
면은 경제 펀더멘털로 정의되며, 국내총생산을 구하는 방정식(국내총생
산=소비 지출+정부 지출+투자+순수출)에서 G(정부 지출)를 의미한다. 결국 이
번 경기회복에서는 생산이 늘지도 화폐가 발행되지도 않았다.

274

경제는 이미 회복세에 있지만 나는 2020년 말까지 1조 5000억에서 3조 5000억 달러의 추가 재정부양책이 나올 것이고, 2021년에도 재정 절벽을 피하기 위한 부양책이 더 나올 것으로 예상한다. 현재 경제 주기에서 부에노스아이레스 컨센서스 패러다임은 이토록 강력하다. 그러므로 투자자들은 2021년 초에 시장 상승을 기대해야 한다. 투자수익을 얻고 현재 패러다임을 이용하려면 매도 거래가 적절하다. 시장을 움직이는 것은 연방준비제도도, COVID-19도, 가치 평가도, 기술평가도 아닌 정부 재정이다. 스눕독과 닥터 드레라면 '별거 없어, 정부 돈일 뿐[224]'이라고 말할 것이다.

제약 프레임워크의 약점은 시간이다

지난 10년간 나의 고객들은 제약에 기반을 둔 프레임워크의 가장 큰 약점으로 정책입안자들이 이성적이지 않다는 점을 꼽았다. 하지만 이는 제약 프레임워크의 주요 단점이 아니다. 아무리 정책입안자가 비이성적이어도 벽을 뚫고 달릴 수는 없다. 프레임워크는 물질적 제약에 집중하고, 정책입안자가 제아무리 비이성적이어도 현실을 바꿀 수는 없다.

만약 고객들이 인구 집단이 비이성적일 수 있다고 말했다면 반박하기 어려웠을 것이다. 테러리즘과 COVID-19 사례에서 봤다시피 공포는 또 다른 현실을 만들어 낸다. 대중 집단인 중위투표자와 현실 사이에는 반사적인 관계가 있다. 나는 모든 투표자가 갑자기 청록색 현대 소나타를 달라고 요구한다면 결국 받게 될 거라고 확신한다.

정신없고, 혼란스럽고, 실수투성이인 정책입안자들은 제약—중위투표자를 포함—에 의해 재빨리 현실로 되돌아온다. 그러나 히스테리적인 사회는 그 자체로 물질적 제약이 된다. 중위투표자는 정책입안자를 통제한다. 그러나 사회, 즉 중위투표자의 행동을 제약하는 즉각적인 세력은 없다. 그 결과 사회 전체가 이성을 회복하는 데 걸리는 시간은 알 길이 없고 예측할 수도 없다.

중위투표자가 COVID-19 때문에 자신과 자녀들이 죽을 것이라고 믿는다면 그 믿음 자체가 물질적 제약이다. 정책입안자들은 경제공황을 불러올지도 모를 방침으로 이들의 공포에 답해야 한다. 중위투표자의 집단 히스테리는 눈앞에 놓인 제약이지만 공황은 위험 곡선 아래쪽에 멀리 떨어져 있다. 그러므로 제아무리 이성적인 정책입안자라도 물질적 제약에 발이 묶인 한 단기적인 제약을 이유로 들어 장기적으로 끔찍한 효과를 불러오는 정책을 추구하게 (사실상 강요당하게) 된다.

이번 장은 제약 프레임워크를 이용해 사회 행동을 성공적으로 예측할 수 있는지 나를 시험하는 장이다. 그리고 나는 성공적으로 예측할 수 있다. (단지 행동이 끝나는 날짜만 예측하지 못할 뿐이다.) 2014~2015년에 나는 서구권, 특히 유럽인들이 테러리즘에 무감각해질 것이라는 논란의 여지가 있는 관점을 채택했다. 그리고 나는 그때처럼 코로나 바이러스에도 무감각해질 것이라고 생각한다. COVID-19가 재앙은 맞지만 이에 따른 사망률은 과장되었음이 거의 분명하고, 연령 집단별로 매우 다른 양상을 보인다. 내 생각에 자녀들의 건강을 걱정하던 부모들은 여름이 끝날 즈음이면 아이들은 코로나 바이러스에 면역력이 있다고 교육청에 외칠 것이다. 물론 홈스쿨링 때문에 확산곡선 평탄화 정책을 향한 대중의 열정이 꺾이지는 않을 것이다. 대중의 열정에 맞선 진짜 제약은 돈, 특히 돈이 부족한 상황이다. 비록 총저축률이 상승하고는 있지만 미국인 대부분은 저축을 하지 않는다. 특정 시점—내 생각에는 해고가 한 차례 진행되는 시점—이 오면 제약이 영향력을 발휘할 것이고 미국의 시대정신이 바뀔 것이다.

자녀 보육과 돈 외에도 COVID-19에 의한 사망률은 계속되는 대중의 공포심에 중요한 물질적 제약이 된다. 만약 코로나 바이러스가 에볼라 바이러스처럼 공기를 통해 전염된다면 나는 생각을 달리했을 것이다. 대중이 30%의 사망률에 무감각해지기는 어렵다. 그러나 독감보다 3배 높은 수치인 0.3% 정도의 사망률로는 우리가 아는 서구문명이 끝나지 않을 것이다.

소셜미디어의 시대는 내러티브의 변동성을 높였다. 소셜미디어는 내러티브의 촉진제고 극단적인 내러티브를 증폭한다. 이슬람 국가와 COVID-19의 경우 말 많은 이들이 소셜미디어 덕분에 신중한 의견을 밀어내고 맨 앞에 나섰다. 그렇게 소셜미디어는 팬데믹과 동일한 (혹은 더욱 심각한) 수준의 바이러스성 혼란을 야기했다. 그러나 소셜미디어 내러티브는 확 타오르고 순식간에 사라져 버린다. 소셜미디어 내러티브의 반감기는 과거 미디어가 만들어 낸 내러티브보다도 짧다. 따라서 시장은 이에 매우 민감하게 반응할지라도 결국 빠른 속도로 반등한다.

이 책을 쓰던 2월 나는 나 자신에게 실망했다. 나는 엄청난 시장 약세를 점쳐야 했을 기회를 놓쳤다. 그러나 3월 말이 되자 나는 열정적으로 시장 상승세를 내다봤다. 나는 물질적 제약 프레임워크를 사용해 사회적 거리두기와 비선형 인간 행동을 감안했을 때, 데이터가 늘어나면 코로나 바이러스를 통제할 수 있을 것이라고 가정했다. 그리고 나는 미국이 워싱턴 컨센서스에서 부에노스아이레스 컨센서스로 전환 중이었다는 관점을 바탕으로 정책입안자들이 2009년보다 훨씬 더 큰 규모의 부양책을 펼칠 것임을 확신했다.

10년 뒤 모든 일이 지나간 후에 투자자들이 2020년을 돌아본다면, 이때 새로운 패러다임이 시작되고 있었음을 깨달을 것이다. 2020년에 가장 중요한 거시 차트는 COVID-19 유행 곡선이 아니라 워싱턴 컨센서스에서 부에노스아이레스로의 전환을 나타내는 〈그림 8.12〉다. 〈그림 8.12〉는 2008~2009 글로벌 금융 위기 후 몇 달 사이에 어떻게 통화정책 부양책이 바로 긴축으로 이어졌는지를 나타낸다. 2017년부터 트럼프 대통령이 지속적으로 재정부양책을 펼치자 정부의 추가 재정지출에 이어 즉각 매파 통화정책이 뒤따랐다.

2020년 통화정책은 군림하는 재정 정책 앞에 복종한다. 〈그림 8.12〉에서 두 정책은 발맞춰 움직인다. 나는 2021년에도 이러한 추세가 계속될 것이라고 본다. 왜냐하면 신임 바이든 행정부가 정부를 대규모 재정절벽으로 인도하지 않을 것이기 때문이다. 만약 트럼프 대통령이 이긴다 해도 그의 첫 임기에서 유추하건대 긴축으로 돌아서지 않을 것임이 거의 확실하다. 지난 장에서 논의했다시피 이는 정책입안자의 선호와는 아무 관계가 없다. 중요한 것은 재정건전성을 중시하는 워싱턴 컨센서

〈그림 8.12〉 **부에노스아이레스 컨센서스**

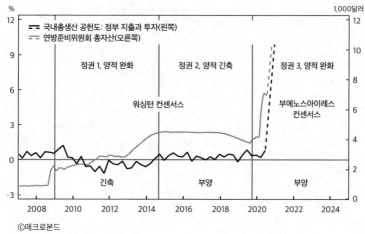

〈그림 8.12〉 **부에노스아이레스 컨센서스**

©매크로본드
클락타워 그룹의 출판 허가를 받은 자료

스가 더 이상 중요하지 않다고 여기는 중위투표자의 정서다.

부에노스아이레스 컨센서스 패러다임은 2021년 초 시장 상승세와 함께 1~2년 동안 자산 시장의 향연으로 이어질 것이다. 그렇다고 지금부터 젖과 꿀만 흐른다는 것은 아니다. 나는 투자자들이 생각하는 것보다 더 빠른 속도로 인플레이션률이 오를 것으로 내다본다. 2020년대 초반에 주식시장 전망은 부정적이지 않지만, 2020년대는 결국 스태그플레이션 국면이 될 것이다.

PART 3

조작

Chapter 9

총괄평가 기술

이 책의 첫 장에서는 제약 프레임워크를 뒷받침하는 이론과 투자자들에게 지정학이 중요한 이유에 대해 설명했다. 그리고 4~8장에서는 정말 중요한 제약과 중요할 때도 있는 제약 그리고 프레임워크의 약점에 대해 다뤘다. 이제 이어지는 세 장에서는 제약 프레임워크를 조작화할 것이다. 투자자들은 어떻게 제약 프레임워크를 사용하고 알파를 창출해야 할까?

프레임워크 조작화의 첫 단계는 총괄평가 기술을 배우는 것이다. 총괄평가는 미국 국방부의 ONA(Office of Net Assessment, 총괄평가국)가 발표하는 장기 전략 분석에서 따온 용어다. 총괄평가는 서로 다른 분석 접근법으로 도출한 여러 결론을 총합하는데, 보통 미국 국방부의 예측가들이 적국이나 장기간의 심각한 위험에 대해 수행한다. 북한이나 기후

변화에 의한 위기가 그 대상일 수 있다.

　내가 제약 프레임워크의 조작화를 9~11장에서 다루는 이유는 어떤 평가 내용이 총합되는지 이해하지 못하다면 총괄평가를 할 수 없기 때문이다. 나는 4~8장에서 정책입안자의 행동에 영향을 미치는 다양한 물질적 제약에 대해 설명했는데, 이것이 바로 투자자들이나 고위 임원들이 분석하고 총합해야 하는 요소다.

　총괄평가는 지정학적 예측의 시간 범주에 따라 각기 다른 방법으로 수행된다. 그러므로 본격적으로 총괄평가의 실례를 들기 전에 각각의 시간 범주를 정의하겠다.

지정학적 예측의 세 가지 시간 범주

　많은 투자자가 '지정학적 예측'을 시장이나 거시경제 외의 요소를 설명하는 만능 용어로 사용한다. 그러다 보니 지정학적 분석에 무엇이 포함되고 포함되지 않는지 구분하기 어렵다.

　제약 프레임워크는 시간 범주를 막론하고 다양한 문제를 분석하는 데 사용할 수 있다. 미국의 거셈 솔레이마니 사령관 암살에 대해 분석할 수 있을까? 그렇다. 관련하여 시장에 중요하고 제약에 기반을 둔 총괄평가가 있다. 미국 대선에서 좌측 편향 전망과 투자 논거로서 기후변화도 다르지 않다.

　투자자들은 다음 세 가지 시간 범주에 대해 잘 알아야 한다.

① 일시적 시간 범주(개별 사건)

거셈 솔레이마니 사령관의 암살은 투자자들이 즉각 반응하고 전략적으로 다뤄야 하는 비시장, 비거시경제 사건의 좋은 예다. 모쪼록 제약 프레임워크를 받아들인 신규 분석가들이 이미 미국과 이란에 대한 총괄평가를 가지고 있기를 바란다. 나는 이 장에서 미국과 이란이 서로 거리를 두도록 하는 제약에 대해 설명할 것이다. 만약 어떤 사건에 대한 지정학적 지식이 부족하다면 컨설턴트를 고용할 수도 있다. 컨설턴트에게 질문할 때는 그들이 제약 프레임워크에 부합하는 답을 내놓도록 "그렇죠, 우리는 모두 쿠드스군이 미국을 증오하는 이념주의자임을 압니다. 그런데 이러이러한 제약을 고려했을 때 쿠드스군은 무엇을 할 수 있습니까?"라고 물어라!

② 주기적 시간 범주

총괄평가의 두 번째 유형은 주기적인 시간 범주에 집중한다. 주기적인 시간 범주를 분석하기 위해서는 향후 12~18개월 동안의 지정학적 일정에 대해 알아야 한다. 팀원을 배정해 시장에 중요한 모든 정치 및 지정학적 사건을 달력에 표시하라. 전쟁, 정상회담, 국민투표, 예산 마감일, 재정 절벽, 중요한 군사작전 등이 이에 해당한다.

만약 중요한 선거일이 다가온다면 그 전에 해당 국가에 대한 총괄평가를 하라. 이때 정책입안자의 선호에 놓인 제약의 가변성을 잘 관찰하라. 제약은 시장을 긍정적이거나 부정적으로 움직이는 정책을 결정한다.

3 장기적 시간 범주

나는 장기적인 예측을 할 때 특정 국가나 지역의 경제 상황이 아닌 테마에 집중하고자 한다. 나는 과거에 매도 측 전략가로 일하며 다양한 장기 테마에 대한 예측을 했다. 유로존이 살아남고, 유럽 통합이 지속될 것인가? 나는 2011년에 '유럽의 지정학적 책략: 통합의 중대성'이라는 예측을 내놓았다. 미·중 간의 갈등이 시장에 중요한 분쟁으로 확대될까? 나는 2013년에 '중국-미국 간 갈등: 생각보다 가능성이 높다'고 답했다. 세계화는 지속 가능할까? 나는 2014년에 이를 분석해 '세계화의 정점-추락하는 일만 남았다'를 기고했다. 자유방임주의 경제가 살아남을까? 나는 2015년에 '앵글로-색슨 경제의 종말'이라는 총괄평가를 통해 이에 답했다.[225]

나는 투자자들의 시야 너머에 있는 테마에 기초한 총괄평가를 통해 이렇게 예측했다. 2013년에 투자자들은 유럽 해체에 집중했고, 미·중 간의 갈등에 대해서는 거의 신경 쓰지 않았다. 2015년에 미국의 정치적 위험에 대해 말하는 이는 아무도 없었다. 당시에는 힐러리 클린턴이 오바마의 뒤를 이을 것으로 간주했고, 그리스는 독일을 상대로 큰 판돈을 걸고 치킨게임을 벌였다. 그러나 일부러라도 눈에 띄지 않는 테마에 집중하는 것은 유용하다. 특히 한동안 잠잠했던 테마라면 더욱 그렇다. 잠잠했던 테마의 만료 시한이 대중이 생각하는 것보다 임박했을 수도 있다.

적극적인 투자자는 각각의 지정학적 시간 범주에 대비해 다음 세 가지 과정을 따라야 한다.

1 일시적 시간 범주

시장을 뒤집을 만한 다양한 시사와 관련된 리스크에 집중하라. 이때 수동적인 분석을 해야 할 때도 있다. 전 세계가 아직 연말 분위기에 젖어 있는 매년 1월, 나는 자리에 앉아 수동적인 총괄평가가 필요한 다섯 가지 리스크를 적어 놓는다.

2 주기적 시간 범주

당신이 투자했거나 투자하고자 하는 주요 경제국에 대해 제약에 기반을 둔 총괄평가를 하라. 이때 G20 국가부터 시작하는 것이 좋다. 나는 이 장에서 인도에 대한 상세한 연구를 포함한 총괄평가를 보여 줄 것이다.

3 장기적 시간 범주

당신의 동료 대부분이 오늘날 투자 환경에서 복음처럼 받아들이는 다섯 가지 가설을 적어 보라. 2020년의 가설 중에는 세계가 낮은 이자율로 대변되는 디플레이션 환경인 구조적 장기 침체를 극복해 나간다는 것이 포함된다. 그렇다면 당신은 이 예측을 확신하는가? 총괄평가를 하는 것이 맞지 않을까? COVID-19 경기침체의 여파로 구조적 장기 침체가 확실시될까, 아니면 정부가 내놓은 엄청난 경기부양책이 구조적 장기 침체 테마를 종식시킬까? 나는 COVID-19의 여파로 향후 10년 동안 인플레이션 환경이 조성될 것이라고 확신한다. 구조적 장기 침체는 극복되겠지만 그에 따른 비용도 있을 것이다.

베이지안 사전 분포

탄탄한 총괄평가는 예측에 앞서 사전 요소를 정한다. 즉 총괄평가 전에 어떤 사건이 발생하거나 관련 경제가 (임의적 혹은 업계에서 설정한) 벤치마크 대비 높은 수익을 낼 최초 확률을 설정한다. 2016년 초 나는 다가오는 브렉시트 국민투표를 분석했고, 시장에서 가정한 것보다 브렉시트 가능성이 높다는 것을 정확하게 밝혔다.

이때 내가 사용한 방법은 고상한 용어로 베이지안 사전 분포 혹은 베이지안 확률이다. 총괄평가는 사전 확률을 설정하며 이는 분석가가 특정 사건의 발생 확률을 역사적 기록이 아닌 총괄평가를 통해 배정하는 주관적인 과정이다.[226]

2016년 브렉시트 분석을 예로 들어 보자. 나는 브렉시트 확률을 구하기 위해 과거에 치러진 독립에 대한 다른 국민투표나 그에 따른 분리 독립 결과의 빈도수를 살피지 않았다. 왜냐하면 과거에 치러진 국민투표의 표본 수가 통계적 유의성을 보이기에는 너무 적었기 때문이다. 분리독립은 자연법칙에 따른 것이 아니며, 유사한 경우도 자세히 들여다보면 각기 달랐다. 1995년 퀘벡의 분리 독립 국민투표는 EU 회원국 지위에 대한 국민투표와 한참 동떨어진 것이었다. 1975년 영국의 유럽공동체(EC, European Community) 탈퇴에 대한 국민투표는 다른 시대와 상황에 치러졌다. 과거 자료는 양으로 보나 질로 보나 통계적으로 유의하지 않았다. 만약 내가 과거 표본의 빈도수에 기대 추론했다면 브렉시트 확률을 10%라고 봤을 것이다. 왜냐하면 각기 다른 10개 국민투표 중 단 1

건만이 대세와 다른 결과를 보였기 때문이다.

분석가는 총괄평가를 통해 4~8장에서 언급한 모든 제약을 총합하고, 그 결과 어떤 사건이 발생할 주관적인 사전 확률을 구한다. 하지만 이보다 더 중요한 점은 총괄평가가 주목해야 할 중대한 제약을 드러낸다는 점이다. 중대한 제약은 분석가가 확률을 조정해야 할, 총괄평가 내의 변화를 나타내는 주요 데이터가 무엇인지를 제시한다. 주요 데이터는 총괄평가 내의 변화를 짚어 내고, 분석가는 이에 따라 확률을 조정해야 한다. 이러한 '데이터 스트림'은 최신의 사전 확률을 정확하게 유지하기 위해 무엇을 주시해야 하는지 알려 준다. 나는 데이터 스트림을 잘 파악하기 위해 체크리스트를 작성할 것을 추천한다.

브렉시트 분석에서 여론조사는 당연히 주시해야 할 데이터 스트림이다. 2017년 세금감면안 가결의 경우 백악관과 상원 내의 재정 보수파의 발언이 데이터 스트림일 수도 있다. 중위투표자의 의견이 중대한 제약인 2020년 COVID-19 팬데믹의 경우 가장 중요한 데이터 스트림은 확산곡선 평탄화 정책의 경제적 비용에 대해 한탄하는 논평의 개수일 것이다. 구글 트렌드에 나타나는 '우울증', '다시 일터로', '왜 인터넷이 느릴까' 같은 검색어도 마찬가지다. 8장에서 다뤘다시피 대규모 2차 유행 기간에 증가한 신규 확진자 수와 줄어든 사망자 수 사이의 간극과 이로 인해 일일 신규 확진자 수가 더 이상 시장을 주도하지 않는다는 것도 데이터 스트림이 될 수 있다.

총괄평가는 베이지안 확률을 이용하도록 설계되었기 때문에 나의 제약 프레임워크 중 이 부분을 베이지안이라고 칭하는 것은 유용하다.[227]

총괄평가는 제약에 기반을 둔 분석의 종착점이 아니라 시작점이다. 그렇다. 총괄평가는 지정학적 알파의 존재 여부를 파악하도록 도와주는 사전 확률을 제공한다. 그러나 총괄평가의 핵심은 어떤 지정학적 활동에 대해서든 중대한 제약에 영향을 미치는 데이터 스트림을 드러낸다는 것이다. 〈그림 9.1〉에 나타나다시피 데이터 스트림이 변하면 확률도 변한다.

어떻게 제약에 기반을 둔 분석에 총괄평가를 적용하는지 알았을 테니 예시를 들어 보겠다.

〈그림 9.1〉 베이지안 과정

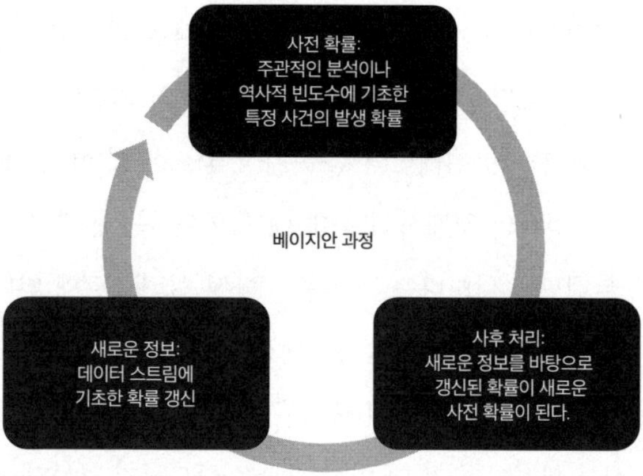

사전 확률:
주관적인 분석이나
역사적 빈도수에 기초한
특정 사건의 발생 확률

베이지안 과정

새로운 정보:
데이터 스트림에
기초한 확률 갱신

사후 처리:
새로운 정보를 바탕으로
갱신된 확률이 새로운
사전 확률이 된다.

인도는 동아시아의 호랑이가 될 수 있을까?

인도를 정의하는 요소를 콕 짚어 말하기는 어렵다. 역사, 다양성, 지리, 규모로만 인도를 일반화하거나 총괄평가하기에는 성에 차지 않았다.

2020년 현재 많은 투자자는 인도가 '다음 대세'라고 생각한다. 나렌드라 모디 총리의 개혁파 행정부는 2019년 총선에서 압승해 많은 정치 자본을 얻었다. 그러나 긍정 일색이었어야 할 지난 5년간의 구조개혁은 거시경제에 엇갈린 영향을 미쳤다.

나의 인도 총괄평가는 중장기 투자 기회에 초점을 두며, 결론적으로 인도 소비자들이 계속해서 경제를 선도할 것이라는 투자 논거를 지지한다. 그러나 인도가 동아시아의 호랑이처럼 급부상할 문턱에 서 있다는 논거에는 엇갈린 지지를 보인다.

무엇이 인도의 발목을 잡는가?

인도에 대한 전형적인 지정학적 내러티브는 민족적 다양성과 지리 때문에 누가 정권을 잡든 인도를 통치하기 어렵다는 것이다. 인도에서는 다양성과 복잡한 민주주의 형태 때문에 국가체제 설립이 매우 지연되었고, 이러한 상황은 2020년의 분열되고 지역적인 행정조직으로 이어졌다.

그러나 인도에 대한 전형적인 내러티브는 인도가 다양성이 두드러지는 유일한 국가가 아니라는 사실을 설명하지 못한다. 인도가 비교적 현대에 경험한 빈곤은 제국주의를 통해 보다 간단하게 설명된다.[228] 인도와 중국은 지난 2,000년 동안 대체로 경제대국의 지위를 누렸다. 그러나 대항해시대와 더불어 유럽의 군사, 경제, 기술이 우위를 점하기 시작하면서 이들의 경제적 지위가 변했다.[229]

인도는 중국보다 약 100년 앞서 유럽의 점령을 받았다.[230] 제국주의의 여파로 중앙집권화된 사회주의 정부는 인도의 발전을 지연시켰다. 중국이 1978년에 자유시장 개혁을 도입한 반면 인도는 1990년대 초반까지 계획경제체제를 지속했다.

그러므로 인도의 발전 가능성은 평균 회귀[231]에 놓여 있다(〈그림 9.2〉). 인도와 중국은 지난 75년의 대부분을 유럽 제국주의 통치의 잔영을 뒤로하고 20세기형 계획경제를 펼치며 과거의 영광을 재현하는 데 할애했다. 중국은 평균 회귀를 향한 궤도에 올랐다. 하지만 인도는 겨우 1985년에 전 세계 산출량에서 차지하는 비중의 하락세를 멈췄고, 전 세계 국내총생산에서 차지하는 비중도 중국에 미치지 못했다.

지금까지 인도의 발목을 잡은 중대한 제약은 과소 투자다. 총고정자본형성—기업, 정부, 가계의 고정자산에 대한 투자—과 총국민저축률은 2014년 나렌드라 모디의 개혁파 정권이 당선되기 전인 2007년에 최고치를 기록했다(〈그림 9.3〉). 과거부터 과소 투자를 경험하고 다른 아시아 경쟁국보다 50년 동안 총고정자본형성이 뒤떨어진 국가에게 저성장은 더욱 심각한 문제다(〈그림 9.4〉).

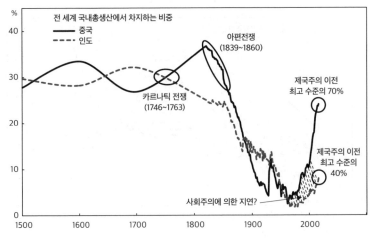

〈그림 9.2〉 인도의 투자 논거는 평균 회귀에 의거한다

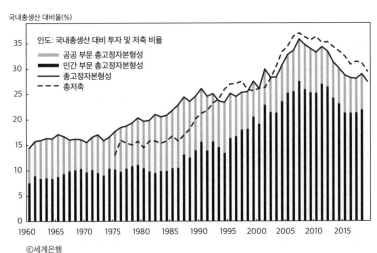

〈그림 9.3〉 개혁 정부가 출범했음에도 투자는 왜 급락했는가?

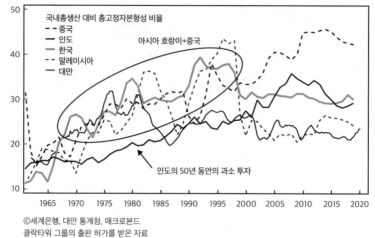

〈그림 9.4〉 갈 길이 먼 인도

국내총생산 대비율(%)

국내총생산 대비 총고정자본형성 비율
- - 중국
— 인도
— 한국
- - 말레이시아
— 대만

아시아 호랑이+중국

인도의 50년 동안의 과소 투자

©세계은행, 대만 통계청, 매크로본드
클락타워 그룹의 출판 허가를 받은 자료

인도의 중대한 제약

경제 내 투자를 늘리는 데는 세 가지 방안이 있다. 정부는 세금을 인상하거나 국유 기업의 수익을 점유해 얻은 세수를 투자에 사용할 수 있다. 그리고 국내 기업 부문이 투자를 하도록 인센티브를 제공할 수 있으며, 외국인도 자체적으로 투자할 수 있다.

그러나 이 세 가지 방안에는 모두 어려움이 따른다.

1 과소한 개인세

다른 나라와 비교했을 때 인도는 정부 세수가 적다(〈그림 9.5〉). 인도는 2017

년에 주요 개혁안으로 상품서비스세를 도입하기는 했지만 여전히 재산세, 개인소득세, 법인세에 대한 전면적인 개혁이 필요하다. 인도에서는 인구의 5.6%밖에 되지 않는 5300만 명만이 개인소득세를 납부한다. 많은 부유한 인도 가정은 과세표준을 '세금 테러리즘'[232]이라고 여기며, 해외에 자산을 유지하는 것을 정당화한다. 인도 가정은 자산의 최대 70%를 해외에 보관한다. 또한 가족 일원 중 한 명을 비거주자 인도인으로 지정해 자본 통제를 회피하고 더 많은 자산을 국외로 빼돌린다.

자본 도피행위는 항상 있어 왔지만 모디 행정부 아래에서도 변한 점이 없다는 사실은 불안하다. 데이터를 통해 봤을 때 인도 엘리트층이 느끼는 불안은 정당하지 않다. 다양한 세금감면책은 부유층이 세금을 회피하는 데 도움이 된다. 또한 인도의 부동산세는 느슨하고, 한계소득세율도 다른 이머징마켓 국가들과 비교했을 때 매우 낮다(〈그림 9.6〉). 그러면 부유층은 왜 불안해 할까? 나는 인도의 빈약한 소득 재분배 메커니즘이 이미 심각한 불평등 문제를 더욱 심화하고, 포퓰리스트의 반발로 쉽게 돈 벌 길이 막힐까 염려하는 엘리트층의 자본 도피를 부채질한다고 생각한다(〈그림 9.7〉).

❷ 과도한 법인세

미미한 가계 과세표준에 비해 인도의 법인세율은 선진국을 기준을 봐도 전통적으로 높았다. 그러던 것을 모디 정부는 2016년에 중소기업의 법인세율을 25%로 인하하고 2019년에 나머지 기업의 법인세는 22%로 인하했다. 현재 인도의 실질 법인세율은 25%가량으로 다른 국가들과 비슷하다. 그러나 전체 법인세 수령액의 40% 이상이 인도 내 80만 개 기업의 0.012%를 차지

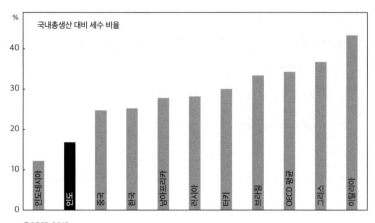

〈그림 9.5〉 인도는 세금을 인상해야 한다

©OECD 2015
클락타워 그룹의 출판 허가를 받은 자료

〈그림 9.6〉 인도, 알고 보면 부자 되기 좋은 곳

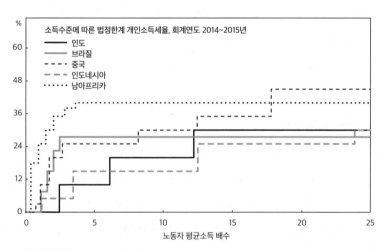

©OECD 2017
클락타워 그룹의 출판 허가를 받은 자료

〈그림 9.7〉 빈곤 국가인 인도가 미국보다 더 불평등하다

©세계 불평등 데이터베이스(World Inequality Database)
클락타워 그룹의 출판 허가를 받은 자료

하는, 겨우 100여 개의 기업으로부터 나온다.

③ FDI 감소

지난 10년간 FDI(Foreign Domestic Investment, 외국인 직접투자) 유입에 의
한 보유 주식은 4배 가까이 늘었지만, 2008년 이래로 FDI 유입 속도는 줄어
들었다. OECD FDI 규제제한지수에 의하면 모디 행정부 아래서 상당히 개
선되었음에도 불구하고 인도는 FDI에 가장 제한적인 국가다.

모리셔스가 인도 FDI의 우회 투자[233]에서 맡은 역할처럼 과소 투자
문제를 잘 설명하는 것도 없다.[234] 〈그림 9.8〉에 의하면 모리셔스는 인도

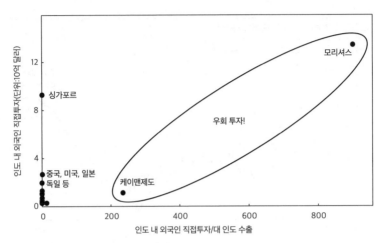

〈그림 9.8〉 이 중 하나는 다르다

모리셔스

싱가포르

우회 투자!

중국, 미국, 일본
독일 등

케이맨제도

인도 내 외국인 직접투자(단위:10억 달러)

인도 내 외국인 직접투자/대 인도 수출

ⓒ인도중앙은행(RBI), OECD 2018년 자료
클락타워 그룹의 출판 허가를 받은 자료

FDI의 가장 큰 투자국이다. 모리셔스는 세계 123위 경제규모의 작은 섬 나라고 인도의 경제규모는 세계 6위임을 감안했을 때 이는 놀랍다.

그러나 모리셔스가 인도의 가장 큰 투자자라는 사실에는 보기보다 많은 문제가 있다. 첫째, 정확히 가늠할 수 없는 FDI 유입분이 탈세의 파생품이며 이는 그린필드투자[235]가 아니다.[236] 둘째, 2020년 FDI 중 모리셔스가 차지하는 30%는 인도의 밝은 미래를 전망하는 실제 외국인 투자와는 무관하다. 셋째, 인도로 유입된 빙산의 일각에 불과한 수익을 보며 인도 밖에는 얼마나 더 많은 수익이 남아 있는지 묻게 된다.

나는 나렌드라 모디의 개혁파 정권에도 불구하고 투자는 정체되고 국내총생산 대비 FDI 성장 속도도 늦춰졌기 때문에 인도에 대한 부정적인 사전 편향을 굳혔다. 2014년 모디의 혁명적인 승리 이후 인도의 국내총생산 대비 제조업 비중과 전 세계 수출에서 차지하는 비중은 정체되거나 하락했다(〈그림 9.9〉). 더 큰 문제는 이러한 추세가 중국의 인건비가 증가하는 와중에 발생했다는 것이다. 이는 인도에 긍정적으로 작용하는 요인이었다. 2019년의 미·중 무역전쟁 또한 인도에 순풍으로 작용했으나 인도가 이를 활용해 이익을 봤는지는 확실치 않다.

〈그림 9.9〉 **제조업 폭락과 수출 정체**

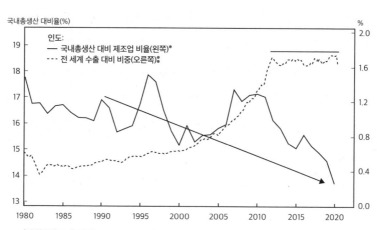

* ⓒ월드뱅크, 매크로본드
‡ ⓒIMF 무역통계 동향, 매크로본드
클락타워 그룹의 출판 허가를 받은 자료

인도는 어째서 모디의 개혁 정부와 우호적인 지정학적 상황에서 오는 기회를 활용하지 못했을까? 겉으로 보기에는 인도의 투자 환경이 매우 개선된 것 같았다. 인도 정부는 공공연히 인도가 세계은행이 발표한 기업환경평가에서 30단계 뛰어올랐다고 밝혔다. 이는 기업환경평가가 발표된 이래로 가장 큰 성장 폭이었다.

이에 대한 답은 노동 및 부동산 규정에 있다. 모디 정부는 긍정적인 세계은행 평가조사 결과를 얻기 위해 노동 및 부동산 규정을 손볼 수도 있었다. 그러나 모디 정부는 근본적인 경제문제를 고치는 것이 아니라 기업환경평가 순위를 높일 수 있는 가장 손쉬운 개혁을 했다. 그 과정에서 모디는 구조개혁을 열심히 공부한 학생이 아니라 시험을 잘 보는 학생으로 인도를 변모시켰다.

노동법은 복잡하고 엄격한데 제조업계에서는 더욱 그렇다. 인도는 OECD 고용보호지수에서 일부 선진국보다도 높은 점수를 기록했다(《그림 9.10》).[237] 100인 이상의 노동자를 고용한 기업은 이 중 단 한 명이라도 해고하려면 정부의 승인을 얻어야 한다. 그리고 부동산법은 개정하기 어렵다. 부동산법은 연방정부가 아닌 주와 복잡한 공동체의 권한 아래 놓였다.

인도의 국내총생산 성장이 이미 둔화된 시점에서 COVID-19가 발발함에 따라 모디는 개혁에 집중하지 않을 것으로 보인다. 경제 성과는 고통스러운 세제 및 노동법규 개혁에 큰 걸림돌이 될 것이다. 모디는 자신이 보유한 모든 정치자본을 상품소비세에 쏟아부어야 했기 때문에 첫 임기 동안 세금과 노동법 개혁을 계획하기는 했으나 실행에 옮기지는 못했다. 노동 및 부동산 개혁법을 통과하려면 복잡다단한 입법 과정을 거쳐야 한다. 부동산 개혁의 전망은 특히 어둡다. 부동산법은 주의 권한 아래 있는데, 여당인 인도 인민당은 29개 중 21개 주─2019년 12월 이

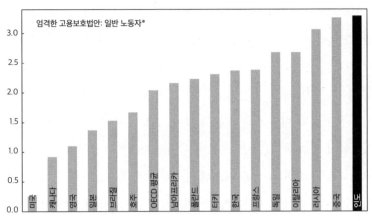

〈그림 9.10〉 인도는 새로운 노동법이 필요하다

엄격한 고용보호법안: 일반 노동자*

*참조: 0~6 사이의 점수로 매겨지며 점수가 높을수록 규정이 엄격하다.
ⒸOECD 2019
클락타워 그룹의 출판 허가를 받은 자료

래로는 17개 주―에서 입법권을 쥐고 있다. 이는 개혁안을 발의하기에
충분한 숫자다. 만약 인도 인민당이 부동산 개혁을 하려고 했다면 지난
몇 년 동안 이를 진행했을 것이다. 하지만 개혁은 없었고 이는 앞으로도
없다는 뜻이다.

왜 투자가 중대한 제약일까?

인도에 대한 가장 긍정적인 내러티브는 인도가 동아시아의 기적을
재현할 수도 있다는 것이다. 인도는 선도하는 국제경제국이었던 과거의

영광으로 평균 회귀할 수도 있었다.

1970년대의 동아시아와 1990년대의 동남아시아가 급격하게 성장한 데는 세 가지 요인이 있다. 이들 국가의 성장을 뒷받침한 것은 저축에 의한 높은 총자본형성률, 투자 증가에 이은 높은 생산성 증가율, 수출 중심 산업화에 유리한 지정학적 환경이었다. 그런데 인도는 다른 아시아 국가들에 비해 저축 수준이 낮다. 인도의 총국민저축률은 이른바 아시아의 기적을 이룬 국가들보다 뒤처진 28.5%로 중국의 45.8%와 비교해도 낮다. 인도의 금융 시스템은 저개발 상태에 있으며 은행들이 개인 저축과 투자를 중개하기가 어렵다. 국내총생산 대비 은행 자산 비율은 다른 아시아 국가들의 절반 수준에 미친다. 생산성은 2000년대 중반에 증가하기는 했지만 개혁 정부가 들어섰음에도 다시 정체되었다(〈그림 9.11〉).

낮은 저축 수준에 더해 인도는 20세기에 경제성장을 이룬 국가들에 비해 국제적인 고객 기반이 작다. 인도는 동아시아와 동남아시아 국가들이 수출을 통해 번영에 이르도록 도왔던 지정학적 순풍을 누릴 수 없을 것이다. 선진국의 유권자들은 무역에 무관심해졌다(〈그림 9.12〉).

1장에서 설명했다시피 선진국 내 중산층은 세계화가 급격하게 진행되는 동안 실질임금 증가에서 얻는 이익이 얼마 되지 않는다는 것을 알아차렸다. 이에 따른 국제 수요 감소를 고려하면 인도는 중국이 개방되었을 때 특히 1990년대 후반에 받았던 것과 같은 환대를 받지 못할 것이었다.

인도의 거시 및 지정학적 상황은 투자자들의 눈앞에서 대니 로드릭

<그림 9.11> 생산성 증대가 정체되다

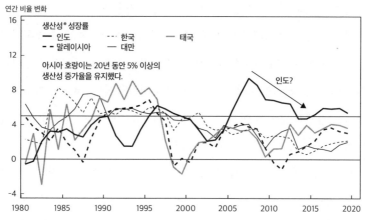

연간 비율 변화

*노동자 1인당 생산량, 3년 평균치
©컨퍼런스 보드(The Conference Board), 매크로본드
클락타워 그룹의 출판 허가를 받은 자료

<그림 9.12> 서구권은 무역에 무관심해졌다

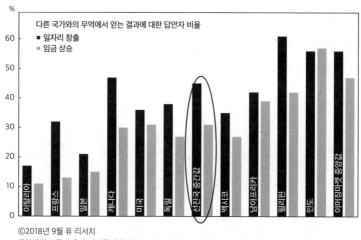

©2018년 9월 퓨 리서치
클락타워 그룹의 출판 허가를 받은 자료

의 2015년 논문 「때 이른 탈산업화」가 실현될 가능성을 높였다.[238] 로드릭은 하버드대 경제학자면서 유명한 세계화 비평가다. 그는 개발도상국들이 훨씬 낮은 소득수준에서 제조업의 정점에 이르는 이유로 자동화와 동아시아 국가들이 저개발 제조업에 경쟁력을 갖기 때문이라고 주장했다. 인도 같은 국가들에게 있어서 때 이른 탈산업화는 "저소득 환경에서 급속한 경제적 수렴에 이르는 길, 즉 농촌 노동자들이 생산성이 훨씬 높은 도심 공장으로 이주하는 것을 차단한다."[239]

로드릭은 인도에서는 IT와 금융 같은 서비스 부문이 제조업을 대체할 수 있다고 주장한다. 그러나 서비스 부문은 제조업처럼 저·중소득 국가들의 노동력을 흡수할 수 없다.[240] 서비스를 대규모로 수출하는 것은 서비스의 지역적인 성격과 비관세 무역장벽 때문에 어렵고, 서비스 부문의 성장률은 국내 소득성장률을 넘어서지 않는다. 그 결과 인도 서비스업계의 실질성장률은 생산성 증가율을 넘지 않는다. 이렇게 서비스 부문이 주도하는 시나리오에서는 반드시 생산성이 높은 수준으로 증가해야 한다. 서비스 부문 중심의 수출 증가에 놓인 또 다른 제약은 인공지능과 빅데이터가 인도의 백 오피스와 콜센터 서비스에 대한 수요를 곧 대체한다는 것이다.

인도는 로드릭이 2015년에 지목한 몇몇 문제에 이미 직면했다. 서비스 부문에서 창출된 노동 수요가 불충분하다. 인도에는 13억 4000만 인구 중 5억 명만이 고용되어 있고, 나머지 3억 명의 노동 가능 인구는 실업 상태에 있다. 노동자의 3분의 1은 서비스 부문에 고용되어 있으며, 2018년 1인당 소득은 약 7,900달러다. 이는 태국이나 남아프리카와 비숫한 수준이다. 그러나 나머지 70%의 인도 인구는 농업과 산업 부문에 고용되어 있고, 이들의 1인당 소득은 훨씬 낮다. 특히 농촌 지역에서의 실질임금은 회계연도 2015~2018년 사이에 -0.3%로 마이너스 성장을 보였다(〈그림 9.13〉).[241]

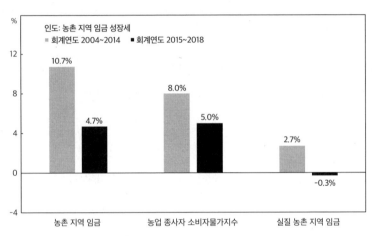

〈그림 9.13〉 **농촌 지역 임금의 충격적인 증가세**

©인도중앙은행, 암빗 캐피털 리서치(Ambit Capital Research)
클락타워 그룹의 출판 허가를 받은 자료

인도에서는 매월 100만 명에 가까운 젊은이들이 노동 가능 연령이 된다. 그러나 향후 10년 동안 서비스 부문에서 이런 젊은이들을 어떻게 고용할지는 불확실하다. 인도에 있는 투자자에게 들은 바에 의하면 정부가 게시한 일자리에 엄청난 지원자가 몰린 사례가 셀 수 없이 많다고 한다.[242]

외국인 투자자들은 개혁주의자인 모디가 계속 국정을 운영하기를 희망한다. 그러나 모디는 선거에서 두 번이나 깜짝 승리를 했음에도 개혁가로서는 부족하다. 나의 제약에 기반을 둔 관점에서 보건대 투자업계는 모디와 그의 선호를 지나치게 믿는 반면 중위투표자의 힘을 간과하고 있다. 모디의 선호가 무엇이든 그는 인도 중위투표자의 제약을 받는다. 그리고 만연한 소득 불균형과 암울한 고용시장 전망을 고려했을 때 중위투표자들은 국제적인 경기침체 중에 진행되는 고통스러운 개혁을 지지하지 않을 것이다.

인도는 투자와 생산성 증가 없이 탄탄한 소비를 기반으로 성장할 수도 있다. 인도 인구는 꾸준히 증가하고 있으니 소비도 늘 것이다. 그러나 이는 고부가가치 상품 및 서비스의 제조와 수출로 이어지는 양질의 성장이 아니다. 오히려 양질의 성장에 걸림돌이 될 것이다. 생산 역량이 증가하지 않는 가운데 소비가 늘면 국가의 경상수지 적자 폭이 넓어지거나 국내 수요가 국내 공급을 초과해 인플레이션이 증가한다.

투자 동향에 따른 인도 총평

나는 어느 글로벌 매크로 매니저와 인도에 대해 이야기를 나눴는데, 그는 장기적인 관점에서 인도 주식에 대해 이렇게 말했다.

"인도 주식은 매수하라고 아우성을 친다. 그런데 그 아우성이 기쁨의 소리인지 절망의 소리인지는 확실치 않다."

2019년 후반에 시장 상승을 전망한 여러 매니저는 아래와 같은 이유를 들어 긍정적인 투자 논거를 뒷받침했다.

1 무역전쟁의 보험 효과

인도는 수출이 국내총생산의 11%밖에 되지 않기 때문에 미·중 무역전쟁과 일반적인 국제 무역 감소로부터 별다른 영향을 받지 않는다.

2 중국 개혁의 보험 효과

인도는 원자재의 거의 대부분을 수입에 의존하는 저소득 국가라서 중국의 고정자산 투자 감소는 인도에 희소식이다. 중국의 원자재 수요가 줄어들면 인도가 지불해야 하는 비용도 줄어들 것이다.

그러나 2020년에는 이러한 보험이 더 이상 유효하지 않다. 5장에서 언급했다시피 미·중 무역전쟁에는 장기적인 제약이 따른다. 그 와중에 COVID-19로 인한 경기침체 때문에 원자재 가격이 인하되었다. 그러나 이것이 인도에 좋기만 한 일인지는 분명하지 않다. 인도의 자산 수익률은 국제적인 경기침체로 인해 높게 나타나지 않을 것이다. 게다가 서구권과 중국에서는 엄청난 수준의 재정 및 통화부양책을 내놓았고 머지 않아 원자재, 특히 식품 가격이 오를 것이다. 나는 COVID-19 부양책이 장기적으로 인플레이션을 야기할 것이라고 본다. 그리고 정말 인플레이션이 온다면 인도는 큰 어려움을 겪을 것이다.

국제적인 경기침체는 인도 자산 시장에 나쁜 소식이다. 그러나 인도 시장과 경제가 직면한 중대한 제약은 과소 투자다. 2019년은 인도에 미·중 무역전쟁과 모디의 선거 승리라는 순풍이 불어온 해다. 만약 인도가 이해에 해외투자를 유치하지 못했다면 앞으로도 투자는 늘지 않을 것이다.

이렇게 강한 순풍이 불지 않았다면 모디의 남은 임기 동안 사실상 정치 리스크가 증가할 수도 있었다. 모디는 고통스러운 개혁에 집중하는 대신 국수주의와 포퓰리즘으로 돌아섰다. 나는 중위투표자들이 '단기적 고통으로 장기적 이익을 얻는' 정책을 원하지 않는다고 생각했는데, 모디의 정책 변화는 나의 생각과 맞아떨어졌다. 노동과 부동산 개혁이 시들해지는 와중에 모디는 시민법 개혁으로 방향을 틀었다. 모디에 반대하는 세력은 이것이 무슬림의 시민권을 박탈하는 처사라고 말하며 2019년 후반부터 2020년까지 투쟁을 이어 갔다. 인도의 평균 회귀 가능성은 민족과 종교 간의 갈등, 구조적으로 손상된 투자 환경, 임박한 글로벌 경제 위기로 인해 불투명하다.

그렇다면 현재 매도세가 매수 기회일까? 인도에는 긍정적인 요소도 많지만 불행히도 인도의 정책입안자들은 고통스러운 개혁을 시행하기에는 역량이 부족하다. 언젠가 투자자들은 개혁이 늦춰지는 것이 무엇을 의미하는지 멈춰 서서 자문해야 한다. 모디의 고통스러운 개혁에 대한 망설임은 인도 중위투표자의 선호 제약을 드러내는 것일지도 모른다.

인도 총괄평가는 투자자들에게 인도 내 투자에 대한 로드맵을 제공한다. 인도 투자에 놓인 첫 번째 기로는 과소 투자가 질 좋은 성장과 수익성 높은 투자를 저해하는 중대한 제약이라는 것이다. 과소 투자 문제를 해결하려면 정책입안자들이 부동산과 노동 법규를 개정해야 한다. 그러나 모디 총리는 2019년에 부동산과 노동 문제를 해결하는 데 정치 자본을 사용하는 대신 사회정책에 집중했다. 모리의 사회정책은 불안을 야기했고, 이는 2020년을 통틀어 더욱 심각해질 것이었다. 또한 모디는 2020년의 국제적인 경기침체에 친시장 정책을 포기하고 포퓰리즘을 강화할 것이다.

그렇다면 결론은? 2020년 초 현재 투자자들은 가치 평가와 무관하게 아직 인도에 투자해서는 안 된다. 투자 관련 총괄평가의 핵심은 모든 경제적 요소를 고려해 중대한 제약을 도출하는 것이다. 그러고 나서 중대한 제약에 대한 데이터 스트림을 관찰하고, 상황이 바뀔 시점을 판단하는 일은 간단하다. 인도 총괄평가는 인도가 매우 과소 투자되었음을 나타낸다. 투자 없는 인도는 양질의 성장에 이르기 어려울 것이다.

노동과 부동산 개혁에 대한 데이터 스트림에도 주목해야 한다. 만약 노동과 부동산 개혁이 시행된다면, 이는 인도의 중대한 제약인 과소 투자에 변화가 생겼음을 의미한다. 그러면 나는 인도에 대한 전망을 수정할 것이다. 그러나 인도 정부가 정치자본이 정점에 이른 시점에 포퓰리스트적인 사회개혁에 집중한 점을 고려했을 때 인도가 조만간 친시장 정책을 도입할 것이라고는 생각하지 않는다.

나는 인도의 지정학적 상황을 긍정적으로 보기 때문에 지정학적 제약에 대해 많은 시간을 할애하지 않았다. 트럼프 대통령의 2020년 인도 방문이 보여 줬다시피 인도는 미·중 간의 경쟁 관계로 인해 미국에 귀중한 동맹국이다. 또한 인도의 오래된 경쟁국인 파키스탄은 더 이상 무력으로 인도의 상대가 되지 않는다. 향후 중국과의 분쟁이 있다면 모디는 국가안보를 위한 고통스러운 구조개혁의 필요성을 역설할 수도 있으니 중국과의 경쟁 관계도 반드시 부정적인 것은 아니다.

그럼에도 불구하고 인도가 마주한 장기적인 지정학적 위기는 산재했다. 기후변화는 전 세계에 대한 위협이지만 특히 인도에 골칫거리다. 기후변화의 비용은 공평하게 배분되지 않았다. 지금까지 과학계가 수집한 것에 의하면 개발도상국이 짊어진 부담은 크고, 이는 앞으로도 그럴 것이다. 향후 10년 동안 탄소 배출량에 의미 있는 변화가 나타나지 않는 이상 인도 경제가 기후변화로 인해 후퇴할 가능성이 높다. (나는 변화가 없을 것이라고 예측한다.)

중동전쟁에 대한 총평

이란이 2019년 9월에 사우디아라비아의 아람코 정유시설을 공격하고, 미국이 2020년 1월에 거셈 솔레이마니 사령관을 암살하자 미국과 이란 간의 전쟁 가능성이 높아졌다. 유가는 이란이 사우디아라비아를 공격한 후에는 15%, 미국이 솔레이마니 사령관을 암살한 후에는 4.6% 폭등했다. 그러나 지정학적 제약과 지속적인 국제 수요 덕분에 두 차례의 유가 폭등 모두 한시적인 현상에 머물렀다.

2020년 미국은 중동 지역에서 이란에 맞설 만한 화력을 지닌 유일한 국가지만 지정학적 제약 때문에 이란과의 전면전에 나설 수 없었다. 이

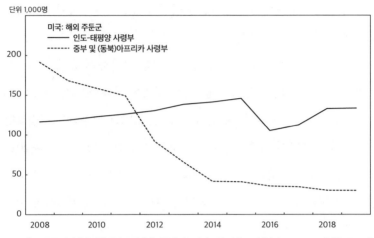

〈그림 9.14〉 **미국의 JCPOA를 통한 디레버리지**

단위 1,000명

미국: 해외 주둔군
—— 인도-태평양 사령부
---- 중부 및 (동북)아프리카 사령부

참조: 중동 지역에서 진행 중인 군사작전 때문에 아프가니스탄, 이라크, 시리아의 2017~2019 수치는 2017년 9월 자료를 바탕으로 작성되었다.
ⓒ미 국방성 국방인적자원 통계센터(Defense Manpower Data Center)
BCA리서치의 출판 허가를 받은 자료

라크에 지상군을 투입하지 않는 이상 점점 커지는 이란의 지역 패권을 상대할 지속적인 방법은 없다. 이러한 지정학적 제약은 두 국가 간에 물리적 군사행동이 지속되지 않을 것이고, 미국은 결국 (다시) 이란의 지역 패권을 받아들일 것임을 의미한다.

이러한 예측이 가능한 이유는 역사적으로 설명할 수 있다. 2015년 미국은 중동 지역에서 발을 뺄 방안을 찾고 있었고, 오바마 행정부는 이란과 JCPOA(Joint Comprehensive Plan of Action, 포괄적 공동행동계획)를 체결했다. 중동에서는 미국의 국익이 줄고 있었고, 동아시아에서는 중국이 미국의 국익에 도전하는 일이 잦았다. 따라서 미국은 중동 지역에 주둔하는 병력을 줄이고 동아시아로 몸을 돌렸다. 그러나 오바마 행정부는 중동에서 병력을 줄이기는 했지만 동아시아 집중전략 실패가 대변하듯 이를 잘 활용하지는 못했다.

중동 지역에서 미국의 국익이 줄어든 것은 에너지 독립 때문만은 아니었다. 물론 미국의 국내 석유 생산량이 증가한 것과 OPEC(Organization of the Petroleum Exporting Countries, 석유수출국기구)으로부터의 직접적인 에너지 수입에 대한 의존도가 줄어든 것은 큰 관련이 있다. 그러나 2015년 미국은 중동 경쟁국으로부터 직접적인 국가안보 위협을 받지 않았다. 이에 반해 중국—어느 정도 선에서 러시아도—은 동아시아와 국제 패권을 놓고 미국에 도전했다.

이란은 중동 지역 내 미국의 동맹국들을 위협했지만 이는 미국 본토에 대한 위협과는 완전히 다른 문제였다. 오바마의 중동 지역 철수 결정은 해당 지역에 부족한 군사력이라는 제약을 만들어 냈다.

미국이 이란과 전쟁을 시작하는 데 뒤따르는 다른 국내외 제약도 있다.

1 정치

미국 국내 중위투표자들이 느끼는 중동문제에 대한 피로감은 정책입안자들이 이란과 같은 정교한 군사력을 지닌 경쟁국을 상대하는 데 제약이 되었다. 2019년 중반에는 82%의 미국인이 이란에 대해 부정적인 관점을 가졌다. 오직 18%만이 이란에 대한 군사작전을 지지했고, 나머지 65%는 미국이 너무 성급하게 군력을 사용할까 염려된다고 밝혔다. 무엇보다도 미국인들은

2008~2013년에는 이란이 미국의 가장 큰 적국이라고 여겼지만 이제는 이란이 그저 여러 적국 중 하나일 뿐이라고 생각한다. 이란은 러시아와 중국에 이어 적국 순위에서 3위를 차지한다. 2012년에는 이란이 32%를 차지해 말 그대로 공공의 적 1호였다(〈그림 9.15〉).[243]

〈그림 9.15〉 **미국인들은 이란과의 전쟁을 원치 않는다**

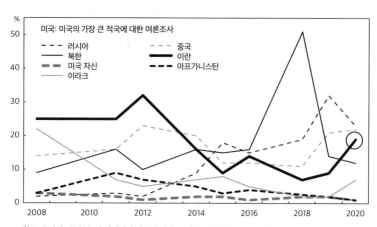

참조: 주관식으로 '오늘날 세계에서 미국의 가장 큰 적국은 어디인가?'라고 물었다.
ⓒ갤럽(Gallup)
클락타워 그룹의 출판 허가를 받은 자료

2 지정학

2015년 JCPOA 체결 이후 중동 지역의 지정학적 상황은 미국의 군사적 대응에 도움이 되지 않았다. 미국이 이라크에 스스로 개입한 덕분에 중동에서 복잡한 정국이 펼쳐졌고, 이란은 미국의 피와 땀과 돈의 가장 큰 수혜자가 되었다.

이라크에서는 소수파인 수니파가 주도한 사담 후세인 정권이 몰락한 후 생긴 정권 공백을 시아파가 채웠고, 그들 중 일부는 이란과 동맹을 맺었다. 2020년 현재 이라크 정부는 파타 연합과 사이룬파의 연립정부로 구성되어 있다. 두 세력 모두 이란과 이라크의 관계를 공고히 하며, 지역 내 모든 형태의 미군 주재를 정치 및 군사적으로 저지한다.[244] 사이룬파의 지도자인 무크타다 알 사드르는 이라크 민족주의 노선을 채택하기는 하지만 그는 아람코 공격이 있기 며칠 전에 이란에 초대되었다. 미국이 조사한 바에 따르면 아람코 공격에는 이란의 최고지도자인 알리 호세인 하메네이와 이슬람혁명수비대의 거셈 솔레이마니 사령관이 연루되었다.

이란은 중동 지역에서 포괄적인 영향력을 키우고 있다. 이라크가 이란의 궤도로 기운 데 더해 이란은 수니파 군대—즉 이슬람 국가—의 시아파 공격 덕분에 시리아와 레바논에서도 영향력을 강화했다. 이란에 대한 지지는 예멘에서도 찾아볼 수 있다. 예멘은 아람코 공격을 자행했다고 주장하며 현재까지 사우디아라비아와 전쟁을 치르는 후티군과 동맹 관계에 있다. 이란은 카타르까지 영향력을 넓혔다. 2017년 카타르는 이란과 가까운 연대를 유지했기 때문에 어려움을 겪었다. 걸프협력회의 회원국들이 카타르에 단교를 선언했던 것이다.

이러한 2020년의 정치 및 지정학적 제약 때문에 미국은 중동 지역에서 좁은 입지에 놓였다. 트럼프 대통령은 JCPOA에서 탈퇴한 후 이란에 제재를 가해 새로운 협의에 이르고자 했다. 그러나 지정학적 제약 때문에 미국에 보다 우호적인 다른 방안은 불가능했다. JCPOA를 체결할 때 미국은 '갑'의 위치에 있지 않았다. 미국은 중동 지역에서 여러 차례 전쟁을 치르면서 정치 및 지정학적 자본도 고갈되었다. 미국은 이란이 중동 지역의 지정학적 중심지인 이라크에 미치는 영향을 막기에 충분한 군대를 유지할 수 없었다.

이라크에 대한 이란의 영향력을 조절할 방안이 없는 상태에서 미국은 주둔군을 감축하고 이슬람 공화국, 즉 이란과 데탕트를 이뤄야 하는 제약에 놓인다. JCPOA에 합의한 것은 오바마 행정부의 평화 정책 때문만은 아니었다. 이는 중동 지역 내 미국에 놓인 제약이 점차 늘어난다는 점을 고려했을 때 최소저항선이었다. 쉽게 말해 미국은 더 큰 고기를 잡아야 했다. 특히 남중국해에서 중국과의 긴장관계가 고조되고 있었다.

미국이 이란과의 무력 분쟁을 일으키기에는 심각한 제약이 뒤따른다. 미국이 이란을 공격하면 이란은 사우디아라비아의 석유 생산시설에 보복 공격을 가할 것이다. 이란은 이미 2019년 아람코 드론 공격으로 이를 입증했다. 또한 이란은 이라크와 시리아에 주둔하는 미군을 직접 공격할 수도 있다. 이란은 2014년 이슬람 국가와의 전쟁 이래로 이 두 적국과 전략적인 동맹 관계에 있었다. 이란은 2020년 1월에 이미 솔레이마니 사령관의 죽음에 대한 즉각적인 반응으로 미군에 보복할 것임을 천명했다.

중동 지역 내 미국의 동맹국들은 미국 주둔군 감축에 잘 대처할지도 모른다. 그러나 사우디아라비아와 이스라엘은 독자적이고 성공적으로 이란을 공격할 역량을 갖추지 못했다. 이스라엘에는 이란을 상대로 공중전을 펼칠 만한 전략폭격기가 없다. 그러므로 이스라엘은 전투기 F-15E 스트라이크 이글, F-16 파이팅 팰컨, F-35라이트닝 II로 이란 내 목표물을 공격해야 하는데, 전투기 급유는 복잡한 문제다.[245] 이스라엘 공군은 공격을 진행할 전력을 갖추기는 했지만 방공망제압임무(SEAD, Suppression of Enemy Air Defense)와 이란군과 산업시설에 대한 의미 있는 규모의 공격을 하려면 50~70대의 전투기가 필요할 것이다. 사우디아라비아도 유사한 공격이 가능한 제트기를 보유했고 이란과 지리적으로 가깝기는 하다. 하지만 사우디아라비아는 정교한 군사작전을 펼친 경험이 전혀 없다. 사우디아라비아 공군이 지상목표물을 공격한 사례는 운이 따르지 않았던 후티 반란군에 대한 폭격이 유일했다.

이란에는 운이 따랐다. 이란은 2017년 이래로 러시아의 S-300 방공시스템을 갖췄다. S-300은 러시아가 이란에 판매를 거부한 S-400보다는 덜 정교한 방공 시스템이지만 사우디아라비아나 이스라엘이 보유한 제트기를 막기에는 충분하다. 게다가 이란은 미그-29 전투기를 포함한 유능한 공군력을 갖췄다. 공격을 막는 것만으로는 충분하지 않겠지만, 이란은 이스라엘과 사우디아라비아를 상대로 한 모든 공습에서 반드시 사상자를 낼 것이었다.

그러므로 미국이 국내 정치와 지정학적 물류 상황 때문에 물리적 군사행동을 펼치는 데는 제약이 뒤따른다. 미국은 지상군을 감축했기 때문에 이라크에 상응하는 규모의 지상군을 보내 공습을 지원하는 것을 꺼린다. 미국의 지상군은 이란이 사우디아라비아 영토에 반격을 가할 경우를 대비해 필요할 것이다. 중동 내 미국 동맹국들은 미국의 도움 없이는 이란을 공격할 만한 군사력이 없다. 만약 이스라엘과 사우디아라비아에 충분한 군사력이 있었다면 이들은 2011년에 이미 합동 공격을 퍼부었을 것이다. 이스라엘은 2011년에 자력으로 이란을 공격할 참이었다. 하지만 내가 한 것과 같은 분석을 해 보고 나서 뒤로 물러섰다.

미국과 이란은 2019~2020년 내내 독설과 수동적 공격을 주고받았지만, 나는 미국이 장기적으로 지정학적 제약 때문에 이란과 다시 데탕트를 이룰 것이라고 예측한다. 미국이 중국과 러시아 두 열강에 집중하는 한 이란과는 평화를 유지해야 한다. 그리고 이러한 평화에는 필연적으로 중동 지역에서 이란의 영향력을 인정하는 것이 포함된다.

중동 지역 내 사우디아라비아와 이스라엘과 같은 미국의 동맹국들은 이제 어떻게 될까? 이들은 그저 차선책에 따라 사는 법을 배워야 한다. 그래도 이들 국가는 정교한 군사력과 미국의 전반적인 안보 보장 덕분에 괜찮을 것이다. 화는 나겠지만, 괜찮을 것이다.

그러나 이러한 예측에도 위험이 따른다. 미국과 이란이 선을 넘어 걷잡을 수 없는 맞대응과 보복에 나서 물리적 군사행동을 펼칠 가능성을 무시할 수는 없다. 8장에서 언급한 이슬람 국가 사례에서 봤듯이 테러 위협은 중위투표자를 움직이는 강력한 힘이기 때문에 정책입안자의 행동에도 영향을 미친다.

미국과 이란의 갈등과 같은 개별 사건에 대한 총괄평가를 할 때는 의사결정 나무에 여러 가능한 시나리오를 적용해야 한다. 의사결정 나무는 투자자들에게 정책입안자의 행동을 결정하는, 제약을 고려한 최소저항선을 시각적으로 보여 준다. 또한 의사결정 나무는 정책입안자들이 선택할 수 있는 정책을 형식화하고, 투자자들은 각각의 정책에 조건부확률[246]을 적용할 수 있다.

〈그림 9.16〉은 간단한 의사결정 나무를 보여 준다. 나는 2018년 초에 석유 금수조치 재도입과 관련해 미국과 이란의 전쟁 가능성을 알아보기 위해 이 의사결정 나무를 작성했다. 이 분석은 이란의 석유수출에 가해진 물리적 타격에서 시작된다. 유럽이 금수조치에 동조하지 않거나 이란이 제재를 피하기 위해 미국과 재협상에 나설 가능성도 있었다. 나는 이 두 가지 가능성에 대해 각각 5%와 15%의 확률을 배분했다. 그리고 나는 80%(주관적 확률)을 전 세계가 미국의 제재를 따르고 이란의 석유수출이 급감하는 시나리오에 배분했다. 주요 시나리오에 배분된 80%의 확률은 이란의 구두 공격, 중동 지역 내의 물리적 군사행동, 핵 프로그램 재개라는 세 가지 가능성으로 세분화된다.

1단계: 미국이 이란을 상대로 다시 제재를 가한다.

2단계: 이란이 미국의 제재에 보복한다.

3단계: 미국이 이란의 보복을 응징한다.[247]

시나리오 1(조건부확률 36%): 이란이 석유 가격에 지정학적 위험 프리미엄을 붙여 이익을 보는 동시에 수출 감소로 손해도 보는 불안정한 상황

시나리오 2(조건부확률 24%): 미국의 이란에 대한 군사적·경제적 압박 강화

시나리오 3(조건부확률 20%): 이란이 시나리오 2에 굴복하지 않고 제재에 대한 보복으로 물리적 군사행동을 지속해 미국—혹은 이스라엘—이 핵시설 공격을 하도록 유인함

시나리오 4(조건부확률 5%): EU가 미국의 석유 금수조치를 받아들이지 않아 미국과 EU 간의 무역전쟁 발발

시나리오 5(조건부확률 15%): 미국과 이란이 데탕트를 놓고 협상함

〈그림 9.16〉 이란과 미국의 분쟁에 대한 의사결정 나무(2018년 5월)

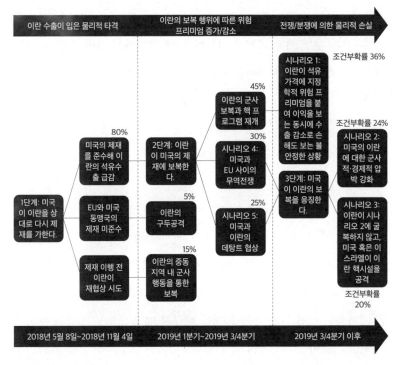

©BCA리서치
BCA리서치의 출판 허가를 받은 자료

이 분석은 2018년 5월에 수행되었고, 이때 제시한 주요 시기와 확률

은 실제와 크게 다르지 않다. 미국과 이란이 전면전에 나설 가능성에는 가장 높은 확률이 아니라 무시할 수 없는 확률을 정확하게 배분했다. 이란의 아람코 정유시설 공격과 미국의 솔레이마니 암살이라는 실제 결과는 시나리오 1과 2 중간 정도에 위치한다. '불안정한 상황'이 발생했으나 미국은 '이란에 대한 군사적·경제적 압박'을 강화했다.

투자자들이 이 총괄평가를 미리 접했다면 아람코 정유시설 공격과 솔레이마니 사령관 암살에 이어 보수적인 투자 결정을 내렸을 것이다. 이 두 경우 모두 석유 가격이 급등했을 때 매도하는 것이 옳았다. 석유 수요가 감소했던 국제 거시환경도 여기에 일조했다.

총괄평가의 교훈

총괄평가의 목적은 예측을 정의하는 하나 또는 여럿의 중대한 제약을 알아내는 것이다. 인도에 대한 주기적 총괄평가의 경우 확률을 배분하는 방법이 좋은 예측으로 이어지지는 않았을 것이다. 나는 인도 총괄평가에서 사전 확률을 정하는 대신 인도의 정책입안자들이 부동산과 노동 개혁을 수행해 과소 투자 문제를 해결할 때까지 인도 시장에 부정적인 전망을 보이는 사전 편향을 취했다.

미국과 이란의 전쟁 가능성 같은 개별 사건에 대해서는 일련의 시나리오가 도출되는 총괄평가를 해야 한다. 이때 의사결정 나무는 매우 유용한 도구다. 왜냐하면 시나리오와 이에 대한 확률을 시각화하는 것이 제약 프레임워크를 조작하는 가장 좋은 방법이기 때문이다. 의사결정 나무는 제약이 정책입안자들을 최소저항선으로 이끈다는 개념을 잘 보여 준다.

테틀록은『전문가의 정치적 판단력』에서 예측가들이 확률을 고려해서 예측하면 더 좋은 결과를 얻을 수 있다고 말한다. 투자자들은 예측하는 바에 주관적인 확률을 배분해야 한다. 왜냐하면 주관적인 확률이 구체적으로 배분될수록 더 좋은 예측이 가능하기 때문이다. 내 경험에 의하면 테틀록의 주장과 이론은 옳다. 특히 의사결정 나무를 이용할 때 더욱 그렇다.

조건부확률과 의사결정 나무를 동시에 사용하면 흥미롭고 의도하지 않은 결과, 즉 보다 정확한 총괄평가를 얻기도 한다. 나는 2019년 말에 노딜 브렉시트에 대한 총괄평가 분석을 할 때 브렉시트 가능성에 주관적 확률 15%를 배분했다. 그러나 의사결정 나무를 통해 시나리오를 시각화하고, 각 시나리오에 조건부확률을 적용하니 노딜 브렉시트 가능성은 4%에 그쳤다. 나는 여러 시나리오를 시각화하는 과정을 통해 노딜 브렉시트는 발생하지 않을 것임을 자신했다.

총괄평가는 변하기 마련이다. 총괄평가의 핵심은 베이지안 사전 분포—확률이나 편향—를 도출해 예측의 출발점으로 삼는 것이다. 그러나 정보에 변화가 생기면 확률이나 편향도 함께 바뀐다. 그러므로 총괄평가는 모든 현재진행형의 제약을 총합한 것이다. 총괄평가를 했다고 예측 과정이 끝난 것은 아니다. 예측 과정은 이제 막 시작했을 뿐이다.

Chapter 10

게임이론

주기적이고 제약에 기반을 둔 총괄평가는 상대적으로 쉽다. 물론 이때도 조사할 것이 많지만 연구 주제가 간단하고 분명하다. 진짜 어려운 문제는 두 국가나 여러 정책입안자가 경쟁 관계에 있는 제약을 조작화하는 일이다.

게임이론은 여러 참가자나 경쟁 요소를 고려해야 하는 환경에 유용한 분석 도구다. 예측가들은 게임이론을 통해 선택과 조건부확률을 형식화할 수 있다. 그러나 형식화된 모델이 예측의 정밀성과 정확성을 보장하지는 않는다. 정밀성과 정확성은 다른 개념이며 수학적으로 정밀하다고 해서 정확성이 보장되지는 않는다.[248] 게임이론에 기초한 예측은 경험적이고 상황에 적합한 지식을 바탕으로 했을 때만 유효하다. 탄탄한 기초가 없는 게임이론은 불리할 수 있으며 완전히 바보짓이다.

나는 대학원에서 정말 바보 같은 게임이론 논문을 몇 부 읽은 적이 있다. 정치과학자들—이들 중 일부는 근본적으로 실패한 경제학자거나 수학자다—은 '형식화'를 위해 아무 주제나 고르는 것 같았다. 이들이 내놓은 결과는 수학적으로는 훌륭했지만 경험적으로는 부정확했기 때문에 실제로 쓸모없었다. 나는 이들의 실수로부터 당면한 문제를 형식화하기 전에 탄탄하고 경험적인 지식을 갖추는 것이 얼마나 중요한지를 배웠다. 그래서 나는 이 책에서 게임이론을 다루는 것을 망설였다. 사실 나는 게임이론을 자주 사용하지도 않는다. 하지만 나는 투자자들이 지정학을 다룰 때 항상 게임이론을 사용한다는 것을 알기 때문에 이 장을 썼다.

게임을 시작하기 전에 판을 정하라

게임이론의 핵심은 경쟁자의 기대효용 함수를 바꾸는, 역량이 더 큰 게임 참가자가 누구인지를 평가하는 것이다. 기대효용을 평가하려면 특정 상황 아래에서 가능한 모든 결과에 대해 가중평균을 구해야 한다.[249]

투자자들은 종종 물질적 힘이 항복점을 강제하거나 경쟁자의 기대효용을 바꾸는 데 미치는 영향을 과대평가한다. 2018년과 2019년 내내 투자자들은 미국과 중국의 경쟁 구도에서 미국이 중국에 과도한 무역 조건을 강제할 만한 물질적인 힘이 있다고 주장했다. 그러나 중국은 미국에 굴복하지 않았다. 2019년 말에 완료된 미·중 무역 합의 1단계는 중국이 2018년 5월에 미국에 제시한 합의서와 별반 다르지 않았다. 달리 말해 중국은 18개월 동안 원래 입장을 고수했다. 왜일까? 바로 물리적 힘이 게임 판에 놓인 유일한 요소가 아니었기 때문이다.

게임 참가자들의 힘을 평가할 때는 상대적 역량을 측정하는 세 가지 요소를 고려해야 한다.

1 힘의 물질적 균형

미·중 무역전쟁의 경우 힘의 물질적 균형은 무역의 영향을 덜 받는 국가—당연히 미국(〈그림 10.1〉)—과 무역 관계에서 '고객' 역할을 하는 국가—또한 미국(〈그림 10.2〉)—에 유리하게 작용한다.

〈그림 10.1〉 **미국은 무역의 영향을 덜 받는다**

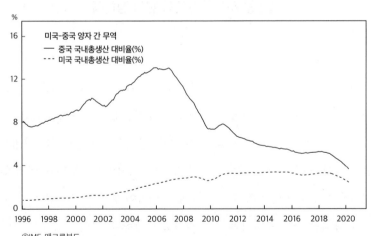

©IMF, 매크로본드
클락타워 그룹의 출판 허가를 받은 자료

〈그림 10.2〉 미국은 '고객'이다

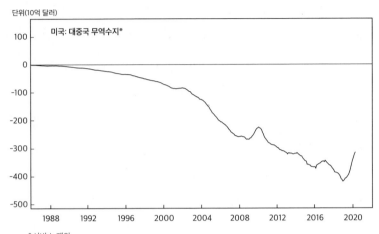

단위(10억 달러)

미국: 대중국 무역수지*

*서비스 제외
ⓒ미국 통계국, 매크로 본드
클락타워 그룹의 출판 허가를 받은 자료

② 위험 성향

더 많은 위험을 감수하는 참가자일수록 잃을 것이 더 많다. 위험 성향과 관련해서는 힘의 균형이 공평하게 작용한다. 중국은 2019년에 중화인민공화국 건국 70주년을 맞아 안정성을 강조했다. 그러나 미국은 총선을 향하고 있었다. 따라서 미국은 미·중 관계가 어긋나면 잃을 것이 더 많았다. 미국의 경기 침체와 무역전쟁의 상관관계는 분명하지 않지만, 경기는 COVID-19가 발발하기 이전부터 이미 순환 주기의 끝에 다다랐다. 채권수익률 곡선은 2019년에 역전되었고, 이는 경기침체가 임박했으며 투자를 향한 야성적 충동도 이미 약해졌음을 의미한다.

❸ 신뢰도

게임 참가자들의 명성은 중요하다. 이들이 말한 바를 끝까지 밀어붙일까? 트럼프 대통령은 임기 초기에 북한을 거칠게 다룬 덕분에 국제적 신임을 얻었다. 그러나 미국은 한국과의 자유무역협정에서 이문을 겨우 남겼고, 미국·멕시코·캐나다 협정에서는 초기 요구 사항을 관철시키는 데 실패했다. 그러므로 중국의 입장에서 봤을 때 트럼프 대통령은 목소리는 컸지만 무서울 것은 없는 상대였다. 신용을 쌓고 더 많은 위험을 감수할 수 있음을 보여 주는 것은 중국의 국가안보에 중요한 일이었다. 그 결과 중국은 무역협상 내내 초기 입장을 고수했다. 미국 정책입안자들은 무역이든 지정학적 문제든 중국의 행동 변화를 갈망했다. 이들은 중국이 무역에서 통증 역치에 이르렀다는 징후가 보이면 그냥 넘어가지 않았을 것이다.

위의 요소를 모두 고려하면 역량 게임에서 중국이 2:0으로 승리한다. 그러나 역량의 균형만 가지고는 무역전쟁 퍼즐을 풀 수 없다. 중국과 미국은 대립할 뿐만 아니라 지정학적 무대와 국내 무대에서도 이권을 두고 다툰다. 즉 중국과 미국은 양면 게임을 벌인다.[250] 양면 게임 이론에 의하면 국내 정치는 수용 가능한 윈셋[251]을 만들고, 그 윈셋은 지정학적 무대로 옮겨진다. 정책입안자는 윈셋을 잃으면 행동에 제약을 받는다. 〈그림 10.3〉은 정치인들이 국내의 윈셋 범주 밖에서는 외국과 합의를 이룰 수 없음을 보여 준다. 윈-윈 결과를 얻기 위해서는 반드시 4개 무대 모두가 겹쳐야 한다.

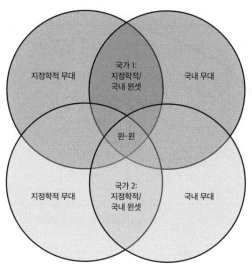

〈그림 10.3〉 양면 게임

국가 1:
지정학적/
국내 윈셋

지정학적 무대

국내 무대

윈-윈

지정학적 무대

국가 2:
지정학적/
국내 윈셋

국내 무대

이 모든 요소를 종합한 결론은 〈그림 10.4〉의 경쟁 관계에 있는 중국과 미국의 허용 곡선으로 집약된다. 수출에 의존하고 미국 소비자에 중독되어 제약에 묶인 중국 경제는 미국 경제보다 낮은 통증 역치를 보인다. 통증 역치의 차이는 순전히 물질적 힘에 의해 결정된다.

중국의 통증 역치가 낮기는 하지만 중국의 국내 정치는 (주식시장이 아니라) 실질경제에 집중한다. 또한 중국에서는 선거가 자주 치러지지 않기 때문에 미국보다 정치적 제약이 적다.[252] 그 결과 중국은 항복점에 이르는 시점을 연기하기에 충분한 정치자본을 보유한다.

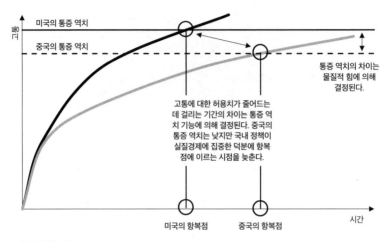

〈그림 10.4〉 경쟁 관계에 있는 허용 곡선은 게임 판의 일부에 불과하다

미국의 통증 역치

중국의 통증 역치

통증 역치의 차이는
물질적 힘에 의해
결정된다.

고통에 대한 허용치가 줄어드는
데 걸리는 기간의 차이는 통증 역
치 기능에 의해 결정된다. 중국의
통증 역치는 낮지만 국내 정책이
실질경제에 집중한 덕분에 항복
점에 이르는 시점을 늦춘다.

미국의 항복점   중국의 항복점   시간

ⓒ클락타워 그룹
클락타워 그룹의 출판 허가를 받은 자료

　　게임이론은 강력한 도구지만 투자자들은 이를 신중하게 사용해야 한
다. 게임 판을 설정하는 것은 게임을 하는 것만큼이나 중요하다. 왜냐
하면 게임 판은 물질적 요소가 유일한 제약이 아님을 드러내기 때문이
다. 분석가들은 어느 국가가 더 큰 제약에 직면했는지를 결정할 때, 특
히 국내 정치와 이해관계자가 연관될 때 3차원 체스 게임을 해야 할 때
가 많다.

간단한 게임을 조심하라

2015년 초 그리스 유권자들은 시리자당과 알렉시스 치프라스 당대표에게 국정 운영권과 유럽과 협상할 권한을 부여했다. 경제학자인 치프라스는 게임이론 전문가인 야니스 바루파키스를 재무장관으로 임명했다. 많은 시장 평론가는 브뤼셀에서 치열한 협상전이 펼쳐질 때 '치킨게임'이 부정적인 결과를 낳을 것이라고 내다봤다.

제임스 딘 영화의 팬이 아닌 사람들을 위해 설명하자면 치킨게임은 두 젊은 남자가 핫 로드[253]를 몰며 서로를 향해 돌진해 가장 용맹한 자를 선정하는 방식이다. 운전대를 꺾은 남자는 '치킨(겁쟁이)'이며, 그는 높은 위험 회피도와 자기보호 성향 때문에 구애할 자격을 잃는다(젊은 여자는 운전대를 꺾은 것이 그가 나중에도 실패할 것이라는 분명한 신호로 여겨진다).

치킨게임은 가장 위험한 형태의 게임이론이다. 상대방이 이성적이라고 믿는다면 게임 참가자 둘 다 운전대를 꺾지 않고 직진할 것이다. 이러한 무모한 고집은 〈그림 10.5〉에서 오른쪽 아래쪽에 표시된 결과—게임 참가자 모두에게 큰 희생이 뒤따르고, 최적에서 가장 거리가 먼 결과—로 나타날 확률이 높다.

2015년에 그리스는 거대한 물질적 현실에 의한 제약—수준 이하의 운송수단—에 놓여 있었다. 〈그림 10.6〉은 제약에 기반을 둔 분석을 이용해 치킨게임을 보다 정확히 묘사한다. 〈그림 10.6〉에 나타난 치킨게임의 결과는 상대적인 힘을 정확히 측정하지 않는다면 게임이론이 쓸모없음을 보여 준다. 상대적인 힘에는 힘의 물질적 균형, 위험 성향과 신

〈그림 10.5〉 일반적인 치킨게임

참가자 A

		회피	직진
참가자 B	회피	(X,X) (비김, 비김)	(X-1,X+1) (패배, 승리)
	직진	(X+1,X-1) (승리, 패배)	(X-10,X-10) (충돌, 충돌)

ⓒBCA리서치
BCA리서치의 출판 허가를 받은 자료

뢰도가 포함된다.

치프라스는 EU 탈퇴를 두고 심각한 정치적·경제적·지정학적 제약에 직면했다. 그리고 이러한 제약에 의해 치프라스의 이동수단은 앙겔라 메르켈의 이동수단보다 마력이 낮아졌다.

그리스는 2015년 내내 여론조사 결과 국민의 60% 이상이 유로존 잔류를 지지했다. 경제적으로는 그리스가 유로존에서 탈퇴하면 드라크마가 심각하게 평가절하될 것이고, 5장에서 설명한 것처럼 그리스는 에너지를 수입하기 때문에 물가도 대폭 상승할 것이었다. 그렇다. 평가절하로 인해 외국인 투자와 수출이 늘어날 희박한 가능성이 있기는 했다. 하

〈그림 10.6〉 2015 그리스 위기 치킨게임

메르세데스 벤츠 G-클래스를 탄 메르켈

	회피	직진
회피	(X, X) (비김, 비김)	$(X-1, X+1)$ (패배, 승리)
직진	$(X+1, X-1)$ (승리, 패배)	$(X-\infty, X-5)$ (사망, 페인트 벗겨짐)

세발자전거를 탄 치프라스

©BCA리서치
BCA리서치의 출판 허가를 받은 자료

지만 그 전에 분노한 중위투표자들이 치프라스를 정권에서 물러나게 할 것이었다. 지정학적 측면에서 그리스에는 유럽을 대체할 것도, 기댈 만 한 동맹도 없었다. 치프라스가 러시아와 지정학적 동맹을 맺는 대가로 재정지원을 고려하겠다고 밝혔을 때 블라디미르 푸틴 대통령은 퇴짜를 놓았다.

그리스가 2015년에 허세를 부렸다는 나의 관점은 논리적이고 확고 한 경험적 증거로 뒷받침된다. 독일의 앙겔라 메르켈 총리와 그리스의 치프라스 총리는 서로를 향해 돌진하고 있었는지도 모른다. 그러나 그 들이 탄 운송수단은 달랐다. 메르켈이 메르세데스 벤츠 G-클래스 SUV

를 모는 동안 치프라스와 바루파키스는 세발자전거의 페달을 밟고 있었다.

게임이론의 교훈

게임이론은 투자업계에서 자주 인용되기는 하지만 정확하게 적용되는 일은 거의 없다. 검증되지 않은 이론도 너무 많고, 물질적인 힘 외의 것은 거의 다루지 않는 투자 게임이론 보고서도 많다.

게임을 잘 준비하려면 게임 참가자들에 대한 총괄평가를 먼저 해야 한다. 이때 게임 참가자에 대한 정확한 정보가 핵심이다. 나는 5장에서 독일과 그리스의 정책입안자들이 직면한 제약에 대해 설명했는데, 이들 국가 간의 치킨게임은 각국의 총괄평가에 기초한다.

나는 5장에서 그리스가 국채 위기를 겪는 동안 유로존을 탈퇴하는 것은 어리석다고 적었다. 이와 동시에 베를린이 유로존 붕괴를 원치 않았다는 점도 명시했다. 2015년까지 그리스의 유로존 탈퇴가 유로존 붕괴를 불러올 가능성은 매우 낮았다. ECB는 채권시장 자경단[254]에 맞서 지중해 국가들에 방화벽을 쳤고, 유럽 은행은 그리스의 국채를 청산했다. 따라서 독일은 강경하게 그리스를 대할 수 있었고, 유로존 전체가 붕괴될 위험도 없다고 느꼈다.

제약에 기반을 둔 분석은 게임 참가자들의 역량에 대한 깊은 배경지식을 밑바탕에 둔다. 그리고 치킨게임에 걸린 판돈은 2015년에 보였던 것처럼 그렇게 크지 않다. 이때 유로존 해체를 예상하고 투자한 이들은 게임에서 졌다.

이와 유사한 이탈리아와 EU 간의 갈등을 적용해 치킨게임을 재구성할 수도 있다. 이탈리아의 정책입안자가 세발자전거를 타지 않았음은 분명하다. 이들은 잘빠진 이탈리아 슈퍼카를 몬다. 슈퍼카는 당연히 세발자전거보다 안전하기는 하지만 벤츠 G-클래스의 상대가 되지 않는다. 이탈리아는 그리스보다 경제규모가 크기는 하지만 물질적 제약은 여전히 있다. 이탈리아에서 포퓰리스트들이 정권을 잡으면 이들은 계속해서 EU 회의론을 접어 둘 것이다. 극우 정당 동맹이 잠시 정권을 잡았던 2018년 6월부터 2019년 9월까지처럼 말이다. 그리스와 이탈리아의 주요 차이점은 독일이 그리스보다는 이탈리아의 말에 더 귀 기울인다는 것이다. 따라서 독일은 COVID-19 경기침체에 이어 일종의 채무공동화 정책을 비롯해 그리스를 상대로는 건너지 않았던 몇몇 한계선을 건널 것으로 보인다.

총괄평가와 당면한 문제에 대한 심층적인 지식이 수반되지 않은 게임이론은 위험하다. 게임이론에 사용되는 수학은 예측에 대한 가짜 확신을 심어 주기도 한다. 핵심은 게임 참가자와 게임 판에 대한 정확한 평가다. 그러므로 투자자들은 총괄평가를 뒷받침하는 철저한 조사를 한 후에만 게임이론을 적용해야 한다.

Chapter 11

지정학적 알파

나는 거의 지난 10년을 금융계에서 전략가로 일해 왔기 때문에 투자 내러티브와 테마의 틀에 맞춰 사고한다. 하지만 그렇다고 시장에서 실제로 거래하지는 않는다. 내비게이터가 비행기의 항로를 정하기는 하지만 승객들은 내비게이터가 비행기를 조종하기를 원치 않는다. 투자 테마를 실행하는 일은 잘 짜인 전략을 이용해 거래를 구상하는 조종사, 즉 투자 전문가에게 맡겨진 업무다. 이들은 금융계의 백미이며, 나는 이들 앞에서 항상 겸손하다. 나의 예측을 바탕으로 실제로 시장 거래를 할 때 더욱 그렇다.

내가 여기서 이러한 차이를 두는 이유는 독자들이 나의 프레임워크를 거래 법칙과 혼동하지 않기를 바라기 때문이다.[255] 내가 아는 것은 지정학을 이용해 시장보다 높은 수익을 내는 방법이다. 시장은 지정학적 위험과 기회에 가격을 잘 매기지 못한다. 왜냐하면 투자 전문가와 개인투자자들이 시장의 행동을 결정하기 때문이다. 투자자들이 동시에 애플사의 주식을 사고파는 데는 이유—각기 다른 시간 지평 같은—가 있겠지만, 불안정한 시장 반응은 이들이 지정학에 가격을 매길 줄 모른다는 것을 반증한다. 내가 보기에 시장에는 지정학을 읽는 기본 기술이 부족하고, 이는 새로운 기술을 배우고자 하는 투자자들에게 좋은 기회가 된다.

나는 1장에서 전 세계 투자업계가 지나치게 전문화되고 수량화되었다고 주장했다. CFA 과정은 간단한 정치과학 개념도 짚지 않을 뿐만 아니라, 재정지출 입법 협상과정에서 투자자들이 보이는 반응을 시험하는 케이스 스터디도 포함하지 않는다. 그래서 투자자들은 잘 알지도 못하는 프레임워크를 더듬더듬 짚어 사용하고, 시장은 계속해서 지정학적 사건에 과민 반응한다.[256]

가방끈이 긴 업계 동료 및 고객들과 친구들조차도 나에게 기이할 정도로 기본적인 질문을 하곤 했다. 상원의원은 무슨 일을 하나? 국민국가란 무엇인가? 누가 EU 대통령을 선출하는가? 독일 대통령의 사임이 중요한 문제인가? 외교정치 시스템에 대한 충격적일 정도의 무지함을 드러내는 질문은 말할 것도 없다. 멍청하거나 책을 읽지 않아서가 아니다. 투자 전문가가 되는 데는 고난도 노동이 뒤따르고, 이들이 정치나 역사에 시간을 보내는 것은 감당할 수 없는 사치다.[257]

이처럼 지정학적 기술과 지식이 부족한 상황에서 지정학 분석은 일반 투자자들에게 마지막 보루가 될 수 있다. 여기에는 시장과 반대로 투자해 얻을 수 있는 알파가 있다. 나는 이 책에서 지정학적 사건을 분석하는 프레임워크를 소개했는데, 이 프레임워크는 특히 소셜미디어나 뉴스가 만들어 낸 소음을 무시하는 데 효과가 있다. 미디어와 정책입안자들의 선호가 서로—또한 프레임워크가 없는 투자자—의 주의를 뺏는 동안 훌륭한 분석가는 물질적 제약에 집중할 수 있다.

그렇다고 투자자들이 적극적으로 정치 사건을 예측해야 한다는 말은 아니다. 지정학적 알파를 거둬들이는 것의 핵심은 가격 차이에 투자하는 것이다. 누가 게임에서 이기는지를 예측하는 것이 아니다. 스포츠에 베팅할 때 영악한 도박꾼은 게임의 승패를 예측하려 하지 않는다. 그는 도박꾼인 동시에 팬이 될 수 없기 때문에 누가 이기는지에는 관심을 두지 않는다. 도박에서 성공은 가격 차이가 넘는 베팅을 하거나 카지노에서 정한 확률보다 높거나 낮은 확률을 선택하는 데 달렸다.

나는 영악한 도박꾼의 미덕을 잊고 누가 선거에서 이길지에 베팅하느라 투자 전략가로서 잘못된 결정을 내린 적이 몇 번 있다. 그리고 내가 내린 최고의 결정 중 몇몇은 마권업자, 즉 시장에 반대로 베팅했을 때였다. 2016년 EU 멤버십에 대한 영국의 국민투표를 돌아보자. 2016년 3월 나는 브렉시트 가능성이 통화 및 정치 베팅 시장이 내세웠던 30%가 아닌 50%에 가깝다고 주장했다. 내가 예측한 것은 실제 브렉시트 발생 여부가 아니었다. 나는 2016년 초에 브렉시트 리스크가 매우 과소평가되었으나, 국민투표에서는 브레메인[258] 측이 근소한 차이로 이길 것이라고 분석했다. 헛스윙이었다. 그렇지 않은가? 하지만 실제로는 아니다! 나는 정치를 위한 예측으로 돈을 버는 사람이 아니라 시장을 위한 예측으로 돈을 버는 사람이다. 나는 시장이 지나치게 안주한다고 생각했고, 브렉시트가 발생하면 수익을 낼 영국 통화, 우량 채권, 주식시장에 투자하는 전략을 추천했다.

나의 정치 및 지정학에 대한 접근법 때문에 나는 '일반인'과 저녁식사를 하기에 언짢은 손님이 되었다. 비투자자나 이념적인 사고밖에 할 줄 모르는 많은 투자자[259]에게 정치는 승패에 대한 것이고, 정치인들의 시비에 대한 것이다. 이들은 정치에는 옳고 그름이 있다는 가정 아래 옳은 쪽에 돈뿐만 아니라 진심과 윤리적 기준도 투자한다. 그래도 나는 식탁 건너편에서 보내는 불편한 시선을 이겨 냈다. 많은 이가 계기에만 의존해 정치 및 지정학에 접근하지만, 나는 제약 프레임워크를 이용해 자신 있게 나의 예측을 뒷받침할 수 있기 때문이다.

자신이 한 예측의 정확성 여부를 확인할 줄 아는 예측가는 거의 없다. 정치적 위험을 다루면서 가장 낭패는 수정주의자에 대한 평가다. '바샤르 알 아사드 정권이 아랍의 봄으로 인해 와해될 것이다'라는 예측은 맞을 수도 있지만, 동시에 완전히 부적절할 수도 있다. 아사드가 내전에 직면한 것은 사실이다. 그러나 그는 여전히 시리아의 대통령이고, 대부분의 경쟁자들을 물리쳤다.

정치와 달리 시장은 인정사정없는 피드백을 즉각 제공한다. 예측의 결과는 초록색이나 빨간색으로 표시되고, 시장은 즉각 예측가들이 옳았는지를 말해 준다. 나는 지정학적 예측을 거래 추천으로 전환하는 것을 좋아한다.

이란과 미국 사이의 긴장관계는 과장되었고 물질적 제약이 뒤따른다? 아람코 정유시설 공격 후에 유가가 15% 상승하면 석유를 매도하라! 초록색 표시가 나타난다면 내 예측이 맞았다는 뜻이다. 2017년 프랑스 대선에서 마린 르 펜의 당선 가능성이 매우 과대평가되었다? 2016년 4분기에 EURUSD[260]를 매수하라! 그리고 나는 시장이 어떻게 내 예측을 소화하는지 본다.

나는 이 장에서 내가 어떻게 제약 프레임워크로 지정학적 알파를 창출하는지를 보여 줄 것이다. 나는 우선 2016년에 분석한 르 펜이 프랑스 대선에서 이길 확률을 재검토할 것이고, 그다음에 제약 프레임워크를 총괄평가 과정에 결합해 살펴볼 것이다.

내 애완견마저도 프랑스 정치인을 이긴다

내가 이 책을 쓰는 동안 나의 애완견인 13살 초콜릿 래브라도 브라이언은 죽어 가고 있었다. 그는 좋은 삶을 살았다. 적어도 나는 그렇게 생각한다. 그는 텍사스 오스틴 외곽의 작은 농장에서 태어났고, 대부분의 삶을 퀘벡의 눈밭에서 뒹굴며 보냈다. 브라이언은 내가 처음으로 그를 태평양에 데려간 날 무지개다리를 건넜다. 브라이언은 나를 도와 세 아이를 키웠다. 그는 유모였고, 도우미였으며, 코치였다. 그래서 나는 브라이언에게 감사한다.

브라이언은 몰랐겠지만 나는 고객들이나 동료들 때문에 짜증이 날 때마다 브라이언을 분석의 버팀목으로 삼았다. 브라이언이 몇 번이나 선거에서 이겼는지 기억나지 않지만 어쨌든 많다. 나는 인내심이 바닥날 때마다 의심 많은 이들에게 이렇게 말하곤 했다.

"내 애완견 초콜릿 래브라도 브라이언이라도 Y 선거에서 X 후보를 이길 것이다."

2016년 말에 투자자들은 긴장했다. 영국 국민투표에서 브렉시트가 결정되고 도널드 트럼프가 당선되자 그들의 정치에 대한 프레임워크가 완전히 뒤집힌 것이다. 전 세계의 고객들—지적인 이들과 그렇지 못한 이들 모두—과 이야기하며 나는 충격적인 사실을 알게 되었다. 투자자들은 영국과 미국에서 비기득권층이 승리했기 때문에 마린 르 펜의 당선을 높게 점치고 있었다.

이러한 논리는 여러 면에서 잘못되었다. 투자자들은 프랑스가 정치 및 지정학적 제약 면에서 얼마나 다른지 전혀 고려하지 못했다. 물론 영국과 미국의 중위투표자들이 포퓰리스트를 향한 것은 사실이다. 그러나 내가 아는 한 프랑스가 앵글로색슨 세계의 추세를 따르는 일은 없었다. 나는 분명한 프레임워크로 영국과 미국의 비기득권층 투표자들에게 무슨 일이 일어났는지 설명할 수 있었다. 1장에서 설명했다시피 앵글로색슨 세계의 중위투표자들은 자유방임주의에서 멀어지고 있었다. 그러므로 영국과 미국에서는 포퓰리스트적인 결과가 가능했지만 프랑스에는 같은 결과가 나타나지는 않을 것이었다.

실제로 프랑스의 중위투표자들은 EU 회의론에서 멀어지고 있었고, 이러한 움직임은 마린 르 펜의 승리에 대한 중대한 제약이었다. 대세가 바뀐 이유는 2016년 말이 되자 유럽 내 이민 위기가 종식되었기 때문이다. 그렇지만 내가 만난 거의 모든 투자자들은 이민 위기 종식을 나타내는 분명한 데이터에 대해 모르고 있었다(〈그림 11.1〉). 미디어는 클릭 수가 많은 내러티브에 등을 돌릴 수 없었고, 계속해서 '유럽이 정복당할 것'이라는 내러티브를 퍼부었다. 그러나 뉴스룸 밖의 유럽 중위투표자들과 정책입안자들은 이민 위기가 끝났음을 알고 있었다.

〈그림 11.1〉 **이민 위기는 지나갔다**

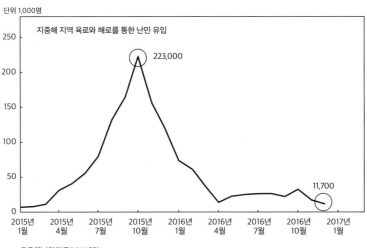

단위 1,000명

©유엔난민기구(UNHCR)
BCA리서치의 출판 허가를 받은 자료

프랑스 대중은 특히 개혁을 열망했다. 그러나 투자자들이 이러한 관점을 받아들이도록 설득하기는 매우 어려웠다. 왜냐하면 투자자 대부분이 앵글로색슨이고 반프랑스 성향을 지녔기 때문이다. 많은 이가 머리가 아닌 고정관념에 묶여 투자하고 있었다. 그러나 나는 프랑스에 대한

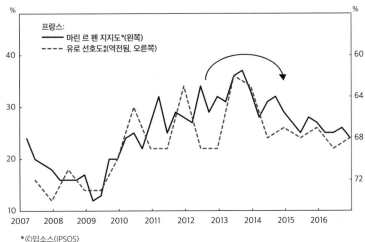

° ⓒ입소스(IPSOS)
‡ⓒ유로바로미터
BCA리서치의 출판 허가를 받은 자료

총괄평가—9장에 나온 인도 총괄평가만큼이나 철저하게—를 한 후에 프랑스의 중위투표자들이 변화를 원한다고 결론 내렸다. 여론조사 결과도 조용한 대다수가 개혁을 원한다는 것을 보여 줬다. 포퓰리스트인 마린 르 펜조차 정부의 규모를 줄이고 퇴직 연령을 낮추는 공약을 걸어 중위투표자의 변화를 이용하고자 했다. 그녀는 별로 포퓰리스트답지 않았다. 그러나 투자자들은 그녀의 EU와 유로화에 대한 정책에 집착한 나머지 이러한 변화를 무시하고 말았다.

르 펜은 유럽 통합에 대한 관점 때문에 당선될 수 없었다. 르 펜은 공급 중심 개혁안으로 중위투표자를 포용하려 했지만 큰 실수를 저질렀다. 그녀는 오랫동안 품어온 선호인 EU 회의론에 기반을 두고 유로존

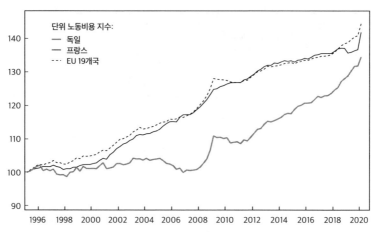

〈그림 11.3〉 **프랑스는 구조개혁을 단행할 것이다**

단위 노동비용 지수:
— 독일
— 프랑스
--- EU 19개국

참조: 1995년=100 기준으로 재산정
ⓒOECD, 매크로본드
BCA리서치의 출판 허가를 받은 자료

탈퇴를 공약으로 내걸었다. 그녀의 EU 회의론에 대한 이념적 충성심은 프랑스의 중위투표자 제약을 고려했을 때 실수였다. 르 펜에 대한 장기적 지지는 유로에 대한 지지에 거의 완전히 역행했다(〈그림 11.2〉).

나는 제약에 기반을 둔 총괄평가를 통해 마린 르 펜은 유력한 후보가 아니라고 결론 내렸다. 나의 애완견을 포함해 2차 투표에서 누구라도 그녀를 이길 것이었다. 그리고 다음 정권은 온갖 개혁을 단행해 프랑스와 독일 간의 단위 노동비용 격차를 해소할 것이었다(〈그림 11.3〉).

보다 넓은 의미에서 투자자들은 르 펜의 후보자직에 큰 타격을 입혔다. 프랑스 대선 두 달 전에 투자자들은 르 펜이 대선에서 승리할 확률을 브렉시트나 트럼프의 승리 확률보다 높게 봤다(〈그림 11.4〉). 특히 엠

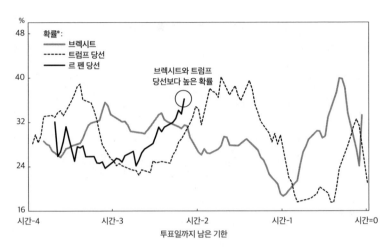

〈그림 11.4〉 **말도 안 되는 차트**

확률*:
— 브렉시트
---- 트럼프 당선
— 르 펜 당선

브렉시트와 트럼프
당선보다 높은 확률

투표일까지 남은 기한

시간-4   시간-3   시간-2   시간-1   시간=0

* oddchecker.com과 predictit.com에 실린 자료의 평균치
  BCA리서치의 출판 허가를 받은 자료

마누엘 마크롱이 르 펜을 30% 차로 앞섰다는 것을 감안했을 때 이러한 예측 오차는 경악스러웠다. 이 둘 사이의 격차를 클린턴과 트럼프 사이의 격차와 비교해 보라(〈그림 11.5〉).

시장은 미쳤고, 나는 그 덕을 봤다. 투자자들은 르 펜의 당선 가능성과 전략에 분명 문제가 있었음에도 불구하고 구식 고정관념에 기댄 질 낮은 분석에 주의를 기울였다. 이들은 프랑스 대선에서 보인 20~30%의 우세가 석 달 안에 없던 일이 될 것이라는 데 베팅했다. 이렇게 운이 좋을 수 있을까? 일주일 전에 패트리어츠의 패배에 과민 반응하던 도박꾼들은 12월에 뉴잉글랜드에서 마이애미 돌핀스가 톰 브레디를 무찌르기를 기대하고 있었다. 집을 담보로 걸고, 어머니를 팔아서라도 여기에

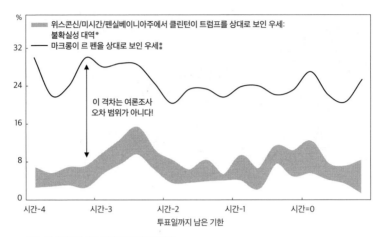

참조: 두 곡선에서 모두 아웃라이어를 배제했다.
*ⓒ리얼클리어폴리틱스(Realclearpolitics)
‡ⓒ여러 여론조사 기관
BCA리서치의 출판 허가를 받은 자료

판돈을 걸라!

나는 나보다 훨씬 나은 투자 전술가이자 BCA리서치 동료인 마티
외 사바리와 함께 나의 전략을 이용하고 지정학적 알파를 최대화할
두 가지 거래를 기획했다. 우선 누구든 생각해 낼 수 있을 만큼 쉬운
EURUSD 콜 매수 거래를 추천했다. 2016년 12월 20일 유로는 바닥을
쳤고 2018년 1월 25일 환율은 1.250으로 21%까지 치솟았다. 그러나 진
짜 끝내주는 거래는 마티외의 세심한 손길에서 탄생한 프랑스 산업주를
매수하고 독일 산업주를 매도하는 것이었다(〈그림 11.6〉). 이 차트는 설명
이 필요 없다.

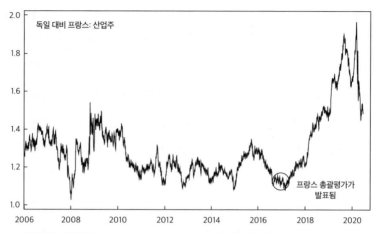

〈그림 11.6〉 **산업주: 프랑스 매수/독일 매도**

독일 대비 프랑스: 산업주

프랑스 총괄평가가
발표됨

©블룸버그 파이낸스(Bloomberg Finance L.P.), 모건스탠리캐피털인터내셔널(MSCI), 매크로본드
BCA리서치의 출판 허가를 받은 자료

사회주의를 매수하고
자본주의를 매도하고 싶다고요?

마린 르 펜의 후보직에 대한 시장의 반응과 그에 따른 나의 예측은 투자자들이 고정관념과 분석을 혼동할 때 가장 쉽게 지정학적 알파를 얻을 수 있음을 보여 준다. 투자자들은 감정, 반프랑스적 편견, 뉴스 제목에 현혹되고, 제한된 가능성이 아닌 광범위한 가능성에 집중한 나머지 르 펜의 당선 가능성을 과대평가했다. 나는 이런 기회를 사랑한다. 피로한 자여, 가난한 자여, 이념으로 숨 쉬려는 선호에 이끌린 투자자들이여, 나에게 오라! 지정학이 문제가 될 때 이들을 상대로 내기하기는

쉽다.

2018년 말 나는 매도 측 일자리를 그만두며 마지막으로 뉴욕과 코네티컷에서 고객들을 만났다. 나는 세일즈 직원의 안내를 받아 이머징마켓에서 이름을 날린 전설적인 헤지펀드 매니저의 사무실에 들어섰다. 나는 2019년 이머징마켓에 부정적인 전망을 보였으나 멕시코와 브라질에서는 어느 정도 알파를 얻을 수 있다고 생각했다. 프랑스에서처럼 투자자들이 중위투표자의 관점을 거스른 것이 나에게 유리하게 작용했다. 나는 투자자들이 브라질에는 지나치게 긍정적이고 멕시코에는 지나치게 부정적이라고 생각했다. 2018년 대선에서 두 국가 모두 폭력과 부패에 대한 반감으로 반기득권을 대표하는 후보에게 기울었다. 대선이 끝나고 나는 브라질의 중위투표자가 갑자기 레이건과 대처의 시종이 되었을 리 없다고 생각했다. 멕시코의 중위투표자가 트로츠키 지지자가 되었을 리도 만무했다.

투자자들은 브라질의 대통령 당선인인 자이르 보우소나루가 친시장 개혁에 착수할 것이라고 생각했다. 하지만 그는 먼저 의석수라는 제약을 극복해야 했다. 보우소나루는 복잡하고 고통스러운 연금 개혁을 단행하기 위해 오랫동안 분열된 의회를 설득해야 했다. 달리 말해 보우소나루는 이미 반등한 브라질 자산을 정당화하기 위해 그가 무언가를 할 수 있다는 것을 보여 줘야 했다.

멕시코의 안드레스 마누엘 로페스 오브라도르 대통령은 헌법과 대법원의 제약을 받았다. 또한 중도우파적인 경제정책을 채택하는 멕시코의 정치적 관습—1924년 이래 표면적으로 우파 대통령이 당선된 일이 없다―도 제약이 되었다. 보우소나루처럼 로페스 오브라도르도 이미 발생한 매도세를 정당화하기 위해 그가 제약을 극복할 수 있음을 증명해야 했다.

로페스 오브라도르가 멕시코에 완전히 긍정적인 인물이라는 말을 하려는 것이 아니다. 시장 관점에서 봤을 때 멕시코시티 공항 계획을 폐기하고, 주요 경제 의사결정에서 재무부장관을 따돌리고, 구식 PRI[261] 시대의 국가 통제주의로 회귀하겠다고 협박하는 것은 매우 우려스러웠다. 나는 비슷한 이유로 보우소나루가 브라질에 완전히 부정적인 인물이라고 보지 않았다.

두 대통령이 모두 강력한 제약에 직면했다는 점을 감안할 때 상대적으로 투자 심리는 로페스 오브라도르에 비해 보우소나루에 지나치게 우호적이었다. 제약 프레임워크의 신봉자인 나는 대통령들이 언급한 경제적 선호보다 제약에 더 많은 가중치를 뒀다. 또한 나는 각국의 중위투표자들이 대통령이 내세운 경제정책에 완전히 반대한다는 것도 알아차렸다. 보우소나루는 좌파 편향 중위투표자에, 로페스 오브라도르는 (적어도 여론조사에 의하면) 중도우파 중위투표자에 직면했다.

거시경제적인 상황도 나의 관점을 뒷받침한다. 나는 중국이 투자자들이 원하는 것처럼 경기부양에 나서지 않을 것이고 미·중 무역전쟁이 투자자들에게 심각한 위험이 될 것이라고 생각했다. 만약 내 생각이 옳다면 베타가 높은 브라질 같은 국가는 어려움을 겪을 것이고, 멕시코처럼 미국과 연계된 국가는 다른 이머징마켓 국가들보다 좋은 성과를 낼 것이었다. 나는 미국·멕시코·캐나다 협정에 대해서도 멕시코에 긍정적이었다.

모든 것이 맞아떨어지는 가운데 나는 두 이머징마켓 국가 간의 서로 다른 투자 심리를 이용해 MXNBRL[262]를 매수할 것을 추천했다. 이는 지정학적 제약을 고려했을 때 합리적일 뿐만 아니라 시장 또한 멕시코 페소 매수를 옹호했다. 내가 합법적으로 술을 마실 수 있었던 해 이후 처음으로 투자자들은 브라질을 상대로 멕시코에서 포지티브 캐리[263]를 누릴 것이었다(〈그림 11.7〉).

〈그림 11.7〉 **멕시코는 브라질을 상대로 포지티브 캐리를 보였다.**

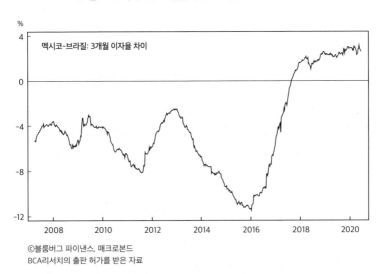

©블룸버그 파이낸스, 매크로본드
BCA리서치의 출판 허가를 받은 자료

나는 이머징마켓에 대한 긍정적 이야기를 적어도 하나는 전할 수 있어서 매우 기뻤다. 로페스 오브라도르의 임기 말이면 멕시코 경제는 보우소나루의 임기 말 브라질 경제보다 나을 것이 없을 것이다. 누가 엄밀히 이기고 진다는 말이 아니다. 로페스 오브라도르와 보우소나루가 NFL(National Football League, 미국프로풋볼)에서 맞붙었다고 상상해 보라. 카지노에서는 보우소나루가 로페스 오브라도르를 터치다운 두 개 차이로 이길 것이라고 베팅 라인을 정한다. 그러면 나는 로페스 오브라도르의 승리가 아니라 승점 차를 줄이는 데 돈을 걸 것이다. 로페스 오브라도르가 터치다운 하나 차이나 더 그럴듯하게는 필드 골 하나 차이로 질 것이었다.

나는 매도 측 커리어를 마치며 향후 12개월 동안 어떻게 돈을 벌지에 대한 분명하고 잘 짜인 관점을 가지고 이머징마켓의 전설을 만났다. 나는 그의 널찍한 사무실에 들어섰고 그와 그의 참모와 악수했다. 우리는 인사말을 나눴고 자리에 앉았다. 전설은 말했다.

"자네는 그 공산주의자가 어떻게 멕시코를 말아먹을지 말할 참이겠지?"

나는 진심으로 웃으며 대답했다.

"아닙니다. 저는 사실 당신이 멕시코 페소를 매수해야 한다고 생각합니다! 이것 좀 보세요."

내가 전략을 설명하려고 차트 팩을 열자 참모가 전설의 눈길을 피해 몸을 뒤로 기대고 천천히 고개를 저었다. 정말 그랬나? 잘 모르겠다. 그의 몸짓은 확실치 않았다.

'아, 제기랄. 상관없다…. 이건 내가 매도 측에서 하는 마지막 회의다. 잘 해내자.'

전략을 설명한 지 40초가 되자 전설이 언짢아하는 것이 느껴졌다. 전설은 내 말을 잘랐다.

"잠깐만, 지금 자네, 공산주의를 매수하고 자본주의를 매도하라고 말하는 건가?"

이런. 나는 혼란스러워하는 두 신사를 바라봤다. 참모는 나에게 입을 다물라고 텔레파시를 보냈다. 그는 그야말로 진땀을 흘렸다. 그러니까 나는 월스트리트 내 보우소나루 팬의 사무실에 있었던 것이다. 나는 정말 몰랐다. 그는 구식이고, 논문을 읽으며 자유방임주의를 신봉하는 아인 랜드[264]적인 자본주의자였다. 그가 열심히 일해서 번 돈을 자본주의가 아닌 공산주의에 투자해야 한다고 제안하자 그는 거의 뇌동맥류에 걸린 듯했다. 전설은 말했다.

"그러니까… 이건 내가 올해 들은 말 중에 가장 멍청한 개소리군."

12월이었다. 보통 고객이 이런 결정을 내리면 나는 정말 마음에 상처를 입는다.[265] 그러나 매도 측을 떠나 캘리포니아 해변을 향하고 있었기 때문에 신경 쓰지 않기로 했다. 나는 말했다.

"여기서 공산주의 체제 아래 실제로 살아 본 사람은 저 하나뿐이군요. 그러니까… 저는 제가 무슨 말을 하고 있는지 알 테지요."

그는 내 말을 믿지 않았다. 그런데 그가 전설이라는 점을 강조하고 싶다. 그는 커리어를 통틀어 당신과 나보다 훨씬 더 엄청난 투자 결정을 내렸다. 투자자 100명이 앞으로 내놓을 투자 결정을 합한다 해도 그보다 나을 수는 없다. 그러나 이 거래에서 그의 편견과 이념은 약점이 되었다.

이것이 바로 지정학적 알파의 놀라운 점이다. 지정학적 분석을 바탕으로 투자하는 것은 그저 다른 이들과 반대로 투자하는 것이 아니다. 금융계 천재들조차도 고정관념과 듣고 싶은 말만 하는 재무차관들과의 막후 협상실 회의에 기대 성급하게 움직일 때가 있다. 제약 프레임워크에서는 모든 선호가 제약의 지배를 받는다. 참가자의 선호뿐만 아니라 분석가의 선호도 마찬가지다. 모든 사람이 선호를 가지지만 제약 프레임워크의 사용자는 이를 도구 삼아 다른 이들뿐만 아니라 자신의 선호가 실용성이 있는지 알아볼 수 있다.

나는 전설은 아니지만 그날 한 건 했다. MXNBRL 매수 거래는 내가 거래를 추천한 2018년 12월 14일부터 2019년 말까지 11.2%의 수익을 냈다.

지정학적 알파의 교훈

제약 프레임워크는 투자자들에게 데이터에 중심을 두고, 관찰 가능하며 물질적인 세계에 뿌리를 둔 지정학에 대해 사고하는 방법을 보여준다. 미디어와 전문가들이 정책입안자의 선호와 우세한 내러티브에 집중하는 동안 투자자들은 행동 가능한 제약에 집중할 수 있다. **선호는 선택적이며 제약 조건에 따라 달라진다. 하지만 제약은 선택적이지도 않고 선호에 따라 달라지지도 않는다.**

제약 프레임워크의 조작화는 총괄평가에서 시작한다. 나는 9장에서 주기적 총괄평가와 반응적 총괄평가의 예를 들었다. 나는 또한 4장에서 미국 중위투표자들이 어디를 향하는지에 대한 총괄평가를 하여 자유방임주의가 끝났다고 주장했다. 최선의 경우에 나타날 국가 통제경제와 극단의 경우에 나타날 전면적인 사회주의를 준비하라. 폭발적인 재정부양은 이제 시작되었을 뿐이다.

제약에 뿌리를 둔 총괄평가는 투자자들에게 여러 유용한 참고사항을 알려 준다. 중대한 제약과 이와 관련된 데이터 스트림은 투자자가 주목해야 할 지표를 제공한다. 제약과 데이터 스트림이 바뀌면 관점도 바뀌어야 한다. 무엇보다 중요한 것은 총괄평가가 특정 사건에 대한 사전 확률이나 다양한 시나리오를 제공해 추가 분석에 탄탄한 기초가 된다는 것이다. 미국과 이란 간에 물리적 군사행동이 발생할 확률은 20%다. 이는 무시할 수 없는 확률이지만 불안정한 휴전의 확률보다는 낮다.

총괄평가는 또한 투자자들이 특정한 편향을 취할 수 있도록 충분한 정보를 제공한다. 나는 2018년 브라질에 대한 총괄평가를 바탕으로 향후 브라질에 대해 부정적인 편향을 취했다. 이와 반대로 멕시코에 대한 총괄평가는 긍정적인 편향으로 이어졌다. 또한 인도에 대한 총괄평가는 부정적인 편향으로 이어졌다. 이는 고정관념이나 상투적인 표현에 기댄 암묵적인 편향이 아니라 연구를 바탕으로 내가 의도적으로 선택한 것이다. 총괄평가와 사전 관점으로 무장한 투자자들은 패를 고르고 이를 시장가격과 비교한 후 행동에 나설 수 있다. 조사 중인 지정학적 사건의 영향을 받는 자산에 대한 가치 평가가 무슨 의미가 있겠는가?

이 장에서 나는 지정학적 알파를 거둬들이는 과정에 대해 설명했다.

브렉시트의 경우 시장이 EU 탈퇴 가능성을 무시하고 있을 때 많은 알파가 생성되었다. 브라질과 멕시코의 경우 투자자들은 순전히 이념적 선호 때문에 포지티브 캐리를 하지 않았다. 그리고 유럽의 경우 투자자들은 마린 르 펜의 당선 가능성을 과대평가했다.

지정학적 분석은 그 하나만으로는 거의 효과가 없다. 내가 내린 성공적인 투자 결정에는 항상 가치 평가와 시장 심리가 반영되었다. 그러므로 그저 총괄평가를 하는 것만으로는 충분치 않다. 당신의 총괄평가는 다른 이들의 관점과 달라야 한다. 그렇지 않으면 시장이 이미 가격을 매겼을 것이다. 제약 프레임워크는 당신이 선호가 이끄는 방식에서 벗어나 생각하게 한다는 데 이점이 있다.

Chapter 12

결론

2020년 3월 미디어를 선봉에 세운 대중은 지정학과 투자에 대한 책을 쓰는 것이 의미 없다고 여기는 듯했다. 이보다는 질병학과 투자에 대한 책이 적절해 보였다. 그러나 COVID-19 팬데믹이 경제와 시장에 미치는 영향의 중심에는 지정학이 있다.

나는 8장에서 확산곡선 평탄화 내러티브가 결국 경제적 제약, 즉 경제를 재개하라는 압박 앞에 무릎을 꿇을 것이라고 주장했다. 〈그림 12.1〉은 8장의 결론을 농담과 함께 요약한 것이다.

8장의 주요 내용을 되짚자면 유권자의 대부분은 저축자가 아니다. 이들에게 저축이 있다 하더라도 공황 수준의 경제 위기를 넘기기에는 충분하지 않다. 그러므로 투자자들은 조만간 계속되는 확산곡선 평탄화 내러티브에 대한 저항을 예상해야 한다. 이러한 저항은 〈그림 12.1〉에

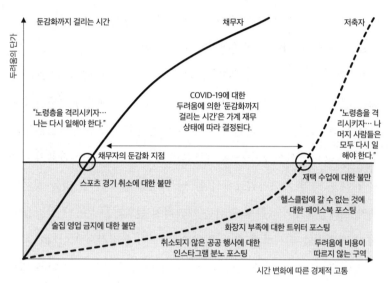

〈그림 12.1〉 확산곡선 평탄화 내러티브에 대한 제약은 커질 것이다

©클락타워 그룹
클락타워 그룹의 출판 허가를 받은 자료

나오는 '채무자의 둔감화 지점'에서 나타날 것이다. 당신의 친구나 가족이나 동료들이 저축자라면 당신의 표본은 왜곡되었을 수도 있다. (당신이 투자자라면 분명히 그럴 것이다.) 〈그림 12.1〉에 나타나는 사람 대부분은 채무자다. 그런 의미에서 트위터나 인스타그램은 중위투표자를 대표하지 않는다.

이 책은 팬데믹에 대해서는 별다른 교훈을 주지 않지만 어떤 정책 반응이든 예측할 수 있는 프레임워크를 제공한다. 경기침체, 테러리즘, 무역전쟁, 팬데믹, 외계인 침공, 무엇이든 문제가 되지 않는다. 제약을 정확히 읽어 내기만 하면 선호나 내러티브에 기반한 예측보다 항상 앞서 나갈 수 있다. 이러한 환원주의적 선형성은 추상적인 모델에서는 흔히 나타나지만 물질적인 현실에서 찾아보기는 어렵다.

이 책을 쓰는 지금 다들 온통 COVID-19 생각뿐이지만 나는 보다 폭넓은 결론으로 이 책을 마무리하고자 한다. 나는 투자자와 비투자자 모두에게 정책을 논할 때 이념과 근거 없는 편견을 뒤로하라는 교훈을 강조하고 싶다. 당신이 연구소나 정치 자문을 제공하는 이익 단체의 운영자라 해도 제약 프레임워크에서 쓸 만한 점을 찾아낼 수 있을 것이다. 제약 프레임워크의 독특한 관점은 개인적인 선호라는 분홍색 안경을 걸어 내고 현실을 직시하게 한다. 만약 어떤 일이 물질적으로 어디에 위치하고 어디로 향하는지를 안다면 당신은 보다 성공적으로 더 나은 결과를 가져올 수 있을 것이다.

기후변화를 예를 들어 보자. 만약 당신이 기후변화가 중대한 시나리오라고 생각한다면 탄소 배출량 감소를 둘러싼 제약을 이해해야 한다. 일단 정책에 대해 명확하고, 비이념적이며, 제약에 기반을 둔 예측을 도출하면, 당신이 원하는 결과를 얻기 위해 반드시 바꿔야 할 중대한 제약이 무엇인지 알게 될 것이다.

개인적으로 나는 변화의 요인이 아닌 그저 관찰자에 머물 것이다. 나는 3장에서 최악의 예측을 내놓는 집단은 논평을 쓰는 자만한 예측가들이라고 적었다. 나는 오랜 시간을 들여 편견에 대해 생각하고, 나를 허무주의로 무장한다. 고로 내가 동기를 부여하는 연설을 한다면 완전 망할 것이다. 또한 나는 어리석은 정책 결정에 화내지 않으려고 많은, 정말 많은 노력을 기울인다.

나는 나의 프레임워크를 통해 세상을 이해할 수 있었고 때때로 알파도 생성했다. 나는 이 프레임워크를 사용하는 다른 이들도 성공을 거두기를 바란다. 그러나 이것은 누구나 사용할 수 있는 방법이 아니며, 그러므로 모두에게 적합하지는 않을 것이다. 2020년의 가장 중요한 투자 문제인 COVID-19를 들어 설명했다시피 물질적 제약에 대한 지나친 집중에는 허점이 있다. 때때로 집단심리는 그 자체로 물질적 제약이 되기도 한다.

그러나 장기적으로 물질적 제약은 불패한다. 문제는 투자자들이 먼 훗날이 다가오기 전에 돈을 다 잃을 수도 있다는 것이다. 1930년대에 케인스는 이렇게 말했다.

"시장은 당신이 돈을 다 잃는 데 걸리는 시간보다 더 오랫동안 비이성적인 상태에 머물 수 있다."

시간에 대한 투자는 모든 투자 프레임워크의 아킬레스건이다. 그리고 이는 투자가 과학이 아니라 예술인 이유이기도 하다. 다른 모든 예술가와 마찬가지로 나는 완벽을 추구하기는 하지만 그저 점근적으로 접근하기를 바랄 뿐이다. 예술가로서 나는 이 책이 당신의 팔레트에 지정학적 분석이라는 색을 더해 주기를 바란다.

감사의 말

만약 내가 이 책을 쓰도록 도와준 사람에게만 감사의 말을 한다면 나는 나의 조국을 무너뜨린 세 명의 민족주의자, 슬로보단 밀로셰비치, 프라뇨 투지만, 알리야 이제트베고비치를 먼저 언급해야 한다.[266] 그들이 내세운 민족주의적 포퓰리즘 덕분에 내 고향은 사라졌고, 15만 명이 죽었으며, 유고슬라비아는 국제 무대에 서지 못한 데다가 나는 우리 집안 다른 남자들과는 달리 산부인과 의사가 되지 못했다. (집안의 전통을 이어가는 나의 사촌 우쥬바에게 박수를!) 이들이 일으킨 전쟁은 레고를 가지고 놀고 만화 영화를 봐야 했을 어린아이에게 깊은 인상을 남겼다. 나는 나를 둘러싼 끔찍한 세상을 이해하기 위해 분석적인 마음을 키웠다.

이 책을 쓴 이유 중에는 손자들에게 내가 투자 연구업계에서 일하며 만든 수천 장의 PDF 대신 책을 읽게 하려는 것도 있다. 그리고 나는 학계를 그리워했다. 나는 투자자들에게 지난 10년에 대한 프레임워크를 소개해 고객, 동료, 친구들에게 깨달음의 순간을 선사하고 싶었다. 이 순간만큼은 내가 선생님이 된 것 같았다. 고객이나 동료들이 입장을 바꾸는 것만큼 나를 행복하게 하는 것은 없다.

나는 나의 인생과 커리어를 통틀어 많은 이의 도움을 받았다. 이 책이 존재하게 해 준 나의 파트너이자 보스인 스티븐 드로브니에게 깊은 감사를 표한다. (우리 엄마를 제외하고) 스티븐처럼 나의 능력을 전적으로 신뢰해 준 사람은 없었다. 그는 내 생각을 종이에 옮겨 적게 하고 집필 과정 내내 귀중한 피드백을 제공했다. 그는 인내심 있는 멘토이자 친구다. 그의 유일한 실수라면 균형 감각이 없는 나에게 서평하는 법을 가르쳤다는 것이다.

나의 아내 크리스털에게도 매우 고맙다. 나의 금융계 커리어는 시작부터 꼬여 있었다. 나는 수학을 못한다. 나는 대학에서 경제학 수업을 세 번 들었는데 아직도 곡선이 구부러지는지 평평해지는지 또는 강세장인지 약세장인지를 알아내려면 손으로 팬터마임을 해야 한다. 나는 이런 약점을 극복하기 위해 뒤늦게 뛰어든 금융계에 대해 나머지 공부를 해야 했다. 지난 10년 동안 크리스털은 내가 부모, 남편, 인간으로서 졌어야 할 책임을 대신 짊어지고 나의 약점을 극복하도록 도와줬다. 크리스털은 내가 하는 모든 일의 영감이다.

나의 부모님 프레드라그 파픽과 고르다나 파픽께도 감사한다. 아버지는 지정학적 분석을 가르쳐 준 첫 스승이었고, 그는 매번 예측을 '할리우드 액션'이라고 결론 내렸다. (맞는 말씀!) 내가 지금 이 자리에 오기까지 부모님께서는 많은 희생을 감내했다. 내가 부모로서 나의 부모님의 반만이라도 할 수 있다면 성공했다고 할 수 있다. 마르코 파픽의 명예의 전당에는 어머니, 여동생 마야, 베스나 고모를 위한 특별한 자리가 있다. 이들만큼 내 헛소리를 잘 들어 준 사람도 없다. 그리고 이들은 그 헛소리를 듣고도 살아남았다! 내가 유럽을 떠나 아름다운 브리티시컬럼비아에 왔을 때 나를 아들처럼 품어 주신 조란 삼촌과 베오그라드에 있는 모든 가족—파블레 삼촌과 나타샤 고모—에게도 매우 감사한다.

나는 스티븐의 손에 이끌려 클락타워 그룹에서 일하게 되었고, 이 회사의 바다가 보이는 사무실에서 책을 썼다. (클락타워 그룹 내 우리 팀 동료 모두에게 고맙다.) 그리고 스티븐이 나를 여기에 데려오도록 허락해 준 다른 파트너들인 테일러 해서웨이, 웨이 리우, 벤저민 새비지에게도 감사한다. 나의 사수였던 애슈턴 로신에게도 감사의 마음을 전한다. 나는 이 책을 쓰면서 팀 동료인 카이웬 왕, 예카테리나 스트레빈스키, 벤 노박의 도움을 받았다. 특히 내가 책을 쓰는 동안 자리를 지켜 준 카이웬에게 큰 빚을 졌다. 계속 잘해 봅시다.

나의 커리어를 통틀어 도움이 되었던 지성의 뮤즈들도 이 책에 공헌했다. BCA리서치 및 스트랫포의 팀원들과 맷 게르켄은 이 책의 내용을 검토하고 다듬어 줬다. 맷이 아니었다면 나는 여러 나라에서 환영받지 못했을 테고 너무 많은 무례한 농담을 해 댔을 것이다. 맷과 나는 같은 날 일을 시작했고, 그 후로 쭉 지성의 형제로 지내 왔다. 나의 친구 댄 그린, 제이 레인프랑크, 노엘 뮬러, 베이리스 파슬리, 찰리 타포야도 뮤즈다. 댄은 줄곧 수학과 관련된 문제에 도움을 줬고 나의 잠재력을 최고로 발휘하도록 해 줬다. 그리고 나는 제이 레인프랑크 덕분에 금융계에서 커리어를 꾸리게 되었다. 1장에서 소개한 제리 맥과이어의 메모는 우리가 같이 낸 아이디어였고, 그는 제약 프레임워크의 시작부터 함께 했다. 노엘 뮬러는 누구보다도 오랫동안 자문 역할을 해 줬다. 그는 우리 둘의 고향인 브리티시컬럼비아의 야생에서 내가 물에 빠지거나 불에 타거나 곰에 먹히지 않도록 해 줬다. 찰리 타포야는 민간 시장과 기술 분야에 대한 모든 것을 알려 줬다. 그리고 3장에서 특별하게 언급된 베이리스는 말할 것도 없다!

이 책의 많은 내용은 내가 몬트리올에 위치한 BCA리서치에서 일하며 연구한 것이며, 나는 BCA리서치의 동료들에게 매우 감사한다. 특히 아나스타시오스 아브저리우, 에민 바그라미안, 데이비드 바우처, 산티아고 고메즈, 멜라니 케르마디안, 제시 아낙 쿠리, 짐 밀로나스, 체스터 에토니포, 마티외 사바리는 지난 십 년간 나와 함께 훌륭한 전략가로 성장해 온 친구이자 동료다.

BCA에서의 멘토인 데이빗 아브램슨, 피터 베레진, 아서 버다지안, 다발 조시, 이안 맥팔레인, 마크 매클렐런, 더그 페타, 프랜시스 스코틀랜드, 첸 자오에게도 깊이 감사한다. 나는 아직도 내가 입사한 지 얼마 안 되었을 때 매일 가진 회의를 기억한다. 미숙한 전략가였던 나는 거시 전문가들이 시장에 대해 논하는 것을 지켜봤다. 바샤 알-레하니, 마틴 바네스, 니키 마놀레아스가 없었다면 나는 아직도 텍사스 어딘가에서 블로그나 하고 있었을 것이다.

나는 금융계의 글로벌 거시 클럽 내 고객들, 동료들, 친구들 덕분에 나의 프레임워크를 개선할 수 있었다. 또한 나는 이들의 지성과 창의력 앞에 겸손해지곤 했다. 비록 이들 대부분은 이 책을 읽을 필요가 없겠지만, 그래도 이 책은 그들을 위한 것이다. 특히 케네스 안데르센, 라파엘 아른트, 루이스 베이컨, 휘트니 베이커, 아친 바트라, 스콧 베센트, 토니 북, 안토니아 보트너, 지아드 부스타니, 존 버뱅크, 아흐메드 버트, 드류 카지노, 크리스토퍼 찬, 짐 차노스, 존 카오테스, 폴 다니스, 찰스 데이비슨, 메홀 다야, 호세 루이스 다자, 피터 딜워스, 프레더릭 디온, 배리 아이컨그린, 볼커 엥겔베르트, 티트 안드레이 에르커, 그레이 에반스, 마크 파버, 한스 팔린, 조나단 파이만, 페터 플레처, 데이브 포레, 크리스토퍼 포브스, 스테판 가빌라드, 조나단 개스할터, 스티븐 길모어, 안나 골루보비치, 이안 고르돈, 니콜라 그라스, 마이크 그린, 폴 그린햄, 카를테오도어 추 구텐베르크, 엘리아스 하다드, 사이러스 하디디, 알로차 비오른 그리사 하에센, 다니엘 헤플러, 알렉스 헤스, 닐스 헤이네케, 지아드 힌도, 리사 힌츠, 존 호, 마이크 헐리, 스티븐 젠, 데이비드 칼크, 지타니아 칸드하리, 마크 켈러, 마크 쿠닝, 코스타 코트사보이키디스, 잭 쿠르츠, 프랑크 라쿠르, 앤드류 리옹, 코스타스 리라스, 세바스티안 말라비, 마이클 마시, 이본느 마시, 마이크 마요, 댄 매콜럼, 누노 아마도 멘데스, 자와드 미안, 브라이언 밀너, 래퍼 미트리, 올레그 모길노, 앤드류 몰, 셰이 모렌츠, 제이 남예트, 러셀 네이피어, 폴 오브라이언, 알리 오제, 후안 코레아 오사, 앙낏 판다, 오마르 파즈, 앤드류 피어스, 닐 필립스, 장-프랑수아 페핀, 마제시 필라이, 라집 프라마닉, 벤자민 프레이슬러, 말린 퍼퍼, 알레스 퓨어왈, 데이비드 로스, 헨리-폴 루소, 스티브 살단하, 벤 사밀드, 월터 슈와덴프로, 잭 슈라이버, 아론 슐러, 머레이 스콧, 타티아나 세메노바, 다닐로 시모넬리, 일란 솔로트, 마크-안드레 수블리에레, 제레미 스타인, 배리 스턴리흐트, 제인 스타일스, 막심 테시어, 마리오 테리엔, 파빈더 티아라, 쿨렌 톰슨, 바바라 통, 프랑수아 트라한, 마크 트레베나, 로니 투리아프, 이온 블라스카키스, 존 발렌티노, 졸탄 바르가, 앨리스 왕, 얀 왕, 마르코 윌너, 마이크 위셀, 에드 울프, 데이비드 제르보스,

펠릭스 줄라우프 외 여러분에게 감사하다. 빠진 이름이 있다면 그건 순전히 내 실수다.

지정학 연구계에서는 에르고Ergo의 CEO이자 창업자인 R.P 에디에게 특히 감사하다. 우리는 수년 전 한 회의에서 만났는데 그는 본인이 생각하는 것보다 더 많이 나를 이끌어 줬다. 에디는 세계 최고의 지정학 컨설팅사를 운영하며, 모든 투자자는 그의 고객이 되어야만 한다. 또한 나는 에르고와는 반대의 방법론을 채택한 지오퀀트GeoQuant의 CEO이자 창업자인 마크 로젠베르그의 팬이기도 하다. 마크는 나에게 조직적인 지정학 분석에 이르는 대안을 가르쳐 줬다. 그는 정치 리스크를 보는 방법을 혁명적으로 바꿀 (그래서 나처럼 질적 연구를 하는 옛날 사람을 업계에서 몰아낼) 퀀트 중심의 지정학 컨설팅사를 설립했다. 민간 부문에서 일할 때 나의 첫 상사였던 조지 프리드먼은 제약 프레임워크를 사용한 첫 인물이었으며, 나는 그로부터 지정학 분석에 대해 많이 배웠다. 이안 브레머, 찰리 쿡, 알라스테어 뉴턴, 네이트 실버, 필립 테틀록, 피터 제이한은 모두 내 커리어에 영감을 준 이다. 그랜드 푸바가 말했다시피, "선배들이 길을 닦아 놓지 않았다면 지금의 나는 있을 수 없다".

이 책의 편집자인 멜리사 레시는 석 달 동안 내 머릿속에 자리 잡았다. 우리는 직접 만난 적은 없지만 마음을 합해 일했다. 그녀는 편집만 한 게 아니라 여러 장을 완전히 재구성하도록 도와줬다. 만약 편집자가 필요하다면 그녀에게 연락하면 된다. 그녀는 프로다. 그리고 파픽팀 전부에게도 감사한다. 특히 내 일에 집중하도록 시간을 허락해 준 라지브 아난드, 에바 스테파노바, 크리스티나 시코로바에게 감사한다.

나의 스승들께도 감사의 말을 전하고 싶다. 무엇보다도 그랜트 페리는 스트랫포에서 나의 영감의 원천이자 멘토였다. 나는 그랜트를 매우 그리워할 것이다. 이방카 아나스타시에비치는 어린 내가 멸망의 목전에 선 나라의 광기를 헤쳐 나갈 수 있도록 도와줬다. 래리 루트젤과 헤더 개틀리는 내가 영화나 심슨즈나 컴퓨터 게임에서 영어를 배웠음에도 불구하고 작문 능력이 있다고 자신감을 심어 줬다. 이브 티버지엔은 내가 최선을 다하도록 이끌어 준 첫 선생님이었다. 로버트 존슨은 정치학 이론에 눈을 뜨게 해 줬고, 아마도 2장 내용에 대해 자랑스러워할 것이다. 바바라 아네일은 정치과학 과정을 가르쳐 준 첫 선생님이고, 마이클 바이어스는 자기주도적인 연구란 무엇인지 보여 줬다. 텍사스대학교의 정치학부에서 나에게 들인 시간과 노력에도 감사한다. 특히 졸탄 바라니, 웬디 헌터, 로버트 모서, 피터 트루보위츠, 쿠르트 웨이랜드에 감사한다. 비록 내가 존 미어샤이머 교수를 뒤늦게 만나기는 했지만, 그는 강대국 국제정치의 비극을 받아들이는 나의 관점을 완전히 바꿔 놓았다.

나는 이 책을 이제는 존재하지 않는 나의 잃어버린 조국에 바친다. 나의 소스코드에는 빈칸이 있다. 그래서 나는 내가 좋은 지정학적 분석가가 되었다고 생각한다. 내 안의 버그, 그러니까 조국이 없다는 사실은 나의 프레임워크의 특징이기도 하다. 조국이 없으니 그로 인한 편견도 없다. 그 결과 나는 미래를 예측할 때 객관적일 수 있으며 다른 이들에게 어떻게 편견을 지향하는지를 가르칠 수 있다. 지정학적 예측을 위해 당신의 조국이 멸망하거나 자살에 가까운 폭력을 행사할 필요는 없다. 하지만 도움이 되기는 한다.

자녀들에게 고마워할 것은 없지만 사과할 것은 있다. 에바, 파스칼, 이사벨라야, 너희가 나를 필요로 할 때 내 커리어를 앞세워서 미안하다. 너희가 크리스털을 엄마로 둔 것은 행운이다. 인생은 제약의 결과물인 희생으로 가득 찼단다. 나는 언젠가 너희가 아빠가 한 일을 돌아보고 너희도 노력하기를 바라며 열심히 일했단다. 기억하렴. 어떤 일이든 하든지, 아니면 하지 말든지 하라. 그냥 해 보려는 건 안 된다.

마지막으로 전 세계 포퓰리스트를 상대로 이긴 내 애완견 초콜릿 래브라도 브라이언에게 고맙다. 나는 DJ 스키, 비엘로 두그메, 옛날 힙합, 뇌를 녹이는 많은 일렉트로닉댄스 음악을 들으며 이 책을 썼다.

참고문헌

- 머리말

1. the Lords of Finance, 중앙은행 총재를 뜻한다—역주
2. the Committee to Save the World, 1999년《타임지》에서 연방준비제도이사회의장 앨런 그린스펀과 미국 재무장관인 로버트 루빈과 래리 서머스를 지칭한 표현이다— 역주
3. Mamba style, 코비 브라이언트의 승부욕을 바탕으로 열심히 임하는 자세—역주
4. 클락타워 그룹(Clocktower Group) 최고경영자 및 설립자. 『글로벌 머니 매니저들의 아침회의』『보이지 않는 손(The Invisible Hands)』저자

- 서문

5. Stratfor, 국가 보안 및 지정학적 리스크 연구 기업—역주
6. Jean-Claude Juncker, 전 EU 집행위원회 위원장—역주
7. 스위스는 내륙 국가다—역주
8. 호르스트 쾰러 독일 대통령은 2010년에 베를린이 경제적 이익을 위해—예를 들어 교역로를 확보하기 위해—군사력을 동원할 수 있다는 발언을 했는데 당시에는 이것이 용납되지 않아 사임했다. 쾰러 대통령은 널리 존경받고 인기 있는 비정치적인 지도자였다. 역설적이게도 그의 후임도 비슷한 발언을 했는데 이때는 발언이 덜 요란했고 사임 압박도 따르지 않았다. 이는 2010년대 초반에 세계가 얼마나 빠르게 변했는지 보여 준다.
9. '대부분'이라는 말은 투자자 전체를 지칭하지 않는다. 많은 위대한 매크로 헤지펀드 매니저들은 지난 30년간 정확한 지정학적 통찰력을 바탕으로 영리한 결정을 내

366

려 왔다. 한 예로 1992년에 조지 소로스는 독일 중앙은행이 마르크(Mark)로 리라 (Lira)와 페세타(Peseta)는 방어하겠지만 파운드(Pound)를 방어하지는 않을 것으로 보고 영국 중앙은행을 공격했다. 다만 기민하게 지정학적 통찰력을 발휘해 명예와 돈을 얻어 낸 몇몇 사례를 제쳐 두면 대부분의 투자 전문가가 일상생활에서 지정학을 신경 쓰지 않은 지는 오래되었다.

PART 1 조립 발판

Chapter 1 우리는 오즈의 세계에 떨어졌다

10. 카이막은 그레이비처럼 보이지만 치즈다. 믿기 어렵겠지만 카이막은 그레이비보다 훨씬 더 심혈관에 해롭다.

11. "Rise and Fall of Genex: To Have and Not to Have," Transitions Online, April 25, 1998.

12. Hard currency, 달러나 유로처럼 국제적으로 널리 통용되는 통화─역주

13. Steve H. Hanke, "The World's Greatest Unreported Hyperinflation," Cato Institute, May 7, 2007, https://www.cato.org/publications/commentary/worlds-greatest-unreportedhyperinflation.

14. 당시 1위는 1945~1946년의 헝가리였고, 2008년(짐바브웨)이 되어서야 기록이 깨졌다.

15. Pavle Petrovi´c, et al., "The Yugoslav Hyperinflation of 1992 – 1994: Causes, Dynamics, and Money Supply Process," Journal of Comparative Economics, July 31, 2013.

16. John Maynard Keynes, The Economic Consequences of the Peace (New York: Harcourt, Brace, and Company, 1922).

17. 1980년에서 2010년 사이, 주요 선진국에서 치러진 선거 중 금융시장에 영향을 미친 마지막 선거는 1981년의 프랑스 대통령 선거다. 이 선거에서 좌파인 프랑수아 미테랑이 중도 우파인 지스카르 데스탱을 이기고 당선되었다.

18. 뜨겁지도 차갑지도 않은 이상적인 경제 상황

19. Frontier market, 이머징마켓보다 경제 규모가 작은 반면 발전 가능성이 높은 동남아, 중동, 아프리카, 동유럽 국가—역주

20. the Stans, 구소련에 있다가 독립한, 중앙아시아에 위치한 투르크메니스탄, 우즈베키스탄, 타지키스탄, 키르기스스탄, 카자흐스탄을 일컫는다—역주

21. Bruce Steinberg, "Reforming the Soviet Economy," Fortune, November 25, 1985, https://archive.fortune.com/magazines/fortune/fortune_archive/1985/11/25/66654/index.htm.

22. 많은 사람이 1970년대의 스태그플레이션이 1973년의 석유파동에 기인한다고 잘못 알고 있는데 이는 사실이 아니다. 석유 가격을 제외한 상품 가격은 욤 키푸르 전쟁 이전부터 상승세에 있었고 인플레이션은 필연적으로 올 것이었다.

23. 1980년대 초반 공급 중심 정책은 수요 중심 정책을 상대로 완전한 승리보다는 정황상 승리를 거뒀다. 1960, 70년대에 과도한 재정 및 통화부양책이 낳은 통제 불능의 인플레이션과 과도한 규제로 인한 생산력 제약을 고려했을 때 공급 중심 정책은 시대에 적합한 해결책이었다. 하지만 공급을 늘리는 것이 항상 올바른 해법은 아니다. 정치인들은 오늘날의 구조적 장기 침체 시기를 통해 공급이 아니라 수요가 부족하다는 것을 몸소 배웠다.

24. Charles Kindleberger, The World in Depression (Berkeley: University of California Press, 1975).

25. 부시 1세 대통령은 고립주의적이고 국내 문제에 집중하는 것처럼 보인 클린턴 정권을 국제적인 외교정책 기조에 묶어 두기 위해 그의 집권 말기에 소말리아 내정에 간섭했다. 정치인들과 학자들은 미국이 소말리아 내정 간섭을 지속해야 할지에 대한 토론을 이어 갔고, 다수의 냉전 참전 용사들은 미국이 과거 단극체제 이후에 그런 것처럼—1920년대에 미국은 국제연맹에 등을 돌렸다—지도자 자리를 포기할 것을 염려했다. 하지만 쓸데없는 걱정이었다. 8년간의 클린턴 정권 아래에서 미국의 헤게모니적 역할은 강화되었다.

26. Robert Gilpin, War and Change in World Politics (Cambridge: Cambridge University Press, 1995).

27. John Mearsheimer, The Tragedy of Great Power Politics (New York: W. W. Norton & Company, Inc., 2001).

28. Christoph Lakner and Branko Milanovi´c, "Global Income Distribution: From the Fall of the Berlin Wall to the Great Recession," The World

Bank, December 2013, http://documents.worldbank.org/curated/en/914431468162277879/pdf/WPS6719.pdf

29. 미국과 국제금융자본이 미국식 시장경제체제를 개발도상국의 발전 모델로 삼게 한 합의

30. 신자유주의적 세계화의 부작용을 강조한, 워싱턴 컨센서스의 신자유주의 모델에 정면으로 반기를 든 사례

31. 중앙은행이 직접 화폐를 발행하여 정부 등 시중에 공급하는 정책

32. Self-selection, 자기 자신을 표본에 포함시키는 행위로 자기 선택 오류로 이어진다—역주

33. 계량, 측정이란 뜻을 가진 quantitative와 분석가란 뜻을 가진 analyst의 합성어. 수학·통계에 기반해 투자 모델을 만들거나 금융시장의 변화를 예측하는 사람을 말한다.

34. 주요 거시경제지표—역주

Chapter 2 제약 프레임워크를 떠받치는 세 기둥

35. 2019년은 팩터투자(Factor investment)에 어려운 시기였다. 트럼프 팩터를 수학적으로 재현할 방법이 없었기 때문이다. 만약 내가 팩터 투자자들이 대고객 사과문에서 "내 모델은 유효하지만 지정학이 다 망쳐 버렸다"고 변명할 때마다 1달러씩을 받았다면 산타 모니카 어린이집 비용을 내느라 이 책을 쓸 필요도 없었을 것이다!

36. Black swan, 예상 밖의 중대한 사건—역주

37. COVID-19 팬데믹을 통해 배웠다시피 금은 지구 종말에 대한 헤지로 적합하지 않다. 금은 인플레이션에 대한 훌륭한 헤지고, 결국 팬데믹은 인플레이션으로 이어질 수도 있다. 하지만 재앙이 닥쳤을 때 투자자들이 원하는 것은 현금이다. 그래서 COVID-19 팬데믹이 절정에 이르렀을 때 재정 및 통화부양책이 마구잡이로 쏟아질 것임에도 불구하고 킹 달러(King Dollar, 미국 달러 강세)의 가치가 오른 것이다.

38. 나는 인내심 많은 멘토들에게 큰 빚을 졌다. 특히 데이빗 아브램슨, 마틴 바네스, 아서 버다지안, 프랜시스 스코틀랜드, 첸 자오에게 감사한다. 이들은 나의 첫 번째 금융계 멘토였으며, 특히 마틴이 없었다면 나는 금융계에서 일할 수조차 없었을 것이

다.

39. BCA리서치는 매도 측(Sell side)에 관련된 회사다. 즉 BCA는 매수 측(Buy side) 고객의 자산을 관리하는 기업에 서비스를 제공한다. 매도 측에서 일하는 사람들은 금융계의 윌리 로먼과 같다. 1940년대의 의류 세일즈맨처럼 보고서를 작성하고 직접 밖에 나가서 보고서를 팔아야 한다. 매수 측 사람들은 매도 측의 서비스를 구매할 자원을 가진 귀족이다. 매도 측은 학계가 아니다. 일부 학문적인 기업들조차도 흥미롭다는 이유로 아무도 읽지 않을 연구를 위해 연구비를 지원하지는 않을 것이다. 나의 일은 투자 관련 연구를 수행하고, 가가호호 방문해 연구 결과를 파는 것이었다.

40. Investopedia, 경제 및 금융 용어를 설명하는 웹페이지

41. BCA리서치 경쟁력은 몬트리올의 긴 겨울에 있다고 생각한다. 일 년의 절반이 추운 탓에 금융계 모범생들은 지하실로 들어가 세계적인 수준의 투자 연구를 하는 것 말고는 다른 할 일이 없다.

42. 엄밀히 말하면 17년이지만 전후 사정을 고려했을 때 같이 묶어도 좋다.

43. Debt Supercycle, 부채 증가가 자산 가격 상승으로 이어진 후 다시 담보 자산 가치 상승으로 부채가 늘어나는 악순환 현상―역주

44. 1970년대 초반 BCA리서치의 수장인 토니 벡은 '부채 슈퍼사이클'이라는 용어를 만들어 냈고 이는 BCA의 유전자에 각인되었다. 흥미롭게도 슈퍼사이클은 매우 정치적인 개념이지만 70년의 회사 역사를 통틀어 아무도 이 용어에 정치적 프레임을 씌우지 않았다. John Mauldin, "The End Game of the Debt Supercycle," Forbes, June 19, 2010.

45. 린든 존슨 대통령이 펼친 지원 정책으로 의료, 교육, 세금, 임금, 주택 등 다양한 분야가 얽혀 있다.

46. 실제로 소득 불균형은 양적 완화 이전부터 있던 문제다.

47. Adam Seth Levine, et al., "Expenditure Cascades," SSRN, September 13, 2010, https://papers.ssrn.com/sol3/papers.cfm?abstract_id=1690612.

48. Niccolò Machiavelli, The Prince (New York: Bantam, 1981), 84. 포르투나와 비르투 사이의 상호 관계에 대한 가상의 예로 팬데믹에 대비해 비상 전담 팀을 구성하는 것을 들 수 있겠다.

49. Ibid.

50. 인용문 전문: '나는 최근에 당신에게 알려 줄 엄청난 결론에 도달했는데 이는 지

속 가능하지 않은 것은 멈추게 되어 있다는 것이다.' Joint Economic Committee, A Symposium on the 40th Anniversary of the Joint Economic Committee: Hearings Before the Joint Economic Committee, Congress of the United States: Ninety-Ninth Congress: First Session: January 16 and 17, 1986 (Washington: US Government Printing Office, 1986), 262.

51. 정치 예측에 대한 책에서 칼 마르크스를 언급하는 것이 역설적임을 나도 안다. 마르크스는 모든 사유재산을 몰수하는 프롤레타리아혁명에 의한 자본주의의 몰락을 예측한 것으로 유명하며 이는 세상에서 가장 빗나간 예측이라고 봐도 무방하다. 그렇다, 마르크스의 예측은 완전히 틀렸다. 오늘날 베이징과 하노이와 모스크바 모두가 자본주의를 도입했다. 게다가 그의 예측 때문에 100년 동안 그릇된 정책이 시행되었다. 비록 마르크스는 경제 시스템 간의 분쟁이 어떻게 끝날지 예견하지 못했지만, 그의 자본주의와 유물론적 변증법에 대한 이론은 경제 시스템 간의 분쟁을 예측하는 데 여전히 유용하다. 마르크스는 19세기 중반부터 20세기까지 주요 정치 역학에 대해 성공적으로 예측했고, 이는 마르크스가 사회과학 분야에서 얼마나 중요한 사상가인지를 보여 준다.

52. John Maynard Keynes, The General Theory of Employment (Youcanprint, 2017), 239.

53. 생산수단은 기술적 역량 내에서 물질적 현실과 상호작용하기 위해 사회가 조직되는 방식을 결정한다.

54. Richards J. Heuer, Psychology of Intelligence Analysis (Washington: The Central Intelligence Agency, 2015), 31-32, https://www.cia.gov/library/center-for-the-study-ofintelligence/csi-publications/books-and-monographs/psychology-of-intelligenceanalysis/PsychofIntelNew.pdf.

55. Ibid., 45.

56. 견딜 수 있는 최대한의 통증—역주

57. 트럼프 대통령은 과반수 의원 덕분에 상원에서 필리버스터가 허용되지 않는 예산 조정제도를 이용했다.

58. J.M. Darley and C.D. Batson, "From Jerusalem to Jericho: A Study of Situational and Dispositional Variables in Helping Behavior," Journal of Personality and Social Psychology 27, no. 1 (1973): 100-108.

59. Tail risk, 발생 가능성이 낮은 사건에서 비롯된 대규모 리스크—역주

60. Mahdi, 이슬람교의 구세주—역주

61. 《뉴욕타임스》나 《월스트리트저널》 같은 명망 있는 언론사는 분명 이란 대통령이 군사/종교적으로 제약에 묶여 있으며 고위 공직자들에게 외교정책이 중요하다는 것을 알았을 테지만, 아마디네자드의 마흐디 발언을 넌지시 언급하며 종말론에 뛰어들었다. 사람들은 '가능성 낮은 종말론으로 위협하는 대통령이 고위 시아파 성직자들의 비웃음을 사다'라는 머리기사보다 '아마겟돈과 마흐디'라는 머리기사를 더 많이 클릭할 것이기 때문이다. Masood Farivar, "Armageddon and the Mahdi," The Wall Street Journal, March 16, 2007, https://www.wsj.com/articles/SB117401728182739204.

62. Ted Galen Carpenter, "Are the Baltic States Next?" The National Interest, March 24, 2014, https://nationalinterest.org/commentary/are-the-baltic-states-next-10103.

63. 그래서 러시아는 2014년 크림반도 점령 이후 재빨리 중국이 내세운 조건에 따라 중국과 천연가스 대량 수출 계약을 맺었다. 푸틴 대통령은 영리하게도 유럽을 대체할 시장이 필요하다는 것을 인지한 것이다. 하지만 불행히도 중국에 대량의 천연가스를 수출하기 위해서는 기반 시설이 필요한데, 이를 완공하는 데는 10년 이상이 소요될 것이다. 따라서 그때까지 유럽과 러시아는 불편한 경제적 공생 관계를 지속할 것이다. 이는 매우 중요한 문제임에도 불구하고 잘못 이해하는 사람이 많다. 푸틴 대통령이 이른바 전략적 천재일지는 몰라도 그는 러시아를 유럽의 천연가스 수요에 중독시켰다.

64. 왜 공식적인 이론을 무시하느냐고 묻고 싶은가? 내가 말하고자 하는 바는 공식적이고 수학적인 표현은 정황에 따른 세부 사항을 포함하지 않은 지식을 창출한다는 것이다. 학계에서 논문을 출판할 때는 문제가 되지 않는다. 하지만 이러한 지식을 실제 현실 문제에 적용하면 거대한 오류로 이어질 수 있다.

65. 수학적으로 잘난 척하는 데는 두 가지 이유가 더 있다. 첫째, 공식이 멋있기 때문이다. 둘째, 나의 친한 친구이자 캘리포니아대학교 샌디에이고캠퍼스의 물리학 교수인 댄 그린이 수학 모델과 관련한 도움을 줬기 때문이다. 즉 댄이 모델에 대한 모든 것을 썼다.

66. 싸움이 흔했을 뿐만 아니라 부추겨지던 1980년대와 2020년을 비교해 보라. "1984 NBA finals game 4: Celtics at Lakers (McHale Clotheslines Rambis) Larry Goes to Hollywood Pt. 2, YouTube, 1:02, July 22, 2017, https://www.

youtube.com/watch?v=qmIA61zEcfg.

Chapter 3 오즈의 마법사

67. 영화감독 올리버 스톤이 창조한 인물로 〈월 스트리트〉〈월 스트리트: 머니 네버 슬 립스〉주인공 이름

68. 내가 아는 한 정보분석을 잘하는 컨설턴트는 단 한 명이다. '감사의 말'을 보면 누구 인지 알 수 있다.

69. 현재 지오마켓 아프리카(Geomarkets Africa)에 재직하는, 일 잘하는 마크 슈로더 다.

70. 인터넷에서 이 인터뷰를 찾을 수는 없었는데 베이리스가 방송국을 통해 얻은 녹음 본과 통신문을 보내 줬다. 이 문구는 진짜고, 라디오 방송을 통해 전 세계에서 수백 만 명이 이를 들었다. 사본이 필요하면 나에게 연락하라!

71. 그렇다고 이 모든 것이 전문가의 잘못은 아니다. 나도 텔레비전에서 여러 번 멍청 한 소리를 한 적이 있다. 문제는 천지개벽에 대한 정보를 30초의 방송 시간에 맞춰 야 하는 구성 방식이다.

72. 이 가짜 컨설팅사 이름에 내 성이 들어간 것을 눈치챘는가? 베이리스는 나를 장난 에 끌어들이면 더 재미있을 거라고 생각했다. 하지만 나는 그렇게 생각하지 않았고, BCA리서치 동료들이 이를 알아차리지 않기를 기도했다. 베이리스 덕분에 나는 리 비아의 불안 상황에 대해 멍청한 답을 하는 지정학적 컨설팅사의 파트너라는 부업 을 갖게 되었다.

73. 여기서 독자들과 소통하고 싶어 하는 베이리스에게 펜을 넘기겠다. "여기서 중요한 것은 BBC가 난데없이 나에게 전화했다는 것이다. 누구를 속이려고 나선 것이 아니 다. 나는 그저 '리비아의 석유산업에 대해 인터뷰를 하고 싶냐?'는 질문에 '물론이 죠'라고 답했을 뿐이다. 내가 한 거짓말은 오직 파픽 앤 파슬리에 대한 것이다. 그래 야 파픽이 공범이 되고 더 웃길 것이니 말이다. 내가 BBC에 아무 말도 하지 않은 이 유는 단순히 링크드인만 찾아봐도 내가 완전히 다른 업계에서 일한다는 것을 알 수 있기 때문이다."

74. 1900년대 제정러시아의 비선실세였던 요승―역주

75. "Boris Johnson: 'I'd Rather Be Dead in a Ditch' Than Ask for a Brexit Delay,"

BBC News, 0:33, September 5, 2019, https://www.bbc.com/news/av/uk-politics-49601128/boris-johnson-i-d-rather-be-dead-in-a-ditch-than-ask-for-brexit-delay.

76. Robert Putnam, "Diplomacy and Domestic Politics: The Logic of Two-level Games," International Organization 42, no. 3 (Summer 1988): 427-460.

77. 영국은 각각의 지역구에서 선거를 실시한다. 이 선거에서 승리하면 표수와 상관없이 웨스트민스터로 입성한다. 선거에서 이기기 위한 최저 득표수도 없고 재투표도 없다. 그러므로 보수당이 우세한 지역구에서 토리당과 브렉시트당이 투표인의 60%를 동일하게 나눠 갖는다면 최다 득표수를 보인 좌파 후보가 당선될 수도 있다. 이런 기이한 선거제도 때문에 영국 정당들은 소규모 정당에 지지자를 잃을까 우려한다.

78. 브렉시트당과 비슷하게 포퓰리스트이면서 우파인 영국의 독립당은 2015년 선거에서 12.6%의 표를 얻었는데 이는 최고 성적이었다.

79. 첫 번째 브렉시트 딜은 테레사 메이 총리가 2017년 선거에서 다수의 의원석을 차지하지 못해 실패했다. 이것이 바로 2019년 브렉시트 위기의 원죄다. 메이는 북아일랜드의 민주연합당과 연립해야 했다. 하지만 민주연합당은 북아일랜드를 영국에서 떼어 내는 모든 조치에 매우 예민하게 반응했다. 민주연합당과 (자그마치 영국 인구의 2%를 대변하는) 당내 의원 10인의 반대 때문에 메이는 백스톱(Backstop, 일종의 안전장치로 브렉시트 이후 일정 기간 동안 북아일랜드와 아일랜드 간 자유로운 왕래를 허가하는 규정—역주)에 대한 합의문 초안을 정정했다. 초안에서는 백스톱이 북아일랜드에만 적용되었는데 수정안에서는 영국 전체가 포스트 브렉시트 전환 기간 동안 EU 관세동맹에 잔류하도록 했다. 존슨이 다수석을 차지하자 그는 즉시 민주연합당과 북아일랜드에 등을 돌렸다.

80. 부채비율을 낮추는 것—역주

81. Patrick Gillespie, "Argentina Election More Uncertain as Pollsters Go Dark," Bloomberg, June 26, 2019, https://www.bloomberg.com/news/articles/2019-06-26/argentina-selection-faces-more-uncertainty-as-pollsters-go-dark.

82. Lindsay Dunsmuir et al., "Republican Meadows: Tax Plan Does Not Have to Be Revenue Neutral," Reuters, March 26, 2017, https://www.reuters.com/article/us-usaobamacare-meadows/republican-meadows-tax-plan-does-

not-have-to-be-revenueneutral-idUSKBN16X0L9.

83. In 2013, the Snowden leak confirmed that the CIA received around a third of th

Edward Snowden Leak," Financial Times, August 29, 2013, https://www.ft.com/content/31997218-10f6-11e3-b5e4-00144feabdc0.

84. 2장에서 언급한 휴어의 경합가설 분석을 기억해 보라. 예측할 때는 이러한 핵심 데이터가 매우 유용하다.

PART 2 제약

Chapter 4 정치

85. Philip Tetlock, Expert Political Judgment (Princeton, NJ: Princeton University Press, 2005), 239.

86. 테틀록의 책은 예측을 업으로 삼는 사람들에게 필독서다. 하지만 이 책에는 단점이 하나 있다. 테틀록은 민간 부문에서 지정학적 사건에 따라 투자하며 생계를 이어가는 전문 정치예측가 대신 284명의 언론인, 연구원, 기자, 학자들을 연구에 포함했다. 나는 뉴스, 논평, 학술지, 연구 분석을 읽으며 잘 맞는 예측이 나올 것이라고 생각해 본 적이 없다. 테틀록의 연구 샘플은 왜곡되었다. 게다가 그가 희생양으로 삼기 좋아하는 〈매클로플린 그룹〉은 재미를 위해 만들어진 토론 쇼이고, 75세 이하의 사람들은 이를 잘 알지도 못한다. 테틀록의 결론에는 의심의 여지가 없다. 하지만 그가 전문가라는 용어를 너무 느슨하게 사용하지 않았다면 더 좋았을 것이다.

87. Tetlock, Expert Political Judgment, 73.

88. Ibid.

89. 기본적 귀인 오류는 분석가가 현실 세계에서의 결과물이 개별 행위자의 성격과 기질과 기분에 기인한다고 볼 때 범하는 실수다.

90. Mark Bennister et al., "Leadership Capital: Measuring the Dynamics of Leadership," SSRN Electric Journal, December 15, 2013, https://papers.ssrn.com/sol3/papers.cfm?abstract_id=2510241.

91. 민주주의 정부는 정권 이양 과정에서 피를 보지 않는다는 점에서 중앙집권화된 정부보다 낫다.

92. 2019년 국제통화기금의 연구에 의하면 재임 기간 초기에 시행된 개혁은 선거 결과에 영향을 미치지 않는다. Gabriele Ciminelli et al., The Political Costs of Reforms: Fear or Reality? (Washington, DC: International Monetary Fund, 2019).

93. 수감되었거나 그보다 더한 상황에 처했거나

94. "Making Reform Happen: Structural Priorities in Times of Crisis," OECD, May 2010, https://community.oecd.org/docs/DOC-18533.

95. Mancur Olson, The Logic of Collective Action: Public Goods and the Theory of Groups (Cambridge, MA: Harvard University Press, 1965).

96. Samuel P. Huntington, The Third Wave: Democratization in the Late Twentieth Century (Norman: University of Oklahoma Press, 1991).

97. Matthew Smith, "By 48% to 35% Britons Would Rather Have No Deal and No Corbyn," YouGov, August 17, 2019, https://yougov.co.uk/topics/politics/articles-reports/2019/08/17/48-35-britons-would-rather-have-no-deal-and-no-cor.

98. 중대한 제약은 다른 어느 요인보다 강력한 제약을 일컫는다. 중대한 제약에 변화가 생기면 예측 전체가 바뀌게 되므로 예측가는 중대한 제약을 잘 지켜봐야 한다. 휴어의 용어로 말하자면 중대한 제약은 모든 변수 가운데 가장 진단성이 높다.

99. 토리당이 다수당의 자리를 잃은 것은 존슨이 의원들에게 당의 방침에 따를 것을 촉구했기 때문이다. 이로 인해 토리당은 EU 탈퇴(리스본 조약 50조)를 연기하는 데 찬성한 21명의 당원을 잃었다.

100. 전후 사정을 모두 밝히자면 나는 브렉시트와 트럼프에 대해 정확하게 예측하지 못했다. 하지만 나는 두 사건이 모두 생각보다 높은 가능성을 보인다는 점을 명시했다. 이는 모든 투자자가 지정학적 알파를 생성하기 위해 알아야 하는 것이다. 나는 2016년 11월 1일자 BCA리서치의 분석에서 도널드 트럼프의 승리 가능성을 40%선으로 예측했다. 이는 다른 기관에서 발표한 수치보다 높았다. 트럼프의 당선 가능성에 대해 '파이브서티에이트'는 29%, 뉴욕타임스는 15%, 프린스턴일렉션컨소시엄은 7%, 허프포스트는 2%라고 각각 발표했다.

101. 투자자들이 네덜란드에 주의를 기울인 데는 그럴 만한 이유가 있었다. 네덜란드

에서는 포퓰리스트 정당인 자유당이 선거에서 크게 앞서 나갔다. 하지만 선거는 아직 일 년이나 남았고, 유럽 난민 문제는 지속되지 않을 것이었다. 결과적으로 난 민 문제가 자유당에 순풍으로 작용한 것은 맞다. 하지만 난민 문제가 잠잠해지면 자유당에 대한 지지도 줄어들 것이었다. 반면 프랑스의 포퓰리스트인 마린 르 펜 은 여론조사에서 고전했다. 그럼에도 불구하고 예측가들은 그녀의 당선 가능성을 크게 점쳤다. 2017년 프랑스 대선을 앞둔 시점에서 유로화 매수 거래는 내가 경험 한 지정학적 알파의 가장 적절한 예였다.

102. 정치과학 전공자들에게는 비밀인데, 중위투표자 이론을 처음 도입한 사람은 경 제학자인 해럴드 호텔링이다. 그는 1929년에 「경쟁의 안정성」이라는 연구지에 서 중위투표자 이론을 처음 언급했다. 그가 기업 의사결정에 대한 연구에서 언 급한 내용은 거의 한 세기가 지난 지금까지 정확하게 맞아떨어진다. "Stability in Competition," Economic Journal 39 (1929): 41-57. For an account of subsequent treatments of the concept in political science, see Duncan Black, "On the Rationale of Group Decision-making," Journal of Political Economy 56 (1948): 23-34; and Anthony Downs, An Economic Theory of Democracy (New York: Harper Collins, 1957).

103. 영국의 EU 탈퇴 운동도 이와 같았다. 국민투표가 진행되자 영국의 중위투표자는 생각보다 EU 잔류를 지지하지 않는 것으로 드러났다.

104. 2010년에 부채 슈퍼사이클이 끝나기까지 사람들은 수십 년 동안 부채를 늘려 침 체 상태에 있는 실질 가계 소득에 보탰다.

105. 중위투표자들이 전통적인 우파 정책에서 멀어진 까닭은 자유방임주의적 정책이 구조적 장기 침체 및 디플레이션과 COVID-19에 따른 불경기를 헤쳐 나가는 데 적합하지 않기 때문일 것이다. 나는 중위투표자의 선호가 변화한 중심에는 세대 갈등이 있다고 본다. 2020년, 미국 역사상 처음으로 밀레니얼 세대가 중위투표자 가 되었다. 밀레니얼 세대를 정의하는 고통스러운 경제 환경과 그다음 세대인 Z 세대가 성인이 되어 겪는 경험을 고려할 때 이제부터는 중위투표자들이 더욱 좌측 에 편향한 경제정책을 지지할 것이다.

106. 이들 정당이 자유방임주의 경제에서 벗어난 정책을 펼친다는 것을 믿기 어렵다면 어느 정통 보수파의 트럼프의 상승세에 대한 탄식을 읽어 보라. "당신의 존재 이 유가 '제한된 정부와 경제적 자유라는 원칙을 지키는 것'에서 '다음 선거까지 다수 의원석을 지키는 것'이 된다면, 당신은 이제 그토록 반대해 오던 일을 할 수밖에

없다." Jeff Flake, Conscience of a Conservative: A Rejection of Destructive Politics and a Return to Principle (Random House, 2017), 13.

107. 전 하원의회 의장으로 트럼프의 법인세 인하안을 기획한 인물이다. 라이언 의장에게 한마디하자면 수요 중심 정책이 도를 넘어 지나쳐지는 시점을 기다렸다가 구세주처럼 등장하라고 조언하고 싶다. 모든 추세는 변화하기 마련이다. 아마도 10~15년 걸릴 테지만 이 방법뿐이다.

108. Department of Thought and Theory, "China's Realistic Response and Strategic Choices after the Great Changes of the Soviet Union," China Youth Daily, July 31, 2006, http://m.wyzxwk.com/content.php?classid=13™id=7392.

109. Jason Buhi, "Foreign Policy and the Chinese Constitutions During the Hu Jintao Administration," Boston College International and Comparative Law Review 37, no. 2 (Spring 2014): 253, http://ezproxy.lapl.org/login?url=https://search-proquest-com.ezproxy.lapl.org/docview/1663666068?accountid=6749.

110. Development Research Center of the State Council, the People's Republic of China, China 2030: Building a Modern, Harmonious, and Creative Society (Washington, DC: World Bank, 2013), https://www.worldbank.org/content/dam/Worldbank/document/China-2030-complete.pdf

111. 높은 부동산 가격 때문에 홍콩의 밀레니얼과 Z세대는 집을 소유할 수 없게 되었고 이는 저항 세력의 분노와 불안을 키웠다. Alexandra Stevenson and Jin Wu, "Tiny Apartments and Punishing Work Hours: The Economic Roots of Hong Kong's Protests," New York Times, July 22, 2019, https://www.nytimes.com/interactive/2019/07/22/world/asia/hong-kong-housing-inequality.html.

112. 정책입안자들은 환경오염을 줄이기 위해 가장 오염된 도시의 모든 공장을 폐쇄했다. 이처럼 극단적인 정책은 중위시민의 호응을 얻을 수는 있겠지만 무자비하게 실업자를 양산하기 때문에 유일당 체제에서만 실행이 가능하다.

113. Freedom House, 미국의 민간인권감시단체—역주

Chapter 5 경제와 시장

114. 남반구의 개발도상국은 유고슬라비아가 창시를 도왔던 비동맹운동 기구와 중동 지역의 산유국을 뜻한다.

115. OECD Economic Surveys: Yugoslavia 1989 – 1990 (Paris: OECD Publishing, 1990), https://read.oecd-ilibrary.org/economics/oecd-economic-surveys-yugoslavia-1990_eco_surveysyucs-1990-en#page3.

116. OECD와 OECD에 근무하는 연구원들에게 감사를 표한다! OECD는 특정 국가에 대해 재빨리 알고자 하는 이들에게 가장 유용한 정보의 산실이다. 또한 과거의 경제 및 금융 위기를 연구하는 모든 학생에게 OECD가 보유한 오래된 경제 조사는 필수 불가결하다.

117. 1992 Dream Team, 미국의 1992년 국가대표 농구팀—역주

118. George Soros, The Alchemy of Finance (New Jersey: Wiley, 1987). 통화와 이자율 간 관계는 반사성의 좋은 예다. 중앙은행은 통화의 가치가 오르면 비록 그것이 투기나 단기적인 통화 유입에 의한 것이라 해도 이자율을 낮춘다. 이자율 하락이 선순환을 만들어 경제성장을 돕고, 그 결과 통화가치가 더욱 오르면서 반사성은 지속된다.

119. Robert J. Shiller, Narrative Economics: How Stories Go Viral & Drive Major Economic Events (Princeton, NJ: Princeton University Press, 2019).

120. 이 시기에는 프랑스 국경지대에 거주하는 시민 중 단 12, 13%만이 표준 프랑스어를 구사했다. Eric Hobsbawm, Nations and Nationalism Since 1780, 2nd ed. (Cambridge: Cambridge University Press, 1997).

121. Eugen Weber, Peasants into Frenchmen: The Modernization of Rural France (1870 – 1914) (Stanford, CA: Stanford University Press, 1976).

122. 두 차례의 세계대전을 의미한다—역주

123. Teuton, 기원전 2세기경 로마군에 맞서 싸운 독일 부족—역주

124. Great Game, 19~20세기 초 영국과 러시아 간의 패권 다툼—역주

125. Matthey Karnitschnig, "What Angela Merkel meant at the Munich beer hall, Politico, May 28, 2017. https://www.politico.eu/article/what-angela-merkel-meant-at-themunich-beer-hall/

126. Paul Krugman, "Ending Greece's Bleeding," New York Times, July 6, 2015, https://www.nytimes.com/2015/07/06/opinion/paul-krugman-ending-

greeces-bleeding.html.

127. Hans-Werner Sinn, "Why Greece Should Leave the Eurozone," New York Times, July 24, 2015, https://www.nytimes.com/2015/07/25/opinion/why-greece-should-leavethe-eurozone.html.

128. Ceteris Paribus, 모든 조건이 동일하다면—역주

129. Grexit, 그리스의 EU 탈퇴—역주

130. 큰 대가를 치르고 얻은 승리. 고대 그리스가 로마에 맞서 싸워 이겼으나 큰 희생이 뒤따랐던 전쟁에서 나온 말이다—역주

131. TARGET2에 대해 들어 본 적이 없는가? 괜찮다. TARGET2는 유로존을 붕괴시키지도 않을 것이고 앞서 언급한 다른 일도 일어나지 않을 것이다. 이 장의 마지막 부분에서 TARGET2가 유로존의 위협이 되지 않는 정확한 이유를 설명할 것이다.

132. Silicon Curtain, 중국과의 기술 및 컴퓨터 부품 무역을 제한하는 법적 장벽—역주

133. McCarthyism, 반공주의를 바탕으로 정치적 반대파를 공산주의자로 매도하는 태도—역주

134. 국가 보안을 위시한 모든 무역보호주의가 매카시즘적인 행동은 아니다. 중대한 품목의 생산과 공급에 대한 철저한 보안은 당연하다. 하지만 일부 미국 로비 그룹들은 자신에게 우호적인 법안을 가결하기 위해 '국가 보안'이라는 용어를 포괄적으로 사용한다. 중국에 대한 미국의 과민 반응은 2020년의 국방비 법안의 국회 통과였다. 이 법안에는 미국의 지방자치단체들이 중국에서 제조한 버스와 철도 차량을 구입할 수 없도록 하는 조항이 포함되었다. 이는 방위비 기금과는 아무 상관없지만, 미국의 로비스트들이 국내 산업계를 중국산 전기 버스로부터 보호하기 위해 추가한 것이다. 이들은 중국 군대가 버스를 통해 미국 시민들을 감시할 것이라고 했다. 만약 중국이 버스를 만들 수 있다면 말이다. 하지만 버스는 미국에서 생산된다! 이 조항에 의해 가장 큰 타격을 입은 중국 기업인 빌드유어드림은 일리노이주와 캘리포니아 주에 생산 공장이 있다. 만약 전쟁이 난다면, 미국은 단순히 공장을 국유화하고 중국의 노하우를 수중에 넣을 수 있었을 것이다.

135. "Bernhard von Bülow on Germany's 'Place in the Sun,'" German Historical Institute 3 (1897): 1074–1083, http://germanhistorydocs.ghi-dc.org/pdf/eng/607_Buelow_Place%20in%20the%20Sun_111.pdf

136. Thucydides Trap, 패권국과 신흥국 사이의 피할 수 없는 대결 구도—역주

137. Graham Allison, Destined for War: Can America and China Escape Thucydides's Trap? (New York: Houghton Mifflin Harcourt, 2017).

138. Thucydides, History of the Peloponnesian War (London: Penguin Classics, 1972).

139. 존 J. 미어셰이머의 저서 『강대국 국제정치의 비극』에서 나온 표현—역주

140. John Mearsheimer, The Tragedy of Great Power Politics (New York: W.W. Norton & Company, 2001).

141. 〈그림 5.9〉는 다음 출처의 내용을 수정한 것이다. Figure 5.9 is adapted from Joanne Gowa and Edward D. Mansfield, "Power Politics and International Trade," American Political Science Review 87, no. 2 (June 1993): 409.

142. Duncan Snidal, "Relative Gains and the Pattern of International Cooperation," American Political Science Review 85, no. 3 (September 1991): 720.

143. Bad deals, 트럼프 대통령이 중국과 한 우호적인 무역 거래를 지칭한 표현—역주

144. Snidal, "Relative Gains and the Pattern of International Cooperation," 722. 스니달의 훌륭한 게임이론이나 모델링은 복잡하고 상세하기 때문에 이 책에서 따로 설명하지 않겠지만, 관심 있는 독자들은 그의 연구를 찾아볼 것을 권한다.

145. MAD, Mutually Assured Destruction. 한 국가가 핵 공격을 시작하면 보복 공격으로 상대방을 확실히 파괴하겠다는 위협을 하여 선제 핵 공격을 예방하는 효과가 있다—역주

146. 세르비아 청년이 오스트리아 황태자 부부를 암살해 제1차 세계대전을 야기했다.

147. Gowa, "Power Politics," 409.

148. Ernest Edwin Williams, Made in Germany, reprinted ed. (Ithaca: Cornell University Press, 1896), https://archive.org/details/cu31924031247830.

149. Quoted in Margaret MacMillan, The War That Ended Peace (Toronto: Allen Lane, 2014).

150. Peter Liberman, "Trading with the Enemy: Security and Relative Economic Gains," International Security 21, no. 1 (Summer 1996): 147 – 175.

151. 프랑스와 러시아는 사상적 차이에서 오는 더 큰 갈등을 극복했다. 프랑스는 귀족들을 상대로 폭력적인 반란을 일으켜 설립된 공화국이었고, 러시아는 귀족 중심의 독재 정권을 유지했다.

152. James Morrow, "When Do 'Relative Gains' Impede Trade?" The Journal of Conflict Resolution 41 no. 1 (February 1997): 12 – 37; Jack S. Levy and Katherine Barbieri, "Trading with the Enemy during Wartime," Security Studies 13, no. 3 (December 2004): 1 – 47.

153. Coalition of the Willing, 뜻을 같이하는 국가 간의 자발적인 동맹—역주

154. Phase One deal, 중국과의 무역 갈등을 봉합하기 위한 합의—역주

155. 1단계 합의에서 트럼프 대통령은 소비재에 대한 현재 관세를 낮추고 추가 관세 부과를 늦추는 것에 동의했다. 중국은 이에 대한 보답으로 미국의 동맹국으로 옮겨 가지 않을 것이라고 약속했다.

156. Jeff Mason and Makini Brice, "Trump Blasts Proposed US Restrictions on Sale of Jet Parts to China," Reuters, February 18, 2020, https://www.reuters.com/article/us-usatrade-china/trump-blasts-proposed-restrictions-on-china-trade-wants-china-to-buy-u-sjet-engines-idUSKBN20C1ZV.

157. 영화 〈파이트 클럽〉에 나오는 '장기적으로 보면 인간의 생존률은 제로다'를 인용함—역주

158. 귀납적 추리의 일환으로 결론에 맞는 하나의 가설을 찾는 방법—역주

159. 채권 채무 잔액—역주

160. TARGET2는 유로존의 실시간 총결제 시스템으로 유로존의 통화정책 운영과 관련된 자금 및 은행 간 상업거래 대금을 결제한다.

161. 이러한 의견을 가장 먼저 피력한 사람은 나의 친구이자 전 동료며 BCA의 수석 유럽전략가인 다발 조쉬다.

162. 앞서 언급한 TARGET2 메커니즘은 이러한 지구 종말의 시나리오에 맞아떨어진다. 그래서 '지로웨지(gyro Wedge)'와 비슷하게 발음되는 블로그(Zerohedge라는 극우 성향의 금융 블로그를 뜻함—역주)의 '오늘의 지구 종말' 페이지에 TARGET2가 정기적으로 언급되는 것이다.

163. Flatten-the-curve, 환자 증가세를 빠르게 누르는 전략—역주

Chapter 6 지정학

164. Catenaccio, 이탈리아의 빗장 수비 전술—역주

165. Totaalvoetbal, 팀 내 모든 선수가 수비와 공격에 참여하는 전술—역주

166. Plavi, 유고슬라비아 축구팀의 애칭—역주

167. 조지는 2015년에 스트랫포를 떠나 지오폴리티컬 퓨처스(Geopolitical Futures)를 설립했다.

168. 만약 내가 농구 경기를 보고 자랐다면 다른 생각을 품었을지도 모르겠다. 나는 농구에 열정을 쏟아부었으니까. 농구 경기에서는 개별 선수의 역량이 훨씬 더 중요하다. 이는 농구 경기장이 작고, 참가 선수도 팀별로 다섯 명밖에 되지 않기 때문이다. 지정학적 용어로 풀이하면 농구는 단극 혹은 양극체제다. 그러므로 마이클 조던이나 코비 브라이언트 같은 훌륭한 선수가 게임을 장악하고 팀을 승리로 이끈다. 나는 축구보다 농구를 훨씬 좋아하게 되면서 농구에서는 팀 시스템보다 선수 간의 관계가 더 중요하다는 것을 알게 되었다. 내가 두 번째 책을 출간한다면 이에 대해 논하고 싶다.

169. 어떤 사람들은 유럽의 가항하천이 모두 다른 바다로 흘러 들어가기 때문에 유럽의 앞날이 어둡다고 생각한다.

170. Alfred Thayer Mahan, The Interest of America in Sea Power: Present and Future (Boston: Little, Brown and Company, 1918).

171. 힘에 대한 또 다른 접근법은 소프트파워다. 소프트파워를 가진 국가는 군사력이 아닌 문화나 경제적인 설득을 통해 접근한다. Oxford English Dictionary, s.v. "hard power," accessed March 6, 2020, https://www-oed-com.ezproxy.lapl.org/view/Entry/84122?redirectedFrom=hard+power#eid69704699.

172. Mahan, The Influence of Sea Power upon History (1660-1783), 15th ed. (Boston: Little, Brown and Company, 1949).

173. Halford John Mackinder, Democratic Ideals and Reality: A Study in the Politics of Reconstruction, 15th ed. (Washington, DC: National Defense University Press, 1996).

174. 폴란드가 곡창지대인 북유럽 평원에 위치한 덕분에 주변국의 위협을 받는다는 논리—역주

175. Constanze Stelzenmüller, "At Last: The Trump Doctrine, Revealed," The Brookings Institution, June 5, 2017, https://www.brookings.edu/blog/order-from-chaos/2017/06/05/at-last-the-trump-doctrine-revealed/; Amy Zegart, "The Self-inflicted Demise of American Power," The Atlantic,

July 12, 2018, https://www.theatlantic.com/international/archive/2018/07/
trump-nato-summit/565034/; Eliot A. Cohen, "America's Long Goodbye
– The Real Crisis of the Trump Era," Foreign Affairs, January/February
2019, https://www.foreignaffairs.com/articles/united-states/long-term-
disaster-trump-foreignpolicy;Jeffrey Goldberg, "A Senior White House
Official Defines the Trump Doctrine: 'We're America, Bitch'," The Atlantic,
June 11, 2018, https://www.theatlantic.com/politics/archive/2018/06/
a-senior-white-house-official-defines-the-trump-doctrinewere-america-
bitch/562511/; and for a much more positive reaction to the doctrine:
Michael Anton, "The Trump Doctrine," Foreign Policy, April 20, 2019,
https://foreignpolicy.com/2019/04/20/the-trump-doctrine-big-think-
america-first-nationalism
176. NATO, EU, UN, IMF 등의 국제기관이 이에 해당한다.

177. Jacob Pramuk, "Trump Endorses NATO's Mutual Defense Pact in Poland,
     After Failing to Do So on First Europe Trip," CNBC, July 6, 2017, https://
     www.cnbc.com/2017/07/06/trump-us-stands-firmly-behind-nato-
     article-5.html.

178. Donald J. Trump, National Security Strategy of the United States of
     America, December 2017, https://www.whitehouse.gov/wp-content/
     uploads/2017/12/NSS-Final-12-18-2017-0905-2.pdf

179. 아르메니아와 아제르바이잔의 관계에서 러시아는 표면적으로 각국을 보호한다.

180. Confounding variable, 독립변수와 종속변수의 상관관계에 영향을 미쳐 인과적
     추론을 방해하는 변수—역주

181. 결국 야누코비치는 전문 선거 전략가인 폴 매너포트(Paul Manafort, 미국의 정치
     인 및 로비스트로 2016년에 트럼프 대통령의 선거대책위원장을 지냈다—역주)를
     고용했다.

182. 많은 러시아 정부 지지자는 EU와 미국이 명백하게 우크라이나를 NATO에 영입
     시키고자 했기 때문에 러시아가 공격적인 행보를 보였다고 주장했다. 하지만 이는
     잘못되었다. 미국이 우크라이나의 NATO 영입을 심각하게 고려한 적이 있기는 하
     다. 하지만 크림반도가 합병되기 6년 전인 2008년에 부카레스트 정상회담에서 독
     일이 이를 거절했다. 즉 오바마나 부시 2세 행정부가 원하는 바는 상관없었다. 독

일은 우크라이나의 NATO 영입에 단호하게 반대했고, 푸틴 대통령은 이를 알고도 우크라이나를 침공했다. 그러나 러시아는 크림반도 합병을 정당화하기 위해 이러한 주장에 힘을 실었다.

183. Steven Pifer, "The Mariupol Line: Russia's Land Bridge to Crimea," The Brookings Institution, March 19, 2015, https://www.brookings.edu/blog/order-from-chaos/2015/03/19/the-mariupol-line-russias-land-bridge-to-crimea

184. 선택적 기억력을 가진 이들을 위해 되짚어 보자면 2008년에는 공화당 지지자들이 러시아에 극도로 부정적이었다. 반면에 민주당은 러시아에 긍정적이었다. 물론 2016년이 되자 분위기는 완전히 뒤바뀌었다.

Chapter 7 헌법 및 법률 제약

185. 은행들은 정교한 정량적 방법을 도입해 자산 가치를 계산했다. 이때 사용된 방법에는 최신 SOOMA(Straight Out of My… Assets, 똥이라는 말이다—역주)가 포함된다. 독자들이여, 이 책은 가족용이고 이에 맞는 어휘를 사용한다.

186. Kara Scannell, "FASB Eases Mark-to-market Rules," The Wall Street Journal, April 3, 2009, https://www.wsj.com/articles/SB123867739560682309.

187. "Verbatim of the Remarks Made by Mario Draghi," European Central Bank, July 26, 2012, https://www.ecb.europa.eu/press/key/date/2012/html/sp120726.en.html.

188. 2018년 중반에 이르며 상원의석수가 결국 늘기는 했지만 이번에는 하원의석수가 부족했다. 트럼프가 가장 야심 차게 진행하고자 했던 법안—남부 국경지대에 장벽을 설치하는 것—을 전면적으로 지원할 수 없었다.

189. 루스벨트 대통령은 이 방법으로 1934년 무역협정법안을 처음으로 통과시켜 미국이 대공황으로부터 벗어나는 데 일조하고자 했다.

190. David Reich and Richard Kogan, "Introduction To Budget 'Reconciliation,'" Center on Budget and Policy Priorities, November 9, 2016, https://www.cbpp.org/research/federal-budget/introduction-to-budget-reconciliation; Megan S. Lynch, The Budget Reconciliation Process: Timing Of

Legislative Action (Congressional Research Service, 2016); Lynch, Budget Reconciliation Measures Enacted Into Law: 1980–2010 (Congressional Research Service, 2017).

191. Shut down, 일시적 업무 중지—역주

192. 토론 종결은 상원에서 토론을 종결하는 행위로 이를 강행하기 위해서는 60명 이상의 상원의원이 동의해야 한다.

193. 이 두 사례는 헌법 및 법적 제약이 갖는 합성적 성격을 드러낸다. 법은 비뉴턴유체(non-Newtonian fluid)처럼 상황에 따라 선호가 되기도 하고 제약이 되기도 한다.

194. Sunset clause, 일정 기간 후 재검토하도록 하는 조항—역주

195. 경제학자인 아서 래퍼의 악명 높은 래퍼 곡선(Laffer curve, 세율이 최적 수준 이상으로 오르면 정부의 세수가 줄어들 수 있음을 나타낸다—역주)에 기초한 거시경제 모델이다.

196. 법률 지식을 얻기 위해서는 지루한 연구 과정을 거쳐야 한다.

Chapter 8 시간 제약

197. David Remnick, "Going the Distance: On and Off the Road with Barack Obama," The New Yorker, January 20, 2014, https://www.newyorker.com/magazine/2014/01/27/going-the-distance-david-remnick.

198. Poppy Noor, "Trump Is Trying to Stop People from Seeing This Ad on His Response to Coronavirus," The Guardian, March 27, 2020, https://www.theguardian.com/world/2020/mar/27/donald-trump-coronavirus-response-us-advertisement.

199. 나머지 10%는 나의 동료 허무주의자들이다.

200. COVID-19로 사망한 전 세계인의 연령 평균은 80세 이상이다.

201. Popular Mobilization Forces, 이라크 내 이란 연합 시아파 민병대—역주

202. Neil M. Ferguson et al., "Impact of Non-pharmaceutical Interventions (NPIs) to Reduce COVID-19 Mortality and Healthcare Demand," Imperial College COVID-19 Response Team, March 19, 2020, https://www.imperial.ac.uk/

media/imperial-college/medicine/sph/ide/gida-fellowships/Imperial-College-COVID19-NPI-modelling-16-03-2020.pdf

203. Tomas Pueyo, "Coronavirus: Why You Must Act Now," Medium, March 10, 2020, https://medium.com/@tomaspueyo/coronavirus-act-today-or-people-will-dief4d3d9cd99ca.

204. Ruiyun Li et al., "Substantial Undocumented Infection Facilitates the Rapid Dissemination of Novel Coronavirus (SARS-CoV2)," Science, March 16, 2020, https://science.sciencemag.org/content/early/2020/03/13/science.abb3221.

205. Joseph T. Wu et al., "Estimating Clinical Severity of COVID-19 from the Transmission Dynamics in Wuhan, China," Nature Medicine, March 19, 2020, https://www.nature.com/articles/s41591-020-0822-7.

206. Linear extrapolation, 과거의 추세가 지속되리라는 전제 아래 미래를 예측하는 연구법—역주

207. John P.A. Ioannidis, "A Fiasco in the Making? As the Coronavirus Pandemic Takes Hold, We Are Making Decisions Without Reliable Data," Stat News, March 17, 2020, https://www.statnews.com/2020/03/17/a-fiasco-in-the-making-as-the-coronavirus-pandemictakes-hold-we-are-making-decisions-without-reliable-data.

208. 경기침체기에 있던 경제 상태가 경기가 회복된 후에도 잠재성장률에 미치지 못하는 실질성장률을 보이는 현상—역주

209. Mahiben Maruthappu et al., "Economic Downturns, Universal Health Coverage, and Cancer Mortality in High-income and Middle-income Countries, 1990–2010: A Longitudinal Analysis," The Lancet 10045, no. 388 (May 2016), https://doi.org/10.1016/S0140-6736(16)00577-8.

210. Stefanos Tyrovolas et al., "The Burden of Disease in Greece, Health Loss, Risk Factors, and Health Financing, 2000–16: An Analysis of the Global Burden of Disease Study 2016," The Lancet Public Health no. 8, 3 (August 2018), https://doi.org/10.1016/S2468-2667(18)30130-0.

211. 미국의 사망률이 그리스와 같은 수준으로 증가한다고 보는 것은 매우 낙관적인 전망이다. 나의 누견에 의하면 삶의 질 면에서 2010년 이전에 그리스 중산층이 오

늘날 미국 중산층보다 훨씬 높았다. 그러므로 미국이 그리스에서와 같은 공황을 겪는다면 사망률이 30~40%까지 치솟을 것이다. 이렇게 과감하게 추측한 데는 두 가지 이유가 있다. 미국에는 현실을 부정하고 휴식을 취할 해변은 몹시 부족하지만 총기 공급은 엄청나기 때문이다.

212. 적대적이고 극단적인 형태의 국수주의

213. 선진국에는 길에서 죽어 나가는 사람이 없다. 사람들은 사망 사실이 기록되고 검사가 진행되는 병원에서 죽는다. 그러므로 전염병 발발 초기에는 사망률의 분자인 사망자 수는 실제와 가깝지만 분모인 총감염자 수는 매우 적게 보고된다.

214. 운 좋게도 나는 이 두 전염병의 발발을 자세히 살펴봤다. 나는 2009년에 스트랫포에서 신종인플루엔자에 대한 연구를 했고, 2014년에는 BCA리서치에서 에볼라 발발을 관심 있게 지켜봤다.

215. Washington Post, "Ebola cases could skyrocket by 2015, says CDC," http://apps.washingtonpost.com/g/page/national/ebola-cases-could-skyrocket-by-2015-says-cdc/1337/

216. 원인과 결과 사이에 비례 관계가 없는 상태—역주

217. Pam Belluck, "Younger Adults Make Up Big Portion of Coronavirus Hospitalizations in U.S.," New York Times, March 18, 2020, https://www.nytimes.com/2020/03/18/health/coronavirus-young-people.html.

218. 스웨덴의 특산 과일—역주

219. Hydroxychloroquine, 말라리아 치료제로 트럼프가 COVID-19 치료제라고 주장함—역주

220. Carl Heneghan et al., "SARS-CoV-2 Viral Load and the Severity of COVID-19," March 26, 2020, https://www.cebm.net/covid-19/sars-cov-2-viral-load-and-theseverity-of-covid-19

221. Reuters, "New coronavirus losing potency, top Italian doctor says," https://www.reuters.com/article/us-health-coronavirus-italy-virus/new-coronavirus-losing-potency-topitalian-doctor-says-idUSKBN2370OQ

222. Reuters, "WHO and other experts say no evidence of coronavirus losing potency," dated June 1, 2020 https://www.reuters.com/article/us-health-coronavirus-who-transmission/who-and-other-experts-say-no-evidence-of-covid-19-losing-potency-idUSKBN23832J

223. Dallas Fed Mobility and Engagement Index, 주간 단위로 발표되는 미국의 경제활동 수준을 나타내는 지표—역주

224. "It ain't nuthin' but a G thang"이라는 1990년대 큰 인기를 얻은 갱스터 랩에서 따온 표현—역주

PART 3 조작

Chapter 9 총괄평가 기술

225. BCA리서치의 좋은 동료들 덕분에 모든 글은 요청에 의해 제공할 수 있다.

226. 베이지안 확률에 대한 책은 많다. 그중에서도 지나치게 수학적이지 않은 책을 읽고 싶다면 네이트 실버의 『신호와 소음』을 추천한다.

227. 그래도 나는 베이지안이라는 용어를 쓰는 데 망설여진다. 왜냐하면 베이지안은 제약에 기반을 둔 분석의 시작 부분만 설명하기 때문이다.

228. Shashi Tharoor, Inglorious Empire (London: C. Hurst & Company, 2017).

229. David Abernathy, The Dynamics of Global Dominance (New Haven, CT: Yale University Press, 2000).

230. 영국의 동인도회사는 카르나틱 전쟁에서 프랑스 동인도회사와 여러 독립 세력을 상대로 승리하며 인도에서 무역 독점권을 쥐었다. 영국 왕실은 1858년까지 공식적으로 동인도회사를 인수하지 않았으나 1차 아편전쟁으로 중국 점령을 시작해 2차 아편전쟁을 불러온 1858년 톈진조약으로 지배를 굳건히 했다.

231. Mean reversion, 이례적인 사건 발생 가능성이 결국 평균 수준으로 돌아온다는 이론—역주

232. 나는 이 표현을 어느 인도 부유층 자제로부터 들었다.

233. Round-tripping, 국내 투자자가 해외로 자금을 유출했다가 다시 국내로 재투자하는 형태—역주

234. Adrienne Klasa, "Round-tripping: How Tiny Mauritius Became India's Main Investor," Financial Times, October 30, 2018, https://www.ft.com/content/b2a35d1e-c597-11e8-86b4-bfd556565bb2.

235. Greenfield investment, 국내에 기업이나 생산시설을 직접 설립하는 형태의 투자—역주

236. 높은 국내 법인세를 회피하려는 인도 기업은 세금 부담이 전혀 없는 모리셔스에 수출 송장을 발부한다. 전부는 아니더라도 일부 수익은 인도로 다시 수입될 것이고, 이는 외국인 직접투자로 기록된다.

237. OECD 고용보호지수는 노동자의 해고와 단기 계약 사용에 대한 규정이 얼마나 엄격한지를 나타내는 종합지표로 0~6 사이의 점수로 매겨진다. 점수가 높을수록 규정이 엄격하다는 뜻이다.

238. Dani Rodrik, "Premature Deindustrialization," National Bureau of Economic Research Working Paper No. 20935, February 2015, https://www.nber.org/papers/w20935.

239. Rodrik, "Premature Deindustrialization," 23.

240. Ibid., 24.

241. 이 분석에 도움을 준 리티카 만카르에게 매우 감사하다.

242. 들은 이야기 중 가장 충격적이었던 사례는 정부가 국립철도서비스 부문에 6만 3,000개 일자리를 공고하자 1900만 명의 지원자가 몰린 일이었다. 인도 국립철도청에 취직하는 것이 아이비리그 대학에 입학하는 것보다 더 어려울 듯하다.

243. "Iran," Gallup, July 15 – 31, 2019, https://news.gallup.com/poll/116236/iran.aspx.

244. 파타 연합은 이란이 지원하는 민중동원국(PMF, Popular Mobilization Forces)의 정치단체다. 개혁 연합이라고도 일컬어지는 사이룬은 성직자인 무크타다 알 사드르가 이끄는 정치 연합이다. 알 사드르는 민병대를 조성하고 미국을 상대로 극렬히 저항한 인물이다.

245. 전투기 급유를 위한 물류 자체도 복잡하지만 사우디아라비아 영공에서 급유를 해야 할 가능성이 높다. 이스라엘 전투기가 메카 상공에서 다른 무슬림 국가를 공격하기 위해 급유를 한다고 생각해 보라. 흥미롭지 않은가?

246. 조건부확률은 먼저 발생한 사건에 따라 다른 사건이 발생할 확률이다. 이에 반해 주관적 확률은 예측가의 개인적인 판단에 의해 도출된다.

247. 그렇다. 이 의사결정 나무는 『로미오와 줄리엣』 이야기처럼 끔찍해지기 시작한다. 그러나 사랑과 (무역)전쟁 앞에서는 못할 일이 없다.

Chapter 10 게임이론

248. Matt Parker, Humble Pi: A Comedy of Maths Errors (New York: Penguin, 2019).

249. 물질적인 결과물의 경우 거의 그렇듯이 효용을 대수라고 가정한다.

250. Robert Putnam, "Diplomacy," 427.

251. Win-sets, 국제협상 내용 중에서 국내의 비준을 얻을 수 있는 합의 내용의 집합—역주

252. 나는 4장에서 정책입안자들의 행동에 대한 가장 큰 제약은 정치적 제약이라고 언급했는데 이는 양면 게임이론을 통해 봐도 마찬가지다. 정치적 제약은 국제 무대에서 참가자의 역량을 결정하는 데 중요한 역할을 한다.

253. Hot rod, 엔진을 튜닝한 차량—역주

254. Bond vigilante, 채권 가격 하락을 예상해 국채를 대량 매도하는 투자자—역주

Chapter 11 지정학적 알파

255. 친구들이 더 이상 나에게 어떤 주식을 사야 하는지 물어보지 않도록 하기 위함이기도 하다. 나는 정말 모른다!

256. 지금 진행 중인 COVID-19와 관련된 시장변동성도 마찬가지다. 엄밀히 팬데믹 발발 자체는 비경제/금융 위험의 범주에 들되 지정학 문제는 아니다. 그렇지만 투자자들이 질병의 확산과 경제 위기에 대한 정책을 평가해야 하기 때문에 이제 팬데믹은 지정학적 문제로 부상했다.

257. 지정학적 분석을 훌륭하게 할 줄 아는 금융전문가도 있다. 글로벌 매크로 헤지펀드들은 반세기 동안 지정학과 정치분석을 펀더멘털 분석을 통한 투자 기회 모색에 포함시켜 왔다. 그러나 소수에 지나지 않는다. 대부분의 투자자에게 지정학은 새롭고 이국적이다.

258. Bremain, 영국의 EU 잔류—역주

259. 그러므로 이들은 끔찍한 투자자들이다.

260. 달러를 매도해 유로를 매수하는 환전거래—역주

261. PRI(Partido Revolucionario Institucional 또는 Institutional Revolutionary Party)는 제도혁명당의 약어다. 제도혁명당은 1929년부터 2000년까지 멕시코의

정권을 잡았다.

262. 멕시코 페소를 매수하고 브라질 리라를 매도하는 거래—역주

263. Positive carry, 차입금보다 높은 수익을 내는 것—역주

264. Ayn Rand, 시장경제의 중요성을 역설한 소련계 미국 작가 및 철학자—역주

265. 허무주의자일 뿐 돌부처는 아니다!

• 감사의 말

266. 사담 후세인과 루홀라 호메이니에게도 감사한다! 내가 세 살 때 우리 가족은 바그
다드에 잠시 살았고 나는 거기서 지정학을 처음 접했다. 나는 어머니와 지각이 있
는 인간으로서의 첫 대화를 나눈 것으로 기억하는데, 그때 어머니는 왜 이란 스커
드 미사일이 우리 머리 위를 날아가는지 설명하려고 했다.

GEOPOLITICAL
ALPHA

지정학적 알파

초판 1쇄 인쇄   2022년 4월 18일
초판 2쇄 발행   2023년 9월 25일

지은이 마르코 파픽
옮긴이 김정수
출판총괄 선우지운
펴낸곳 여의도책방
인쇄 (주)예인미술
출판등록 2018년 10월 23일(제2018-000139호)
주   소 서울시 영등포구 국제금융로6길 33, 11층 1108호
전   화 02-6952-5622
이메일 esangbook@lsinvest.co.kr

ISBN 979-11-91904-15-4 03320